朱和平 著

永久的记忆

和爷爷朱德奶奶康克清一起生活的日子

中国文史出版社

图书在版编目（CIP）数据

永久的记忆：和爷爷朱德奶奶康克清一起生活的日子／朱和平著．-- 2版．-- 北京：中国文史出版社，2019.9

ISBN 978-7-5205-1297-8

Ⅰ.①永… Ⅱ.①朱… Ⅲ.①朱德（1886-1976）—传记 Ⅳ.①K827=7

中国版本图书馆CIP数据核字（2019）第193403号

责任编辑：金硕

出版发行：**中国文史出版社**

社　　址：北京市海淀区西八里庄69号院　　邮编：100142

电　　话：010-81136606 81136602 81136603 81136605（发行部）

传　　真：010-81136655

印　　装：北京温林源印刷有限公司

经　　销：全国新华书店

开　　本：787×1092　1/16

印　　张：26.5

字　　数：388千字

版　　次：2020年1月北京第2版

印　　次：2020年1月第1次印刷

定　　价：58.00元

序

我出生后八个月就被抱到了爷爷朱德、奶奶康克清的身边。到1976年7月6日爷爷去世、1992年4月22日奶奶去世，我在两位老人身边生活了近40年。

爷爷奶奶为中华民族的伟大复兴奋斗了一生。在战争年代里，他们南征北战、出生入死，根本无暇顾及个人的家庭生活。爷爷有一个儿子（我父亲朱琦）和一个女儿（我姑姑朱敏），只有我父亲朱琦少年和青年时代曾生活在爷爷身边。新中国成立后，随着生活逐步安定，爷爷奶奶把迟到了的父爱母爱全都倾注在了我们这“第三代”人的身上。而我有幸是在爷爷奶奶的殷殷关爱中成长起来的。

随着我渐渐长大，我渐渐地知道了我的爷爷不是普通的爷爷，渐渐地知道了他的地位、他的声望、他的经历、他的业绩，他的有口皆碑的品格。我不仅知道我的爷爷是中华人民共和国的元帅，而且知道了他是十元帅中位列第一的元帅；不仅知道他是解放军总司令，而且知道了他是红军总司令、八路军总司令，是人民军队历史上唯一一位全军总司令；不仅知道他是党和国家的重要领导人，而且知道了他是延安时期党的七大产生的五大书记中位列第二的书记，他曾与毛泽东一起被作为“党的两个主要领袖”，在新中国成立初期到处悬挂着爷爷和毛泽东并列的画像或巨照；再往前追溯，我知道了爷爷曾率领一万多人的部队上井冈山同毛泽东的秋收起义部队会师，创建了“朱毛红军”，从那时起，“朱毛”就是中国红军的旗帜，就是中国人民同一切国内外反动派战斗的胜利的旗帜。

啊，爷爷原来是这样伟大，曾经是这样辉煌……

我对爷爷的了解总是由近及远，由现在到过去。我了解得愈多，愈加深对爷爷奶奶的理解，愈加深了对爷爷奶奶的爱戴和崇敬。

爷爷离开我们已四十余年，奶奶离开我们也近三十年了。作为两位老人深情疼爱过的孙子，我常常想念他们，想起和他们一起泛舟中南海的幸福童年，想起和他们一起经历了“史无前例”年代的风风雨雨，想起在暮色中陪伴他们散步谈心度过晚年时光的日子……

我把零零碎碎的回忆记录下来，献给我的爷爷奶奶，也为了永远永远珍藏……

目录

二 听爷爷奶奶讲过去的事

三 和爷爷奶奶同历劫难

一 在爷爷奶奶身边长大

爷爷给我取名：和平

我两岁那年的“五一”节，跟着爷爷、奶奶上天安门参加纪念活动，远远地听游行的人时不时地喊“世界和平万岁”的口号，就不解地问：“他们老喊我万岁干吗呀？”这一下把爷爷、奶奶逗乐了。奶奶说：“小东西，谁喊你万岁啦？人家喊的是世界和平万岁！”爷爷说：“和平，是人类的美好希望嘛，这不单单是你的名字。”

我是爷爷的第二个孙子。我和哥哥都是在新中国成立之初抗美援朝那个年代出生的。我哥哥生于1951年1月。那时，中国人民志愿军入朝作战刚刚三个月，接连取得三次战役的胜利，把侵朝美军打过“三八线”以南，并攻占了汉城。为了纪念抗美援朝的伟大斗争，让新生的男孩及早树立保家卫国的志向，爷爷给他第一个孙子起名叫“援朝”。

我出生于1952年10月。

时值中国人民志愿军、朝鲜人民军同以美国为首的“联合国军”在三八线上的开城进行停战谈判，和平有望。爷爷听说添了第二个孙子，非常高兴，他说：“朝鲜战场正在进行和平谈判，就叫和平吧！希望这孩子能成为社会主义和平建设的有用之才。”

其实，我们朱家的族谱是按“发福万海从仕克，友尚成文化朝邦，世代书香庆永熙，始蒙纪述耀金章”这28个字的七言韵文来排辈的，我的祖爷爷叫朱世林，爷爷原名朱代珍，我父亲朱琦原名叫朱宝书。到了我们这一辈，应该是以“香”字起名的，爷爷却给我起了“和平”这个名字。

那时，我父母亲在天津工作，家里各方面的条件都很差。在我哥哥不到 1 岁的时候，爷爷奶奶就对我的父母说：“孩子送到北京来吧，由我们来管。你们还年轻，把精力用在工作和学习上吧！”

我出生八个月后，也像哥哥一样，被送到中南海爷爷奶奶的身边。

20 世纪 50 年代北京中南海，姥姥、奶奶、母亲和我

刚进中南海时，我家住在含合堂，后来搬到永福堂，这两处都是四合院式的平房。因为房子不多，我就和奶奶睡在一起。后来我们又搬进了中南海的西楼大院，我和哥哥也有了自己的房间，但一到节假日，奶奶还是让我和她一起睡。有一次，我把奶奶的床给尿湿了，奶奶非但不气不恼，还笑着对大家说：“瞧瞧，小龙王发怒了，又发大水了！”

听我母亲说，爷爷奶奶对两个孙子非常喜欢，百般爱抚和呵护，特别是奶奶，对伺候我们更是事事操心，无微不至。奶奶每天都要到位于东四的全国妇联机关上班，下班一进家门，不管多累，总要先来看看我们，亲自给我们洗澡、换衣服。特别是在夏季，往往是给我们洗完澡，她自己却累出一身大汗。

奶奶虽然没生养过孩子，但她从延安时期就开始负责解放区儿童保育工作。那时候，我军的许多高级将领从延安奔赴前线作战，为解决这些干部出征后子女的寄托，以及一些辗转从各地送到延安来的烈士的子女的抚养问题，中央有关部门指定奶奶负责筹建延安第二保育院。奶奶一方面和当时任军委总政治部副主任的胡耀邦同志积极开展筹建工作，另一方面，主动地承担起了抚养他们的任务。延安第二保育院抚养了一百多个孩子，这其中有刘伯承的儿子刘太行、伍云甫的儿子伍绍祖、李维汉的儿子李铁映等人。新中国成立后，奶奶曾任全国妇联妇幼部部长，后来任全国妇联副主席，分管妇幼保健工作，她很注意学习研究妇幼保健业务方面的知

50 年代北京香山，奶奶与我和哥哥援朝

识，这回在家里也派上了用场。她一遍又一遍地告诉我母亲，应该怎样分布喂奶时间，怎样抱孩子，怎样哄睡觉，怎样才能使孩子健康发育等等，不厌其详。我母亲说："像你奶奶那样细心、操心和耐心地照料孩子，即便是生身父母也不一定能做得到。"

我母亲还说，曾有一次，她和我父亲怕把老人累坏了，就把我哥哥带回了天津。但过了不久，爷爷奶奶又一再对我父母说："你们都在精力最旺盛的时期，如果免去照顾孩子的拖累，就可以在工作上有更大建树。孩子由我们带吧。"

拗不过老人，我母亲只好又把我哥哥送到了北京。

听母亲说，我从小就是一副憨厚的样子，爷爷、奶奶有什么活动，总爱带着我。我两岁那年的"五一"节，跟着爷爷、奶奶上天安门参加纪念活动，看游行。远远地听游行的人时不时地喊"世界和平万岁"的口号，就不解地问："他们老喊我万岁干吗呀?"

这一下把爷爷、奶奶逗乐了。奶奶说："小东西，谁喊你万岁啦？人家喊的是世界和平万岁！"爷爷说："和平，是人类的美好希望嘛，这不单单是你的名字。"

我懂事以后也常想，作为爷爷送给我的第一个礼物，这名字里面一定寄予着一个戎马倥偬大半生的老人对和平的向往，对子孙美好的祝愿和期望吧！

爷爷是一位极其宽厚、平和的人。平和、友善是爷爷的天性。然而，爷爷一辈子一直从事着与自己的天性似乎相违的事：为了拯救垂危的国家和民族，为了穷苦人的翻身解放，他不得不选择了沐浴战火的军旅生涯……

爷爷一生打过多少仗，谁也说不清。有一种说法是"大仗五百，小仗三千"，可能这也只是个大概或形象的说法。爷爷是中国共产党人中开始军事生涯的第一人。入党前，爷爷就有了十多年军事经历。他参加过推翻清王朝的辛亥革命云南起义、参加过粉碎袁世凯皇帝梦的护国战争，参加过维护共和制的护法战争，再加上他去德国考察过第一次世界大战，又在苏联学习过军事等等这些经历，使他成为后来中国红军挑大梁的人，被外国人称为“红军之父”。

爷爷的军事经历简直就是一部中国近代战争史，他同清王朝军队打过仗，同北洋军阀打过仗，同国民党中央军打过仗，也同国民党地方军阀打过仗，同不可一世的日本“皇军”打了八年，最后又打垮了国民党反动派的八百万军队。他打过游击战、运动战，也打过阵地战、攻坚战，领导过举世闻名的二万五千里长征，也与毛主席共同指挥过震惊世界的三大战役。总之，他从事军事的时间之长，经历过的战争次数之多，战争类型之多，一些大战役的规模之大，战绩之丰，在古今中外的军事家中，都是屈指可数的。

爷爷打了一辈子的仗，但是他并不沉湎于战争，他真正热爱的是和平啊！

50 年代在北京香山，爷爷与我和哥哥援朝

中南海里的一个大家庭

> 我家和刘少奇家、杨尚昆家在西楼会议室一侧隔出的小餐厅吃饭，因为我家的人口最多，有时一张桌子挤不下，就得坐两张大桌子，上菜要用盆端，热闹的场面，堪为中南海西小灶的壮观一景。

新中国成立之初，中共七大当选的中央五大书记有四位住在中南海。毛泽东住在菊香书屋，周恩来住在西花厅，刘少奇住在卍字廊，爷爷家先住在含合堂，后住在永福堂，都是四合院式的平房。

1952 年，爷爷家从永福堂搬进了中南海的西楼大院。这个院是中南海内西南部的院中院，新中国成立后又新建了几座楼，分别为甲、乙、丙、丁楼和西楼。甲楼是刘少奇家，乙楼是我们家，这两处都是四层高的住宅楼，丙楼和丁楼是西楼院落里较大的两栋，为中央办公厅机关，丁楼东头有一栋两层带大屋顶的老式小楼（西楼）。小楼的一层被一排屏风一隔为二，左边为会议室，中央政治局常委常在这里开会，右边做我们和刘少奇、杨尚昆几家的餐厅。一到节假日晚上，将屏风一撤，这里就成了电影厅，或跳舞厅，中央领导人和机关工作人员的许多娱乐活动基本上就是在这里进行。

在中南海大院里，还住过董必武、彭德怀、邓小平、杨尚昆、李富春、陈毅、陆定一、胡乔木等一批高级干部，还有几十位工作人员的家。

在这些家庭里，爷爷家算是人口最多、最热闹的大家庭。

爷爷一生中有两个儿女，除了和萧夫人生了我父亲朱琦外，还有一个女儿叫朱敏。虽然爷爷在《朱德自述》和史沫特莱写的《伟大的道路》一书中只字未曾提到姑姑生母的情况，但从姑姑回忆的书中可知，她的生母叫贺治华，曾与爷爷和孙炳文一起在德国、苏联留学。姑姑在回忆中曾说："我常常怨恨母亲，她为什么不要我？不抚养我？不给我母爱，长大后我才知道。母亲弃我而去，甚至叛离了我爹爹……"这恐怕就是爷爷后来绝口不提姑姑生母的原因之一吧！

在我的记忆中，20世纪50年代中期，我们家里曾经有很多小孩子，其中就有我姑姑朱敏的两个孩子——刘建和刘康。小时候，他们在我们家生活了几年，上小学后，就又都回到我姑姑的身边去了。剩下的其他孩子都比我大，我管他们叫哥哥或姐姐。在家庭内部，他们都随我称两位老人为爷爷、奶奶。当时，我就问奶奶，我怎么有那么多哥哥姐姐，他们是从哪里来的？奶奶总是笑而不答。

等我稍微长大了一些后，从奶奶的介绍和有关的信件里，我才知道了其中的一些细节：

爷爷年轻的时候，全家人节衣缩食，甚至举债供他念书、求学；他参加了革命后，又连累亲族在白色恐怖中备受煎熬，遭受迫害。

新中国成立后，爷爷没有忘记家乡亲人支持他、支持革命的恩情。他想尽自己的能力对他们有所报答。思来想去，爷爷最后决定，还是让家乡族亲送几个孩子来北京读书，好将他们培养成为国家的有用之才！当时，正好在北京工作的一个侄子要回四川老家探亲，就把他叫到中南海，同他谈了自己的想法，让他回去后与亲族的各家商量商量，每家送一个孩子来。

爷爷说："到北京是来受教育，所以你要告诉家里人，不要挑岁数大的，要挑在学龄左右的。来了从小学学起，一直到大学，争取能培养出几个真正的人才。”

没想到这人回去后，却将亲族中的50多人送到了设在重庆的西南军政委员会，然后要来北京……

中共西南局把这一情况报告给在北京的爷爷后，爷爷非常生气。他说：“虽然是新中国成立了，但国家尚不富裕，老家“哗啦”一下子来这么多人，那将给国家带来多大的负担！”于是给西南局写信：

……率五十二人之多，已到渝，再欲来京，是犯极大错误的行动。他回家时我只允许他带三五个小孩，六岁到十三岁以下的为止。他竟将亲族都带来，浪费公款，又使他们脱离生计来过寄生生活，是十足的封建思想作祟，我请统战部留下几个小孩，以外全部送回仪陇家乡自谋生业……

50年代在北京，爷爷奶奶与我和哥哥援朝及工作人员

就这样，过完春节，爷爷的几个兄弟姊妹的孙子、孙女们，通过四川省委统战部部长程子健的安排，先后被送到北京。他们分别是爷爷大哥朱代历的后代朱香林、朱玉珍、朱和，爷爷二哥朱代凤的后代朱自明、朱小兰，爷爷三弟朱代均的后代朱春元，以及爷爷的大叔朱世和和小叔朱世禄的后代朱传书、朱俊书等。

奶奶说过，爷爷此举，一来是为减轻家乡的负担，答谢他们对爷爷走上革命道路所做的贡献，更重要的是要给这些孩子提供一个好的学习环境，把他们培养成对国家、社会有用的人才。

他们的生活费和学费都是由爷爷奶奶从他们的工资收入中开支的。

就在这群孩子来到北京的前后，我家搬进了中南海西楼新居。本来安静的老人之家，一下子热闹了起来。孩子中有男有女，小的五六岁，最大的才十多岁，聚在一起，磕磕碰碰，吵吵嚷嚷。

奶奶后来回忆那个场景时说：“热闹得不知从哪里下手才是了！”

50 年代在北京万寿路，我与爷爷、奶奶

把他们接来的那天，奶奶先是帮他们洗头洗澡，还和工作人员到西单商场给每个孩子买了一套新衣服。我母亲说："从那以后，每年我都要陪奶奶采购几次，买春秋季的，夏季的、冬季的衣服，还有鞋子、袜子。反正不论买什么，每个孙辈都得一人一套，我们一人抱一堆回来，分别给孩子们换上。"

爷爷经常对这些孩子说："接你们到北京是来读书的，你们还没有为国家和民族作什么贡献，所以也不能享受不该享受的待遇。"

所以，当时爷爷除了让年纪太小、需要大人照顾的两个女孩子暂时先和我们住在一起外，其余的孩子就在西楼院外工作人员的住处找了两间房子安排了下来，并要求他们尽快学会自理。

在安顿好这些孩子的食宿穿戴之后，奶奶又按照爷爷的吩咐，为他们一一联系好入读的学校或幼儿园。

我的这些四川家乡来的哥哥姐姐，在乡村闲散惯了，突然进了都市的学堂，又拘束又不习惯；难改的乡音，既影响他们听课，也不便与同学交流。所以，总盼着下学回到那怎么折腾也出不了圈的中南海大园子，和自家的兄弟姐妹聚在一起纵情嬉闹。

不久，这种情况就被爷爷奶奶发现了。有一天，爷爷把这些孩子召集在一起说："接你们来，是为了让你们念书学习、做有用之才的，你们学习上这么畏难，生活上这么放纵，将来能有什么出息！"

这之后，爷爷就把这些孩子交给院里的警卫部队加以管束调教，克服他们身上的散漫旧习。奶奶还专门为他们请来老师，利用周日给他们补课，让他们巩固课堂知识，练习普通话。

经过了这么一番调教和补习，这些孩子都有了长进，但毕竟原来的基础太差，多数人学习成绩仍是平平。后来，陆陆续续地，有的进了工厂，有的去了部队，有的去了生产建设兵团……最终，只有朱和、朱小兰、朱春元三人完成了学业，考上了大学。但爷爷对此事并不后悔，他说："工人、农民和知识分子都一样，都是为人民服务，都是国家的栋梁！”

爷爷奶奶搬到西楼大院后，因为甲楼、乙楼内部都没有厨房，因此，我们家在西楼会议室一侧临时隔出的小餐厅吃饭，在此吃饭的还有刘少奇家、杨尚昆两家。

在1959年以前彭德怀家、邓小平家也曾在这里吃饭。

因为我家的人口最多，有时一张桌子挤不下，就得坐两张大桌子，上菜要用盆端，热闹的场面，堪为中南海西小灶颇为壮观的一景。许多生活在中南海的孩子们，见我们家吃饭时的这个场景，好生羡慕。许多年后，陈毅的女儿陈姗姗还回忆说：“有一次，我看电影去得稍微早了点，看见朱老总一家、刘少奇一家，两家围了两大桌子吃饭。不知为什么，那其乐融融的气氛，那含饴弄孙的亲情，顿时打动了我。后来去西楼看电影，我就故意去得早一点，就想看看那感人的场面。”

1953年，全家在中南海（前排左起第一人为我）

在西楼小餐厅吃饭的几家的厨师，都各有自己的绝活，我家的厨师邓林长于川菜，刘少奇同志家的郝师傅却长于湘菜。如果谁家做了拿手的菜，就招呼其他人家一起来品尝分享。杨尚昆也是四川人，和爷爷口味相近，但在我的印象中，他们家的厨师不是四川籍，也不怎么做川菜，特长是甜点和小吃。所以每当开饭时，杨尚昆常常笑呵呵地端着碗，跑到我家的餐桌上来，尝尝这个盘子的，品品那个盘子的，嘴里一边嚼着一边不住地说："嗯，嗯，好吃，好吃，还是老总家的菜好吃！"

因为杨尚昆总喜欢到我们家的餐桌上品尝川菜，奶奶便和他开玩笑："杨主任，你吃饭我可是要记账的！"杨尚昆笑着说："从井冈山起，我就老吃你们的饭，你要记账，我可是付不起了！"说着，他又指了指自己的儿子杨小二说："以后，就由他帮我付吧……"

说得大家都大笑了起来……

50年代在北京香山，爷爷、奶奶、哥哥与我

国外带回的“小马车”

> 爷爷考虑到自己不能比毛主席享受更高的待遇，就以已经担任了共和国副主席职务为由，坚决不拿元帅的工资。爷爷奶奶生活拮据，一点闲钱也不肯给孩子们花。

爷爷的大家庭孙辈绕膝，多了天伦的欢乐，但在欢乐的背后，也要爷爷奶奶多操许多心。特别是这么多人口，也给爷爷奶奶经济上带来了不轻的负担。

在那个时候，任何一级的领导人，除了工资外，就没有其他经济来源了。爷爷的工资和毛泽东、周恩来、刘少奇的工资一样，都是国家最高级别的工资，每月 400 多元。和党政干部相比，在 1955 年实行军衔制后，军队干部的薪金要高一些。爷爷位列 1955 年授衔的中华人民共和国十大元帅之首，功高德劭，完全可以拿元帅的工资。但爷爷考虑到自己不想享受比毛主席更高的待遇，就以已经担任了共和国副主席职务为由，坚决不拿元帅的工资。

这样一来，爷爷和奶奶两个人的工资加在一起，才相当于一个元帅的工资。这在那时听起来可算是个很大的数目，可是除了用于两位老人的开销外，要再加上十多个孩子的吃、穿、上学的费用，还有房租、水电费，雇保姆，接济家乡生活有困难的亲戚等，日子就变得紧巴巴的了。

当年在中央最高领导层中，有三家生活比较困难，这就是：我们家、刘少奇家和陈云家，原因都是家庭成员多，需要接济的亲戚多。中央办公厅了解这个情况后，曾设法给予补助，但我们几家从来没有去领过。

爷爷奶奶生活拮据，一点闲钱也不肯给孩子们花。小时候，我总想得到许多好玩的玩具，但只有一次，我的愿望实现了。那是我四岁的时候，1955 年 12 月 10 日至 1956 年 4 月 2 日，爷爷出访了苏、波、捷、德、匈、罗、蒙等七个兄弟国家，这是爷爷在新中国成立后的第一次出访。随行的有聂荣臻、刘澜涛同志。正是在这次出访中，爷爷作为中共代表团团长，参加了著名的苏共“二十大”。

听说爷爷要出国了，我们这些孩子高兴极了。虽然那时我还很小，不懂出国访问的意义，但我却知道哭着喊着要爷爷给我带玩具。听奶奶讲，当时可把爷爷给难住了，像爷爷这么高职务的代表团团长，在国外是不可能出去逛商场的。但慈爱的爷爷还是答应了我的要求。

1956 年 2 月 6 日，爷爷和聂荣臻（左二）在莫斯科参观克里姆林宫武器博物馆

在出国期间的百忙之中，爷爷还是没有忘了我的要求，他同随他出访的卫士长郭仁商量说：“这次出来，组织上发给了一些津贴。我想，一是给孩子们买一些学习用品，他们再过几年就要上学了。二是买一些实用的

家庭用品。三是给孩子们买一些玩具，出国前，和平是提过要求的。具体的就由你抽空和使馆的同志们一起办理。”

郭仁叔叔按着爷爷的吩咐，每到一地，便抽出时间和当地使馆的同志一起去商店采购，虽然钱不太多，但爷爷买回的东西可也不算少。

最让我高兴的是，爷爷给我带回了一辆“小马车”。所谓的“小马车”，其实就是一辆三轮儿童车，在车头上安装了一个白色的马头。那小马的四条腿虽然不能触地，一骑起来却能随着车轮的转动“奔腾”起来，就像是真马拉车一样。这玩具现在看起来可能是不算起眼，但在那个年代的中国，可称得上是个“稀世之物”了。

爷爷一把“小马车”送给我，我就迫不及待地骑着车子在中南海的院子里飞奔起来……

1956 年 4 月，我骑上了爷爷从国外给我带回来的“小马车”

一见到这个稀罕的玩意儿，其他家的孩子们真是羡慕得不得了，纷纷和我争着骑。每天陪爷爷散步，我都骑着它，就像是爷爷的“骑兵警卫”一样。当时的这个场面，便成了中南海里一道独特的风景。

爷爷送给我的这个玩具，在我幼小的心灵中留下了极其深刻的印象，以至于现在想起来，还有一股暖流在心中奔涌着……

此次国外归来，细心的爷爷还给我们买回了书包、铅笔、尺子、圆规等许多学习用品，这些东西都在我以后的学习中派上了用场。特别值得一提的是，爷爷还专门从捷克买回了一架手摇式缝纫机。正是这架缝纫机，在我家以后的生活中可谓是立了“大功”：我们全家以及工作人员的衣服缝缝补补的事，全都靠它了。在使用的过程中，爷爷特别强调要求我们“自己动手”。所以，我们全家包括在我们家工作过的所有工作人员，都学会了使用缝纫机这手绝活。这台缝纫机陪伴我们度过了五六十年代那段商品短缺的岁月……

在我童年的记忆里，除了这一次爷爷从国外给我带回了“小马车”算是奢侈的物件外，爷爷奶奶更多的是要求我们节俭，对我们花钱的事控制得特别严。我和哥哥上小学的时候，对绘画产生了兴趣，就和刘少奇的儿子刘源一起，跟着画家黄胄学画国画。哥哥学的是工笔画，我学的是写意画。有一次，奶奶鼓励我们说：“如果你们的画能参加展览，就说明你们真的用功了，我给你们每人买一件玩具。”

能有玩具玩，那多好啊！为了这，我们哥俩学画就特别卖力。经过了一年的学习，我们哥俩画的作品，都参加了展览，还得了奖。

当我们把喜讯告诉奶奶时，奶奶虽然为我们取得的成绩感到高兴，但同时为她对我们的承诺犯难了。她对我们有承诺，不兑现不合适，可如果只给两个亲孙子买玩具，还有那么多孩子怎么办？他们会不会觉得奶奶偏心呢？好一点的玩具起码得十好几元，要搞平衡的话，每人一件的开销就不是一个小数目了！

这个先例不好开呀！

最后，奶奶只好对我和哥哥说：“你们绘画取得了突出的进步，值得表扬。奶奶最初说买玩具，主要是从激励你们出发的，玩具就先不要买了吧。”

当时我们哪能体谅奶奶的苦衷啊，磨着她非要买玩具，还说，大人说话是要算数的！奶奶没办法，就给我们一人买了一个封皮烫金的笔记本，就算作是对我们的奖励。

50 年代北京香山，我与爷爷奶奶

我们虽然觉得这笔记本也挺精致的，但怎么说也比不上玩具呀，还是一个劲儿地跟奶奶磨。

爷爷说："这样吧，我给你们每个人在本子上题个字，就算是给你们的礼物吧！"

说着，爷爷戴上老花镜，拿起毛笔，分别在我俩的本子上，题下了"好好学习，天天向上"八个字，然后说："你们也不小了，不要只想着玩具，应该好好学习才对！"

既然是爷爷出来说话了，我俩这才只好作罢。

“学习好了才有出息”

> 我家里现在还保存着一个记录本，上面记录着孩子们在学校的情况，谁谁学习成绩怎么样，谁谁学校表现怎么样，谁谁某月某日要开家长会，由谁谁去参加等等。我上小学的时候，奶奶多次参加了我们班的家长会。

我七岁开始上小学的时候，老家来的那些哥哥姐姐都在寄宿的十一学校或八一学校读书，一个星期才回一次家。我和哥哥是在位于西单民族宫对面的北京第二实验小学上学。和我们一起上学的有刘少奇家的平平、源源、亭亭，还有陈赓大将家的小庶和崖子。

从中南海到实验二小的路程较远，上学之初，我家和刘少奇、陈赓家合包了一个儿童车，专门接送我们几个孩子上学。

所谓的儿童车，其实就是在三轮车上加个顶篷，里面分左右两排座，类似现在的人力旅游车。

当时骑车的老师傅姓王，专门负责接送我们。

开始时，几家的孩子都小，有的是上幼儿园的，有的是一二年级小学生，个儿都不大，六七个孩子一挤就坐下了，加一起也没多沉。可是过了几年，孩子们都长大了，仍然坐那辆车，王师傅蹬车时就显得有些吃力了。

在我上小学四年级的一个冬天，西北风很大，王师傅接我们回家，怎么蹬车也蹬不动，没办法我们几个大一点的孩子就下来推，推一段走一段，回到家里的时候天都黑了。

看到我们一个个灰尘暴土的，爷爷就问："你们今天怎么回来晚了？身上哪里弄了这么多土呀？"

我说："今天风太大了，王伯伯骑不动，我们没办法，都下去帮他推，走了一路。"

奶奶听完，对我们说："这事你们做得对，就应当同情劳动人民，和劳动人民打成一片！"

接着爷爷又问："学校里坐儿童车的学生多吗？"

我说："挺少的，就两三辆。"

爷爷又问："其他人家的孩子是怎么上学的？"

我说："买张月票坐公共汽车呗！"

听到这里，爷爷的眉头微皱了一下后，说："我们这不是搞特殊化吗？人家老百姓的孩子都能坐公共汽车上学，咱们怎么就不能呢？"

说完，爷爷就让奶奶去找刘少奇的夫人王光美。两家一商量，都觉得坐儿童车在学校影响不好，不能再坐了。第二天，奶奶就给我和哥哥一人买了一张月票，套上个夹子，挂在我们的脖子上。每天从中南海西门出来，坐 14 路车到六部口，再倒 10 路车就到学校了。

爷爷奶奶都担负着党和国家的重要工作，总是忙忙碌碌的。爷爷经常不在家，每年都要到全国各地去视察工作，一走就是几个月。即使在北京，爷爷也常住在玉泉山办公，难得见上一面。尽管如此，爷爷对孙辈的成长还是十分关心，特别是关心我们学习的情况。

我家里现在还保存着一个记录本，上面记录着孩子们在学校的情况，谁谁学习成绩怎么样，谁谁学校表现怎么样，谁谁某月某日要开家长会，由谁谁去参加等。

我上小学的时候，奶奶多次参加了我们班的家长会。她和其他同学的家长一样，坐在我们班的教室里，听班主任老师讲评我们的学习情况。那时，我们班里优秀的同学特别多，所以想得到班主任老师的表扬可不是一件容易的事。每次老师表扬到我，奶奶回家后就特别高兴。如果老师点名批评了我，奶奶回家的第一件事就是找我谈话，对我进行批评教育，要求我努力学习，不断进步。

我刚刚上小学时，爷爷曾把我揽在他的怀里，抚摸着我的头说："你要好好学习，学好了才有出息，才能当好革命的接班人。"

当我刚学会写心得笔记时，在外地视察的爷爷就专门捎信给奶奶，让她给我买一本印有"向雷锋同志学习"的笔记本，要我从点点滴滴的小事做起并记下来，写出总结，学习用正确的观点和方法观察事物、分析问题。

那时候，爷爷无论多忙，总要抽空儿检查我的作业本和学习手册。哪一道算术题没做出来，哪个地方没做好，他都要细心地检查出来。有一次，因为贪玩，我把当天的作业给忘了。这件事被爷爷知道了，就让警卫员把我叫到了他的跟前，看得出他真有些生气，但还是控制了火气，语重心长地说："现在，老师从小就教你们革命道理，给你们传授科学知识，生活上也没什么困难，在旧社会哪有这么好的事情！我小的时候，全家辛苦劳动，才勉强供我一个人上私塾，每天都要带干粮，往返要跑几十里的山路，常常是饿着肚子，你们可不能身在福中不知福啊！"

爷爷讲完后，奶奶把我叫到她的身边，说："爷爷对你严，是让你从小养成爱学习的习惯，学习不好将来什么本事都没有，就成了大废物，你一定要记住爷爷的话……"

以后，奶奶常给我们讲爷爷小时念书不容易的事。从奶奶的讲述中，我才知道，爷爷的童年，是伴着苦难和艰辛度过的。

爷爷六岁时，就开始跟着大人下地干活，跟着哥哥们上山砍柴了。那时候，清王朝的苛捐杂税非常繁重，可是那些催粮讨债的，就怕读书人。朱家世代务农，没个读书人总是受欺负。所以大人们一商量，决心省吃俭用，把爷爷兄弟三人送到本姓家族所办的药铺垭私塾去读书。

爷爷在药铺垭私塾读了一年后，因为老师“教得不太行”，就到丁姓地主家的私塾去读。这里的先生是个秀才，院子里有洋房和花园，在这读书的学生多数是地主或者有钱人家的子弟，很是看不起像爷爷这样穿着草鞋的穷孩子，常骂爷爷哥仨是“三条水牛”，还故意把“朱”写成“猪”，总想各种法儿来奚落他们。“人穷志不短”，爷爷他们反抗过，斗争过，也将被欺侮的事告诉过先生，可是先生不敢得罪富人家的孩子，结果受斥责、挨手板的还是朱家兄弟。

在这样的环境里读书，困难是可想而知的。但是爷爷不气馁，更加发奋地学习，就连偏心的先生也不得不承认：朱代珍这孩子这么用功，将来肯定有出息。

爷爷在丁姓私塾读了不长时间，由于家境的不支，两个哥哥不得不回家种地去了。爷爷因为年纪小，又加上过继给了他的伯父朱世连，成了长门之后，这才得以继续留在学堂。

60 年代我和哥哥援朝在中南海爷爷的书房

在丁家私塾的两年，爷爷除读完了“四书”外，还读了《诗经》、《书经》，并且开始学作对联。

爷爷九岁那年，四川大旱，庄稼颗粒无收，到了年底，地主又要在租种的地上加租子。爷爷家里没有力量交纳加租，除夕夜里，地主就逼着他们退佃搬家。在万般无奈的情况下，一家人只好分开两地各谋生路，爷爷跟着他的祖父、伯父搬到了大塆，而他的亲生父母带着几个孩子搬到了陈家塆。

听爷爷解读黄洋界的炮声

> 原来，黄洋界上击退敌人的大炮，是爷爷1928年4月上井冈山和毛泽东会师时，带上山的。那尊大炮是从“马日事变”时镇压工农运动的刽子手许克祥手中缴获的。

上小学五年级的时候，我的班主任是霍懋征老师。那时我们的课本上有一首毛主席的词《西江月·井冈山》，当老师讲到“黄洋界上炮声隆，报道敌军宵遁”时，有同学问：那时候有没有炮呀？哪来的炮呀？问得老师一时也讲不清楚。下课后，老师就对我说：“和平，你爷爷是红军的总司令，亲自指挥了红军的反‘围剿’，你回去问一问他老人家：‘围剿’是怎么回事？红军是怎样打仗的？都采取了哪些战术？”

回家后，我看到爷爷挺忙的，就没把老师的话给爷爷说。后来爷爷知道了这事，就批评我说：“毛主席的诗既是文学作品也是革命史，老师理解得怎样，直接关系到学生的学习！你把你的老师请来，我要和她谈一谈！”

在一个周末，我把霍老师请到了家里，爷爷对老师很客气也很亲切，只见他从桌上拿起一本他常阅读的《毛主席诗词》，和霍老师一直谈到了很晚……

原来，黄洋界上击退敌人的大炮，是爷爷1928年4月上井冈山和毛泽东会师时，带上山的。那尊大炮是从许克祥手中缴获来的。这个许克祥就是 1927 年在长沙发动“马日事变”、镇压工农运动的刽子手。

那是 1928 年年初，爷爷率领南昌起义军南下失败后余下的不到一千人，智取了湘南的宜章县城，随后又发动了声势浩大的湘南起义。国民党军独立三师师长许克祥奉命率六个团以粤北的坪石为大本营向宜章进攻。他很狂妄，以为用六个团打爷爷的一个团绰绰有余。不曾想，爷爷采取敌进我退、敌驻我扰、敌疲我打、敌退我追的战术，把许克祥六个团一个接一个打垮，并一鼓作气打到了敌人老巢坪石。许克祥只好带着仅剩的七八个残兵，靠一条小船逃了命。三里长的坪石街上，到处都是敌人丢下的枪炮弹药和军用物资……

那一仗，爷爷他们共缴获步枪两千多支，还有多部重机枪、迫击炮、山炮以及几十担银圆。爷爷后来回忆这次战斗，高兴地说：“在坪石，把许克祥的后方仓库全部缴获，补充和武装了自己，不仅得到了机关枪，而且得到了迫击炮和大炮。可以说许克祥帮我们起了家。”

那是我党的历史上自有人民军队以来打的第一个大胜仗，也是第一次有了大炮装备自己，所以才有了“黄洋界上炮声隆”。

淘气淘上了毛主席房顶

在中南海度过的童年生活真是自由自在，无忧无虑。有一天，我和李富春的外孙李坚，放学后在中南海院子玩，爬上了一片平房的房顶，居高临下，很是开心。我们顺着房顶乱窜，竟然爬到菊香书屋紫云轩的房顶上去了……

我和哥哥小时候都挺淘气，有时一不小心就要惹事，让爷爷奶奶跟着操心。

哥哥援朝和刘少奇家的刘源、薄一波家的薄熙成都在一个班上，并常在一起玩。有一天，哥哥和薄熙成约好，星期天让他去我们家里玩。薄熙成说没去过中南海西楼大院，不知怎么走，哥哥说："那好办，我给你画个路线图，照图找就是了。"

上课时，哥哥没好好听讲，埋头在那里画图，画得很仔细，从中南海西门进来到刘源家、到我们家的路，沿路的每一座建筑、每一道岗哨、每一个标记，都画得清清楚楚，而且是按比例画的，很是准确。

他画得正用心，老师来到了身边，他还没发觉。图刚画完，就被老师没收了。

哥哥没想到事儿还没完。下午，我和哥哥放学回家，进门一看，中央办公厅警卫局的副局长正在家里坐着，面前桌子上摆着被老师没收的那张图。

这位副局长是爷爷战争年代的老卫士，平时和我们可亲热了，现在却一脸严肃。他指着桌上的图问援朝：

“这是你画的吗?”

“是啊。”

“你画这个干什么?”

“随便画着玩的。”

“这东西能随便画着玩吗?”老卫士看援朝还是满不在乎的样子，有点急，加重了语气问，“你画完了准备给谁?”

“我是想给薄熙成的。他要来刘源家和我家玩，给他这个图，他进海以后就知道怎么走了。”

一听是给薄一波副总理的儿子薄熙成画的，不是什么危险人物，老卫士这才松了一口气，语气也缓和了：

“以后可不能乱画啦，这可不是闹着玩的！你可记住!”

哥哥惹的这件事，当年在中南海里算件大事，都传开了，要孩子们引以为鉴，至今还有人记得。

可是不久，我又惹出一件动静更大的事。

有一天，我和李富春（中央政治局委员、国务院副总理）的外孙李坚，放学后在中南海院子里玩，爬上了中南海一片平房的房顶，居高临下，很是开心。我们顺着房顶乱窜，竟然爬到菊香书屋紫云轩的房顶上去了，我大概知道那是毛主席住的地方，好奇心驱使我想看看里面是什么样子。

毛主席的卫士猛然发现紫云轩房顶上露出了两个脑袋，顿时心都提到嗓子眼了。当时毛主席就在房间里面，卫士也不敢开枪。我们还得意地向院里的警卫看了看，卫士马上认出了是我们两个孩子，向我们直摆手，示意我们立刻悄悄下去。

我回家的时候，警卫局的人已经到了，还用电话通知李坚也立即到我们家来。

“你们两个爬房爬到哪去了？”

“爬到毛主席那儿去了。”我从容答道。

“还知道是爬到毛主席那儿了！干什么去了？”

“什么也没干，就是看了看。”我还是没觉得做了什么错事。

警卫局的人看我们半懂不懂的样子，厉害也厉害不起来。只好说：

“你们要去为什么不走正道，非要爬墙上房呢？走正道，我们也会让你们到警卫室坐一坐，看一看。偷偷摸摸地上房，万一出事怎么办？以后再不许这样啦！”

这事后来让奶奶知道了，把我狠狠批评了一顿。

现在想来，那时真是天真无邪、胆大包天，放到今天，再给我十个胆子也不敢啊。

在中南海度过的童年生活真是自由自在，无忧无虑。

60 年代给胡志明主席过生日（第二排左起第一人，回过头去看胡爷爷的是我）

我们也有小孩子打架的时候。我和援朝是哥俩，所谓“打虎亲兄弟”，有一种天不怕地不怕、谁都不服的劲儿，和谁都敢叫板。有打赢的时候，也有打败了吃亏的时候。挨了打就自己忍着，决不让家长出面，谁也不拿家长当大旗或者当后盾，中南海的孩子都是这样。

有一回，援朝跟常在一起玩的周延安打起来了。周延安的爸爸叫周少林，是个老红军，爷爷的四川老乡，长征时给爷爷当炊事员，深得爷爷喜爱。到陕北后，爷爷就把他推荐给了好吃辣子的毛主席当炊事员，一直跟随进了中南海。

周延安顾名思义生在延安，比援朝大5岁，结果援朝被打得鼻青脸肿。这下回到家里想瞒也瞒不住了，爷爷奶奶问明了缘由，不但对援朝挨打没表示怜惜，反而把他训斥了一顿。爷爷说：

1972年5月，我与爷爷、奶奶在北京万寿路

“你怎么能和延安打架呢，人家爸爸在为首长做服务工作，他妈妈宋英阿姨在咱家对你多么好。你跟延安打架，让延安父母怎么工作？你这么淘气，也该让人教训教训！”

爷爷平时对我们很慈爱，但生气批评我们时，是声色俱厉的，这时我们才感到爷爷的威严，那是令人震撼的。

“耕读传家久”

> 我们家地里种的蔬菜和杂粮，由于精耕细作，照料及时，总是丰产丰收。每次遇到我家的菜园大丰收，爷爷奶奶总会请所有的工作人员“会餐”，分享我们劳动的收获。

在爷爷的生命中，有两样东西是他的深爱：一个是书，一个是土地。

不论是在中南海西楼寓所还是在玉泉山的4号楼，爷爷奶奶总要把住房附近的空地开垦出来，动手种上蔬菜和杂粮。

记得我六七岁的时候，爷爷奶奶就带领我们一伙孩子一起耕耘劳作，从翻地、播种，到锄草、浇水、淘粪、施肥，样样都要我们学着干。特别是那些脏活、累活，爷爷奶奶从来不让工作人员代劳，总是把我们这些孩子召集起来，把镢头、铁锹、锄头等工具发到每个人的手上，手把手地教我们垦土、种菜。

我那时放学回家的第一件事，就是给自家的菜园子浇水。等我们做完作业，奶奶总要带着我们到地里去拔草、施肥。爷爷也常常利用工作之余和我们一起劳动。

记得有一次劳动时，太阳很毒，我流露出嫌脏怕热的情绪，爷爷就接过我手里的铁锹，一边挖地一边说：“农民伯伯成年累月地这么干，他们就不嫌脏不怕热吗？你想想吧。”

我们家地里种的蔬菜和杂粮，由于精耕细作，照料及时，总是丰产丰收。每次遇到我家的菜园大丰收，爷爷奶奶总会请所有的工作人员“会餐”，分享我们劳动的收获。我们种的“心里美”萝卜长得特别好，每到收萝卜的时候，全家一下子吃不了，奶奶就带我们在院子里挖一个大坑，把一部分埋在地下，再把一部分切成条晒成干，腌成咸菜，慢慢吃。另外像苦瓜、空心菜这些当时北方很少种的蔬菜，在我们家的菜地里也都长势旺盛。

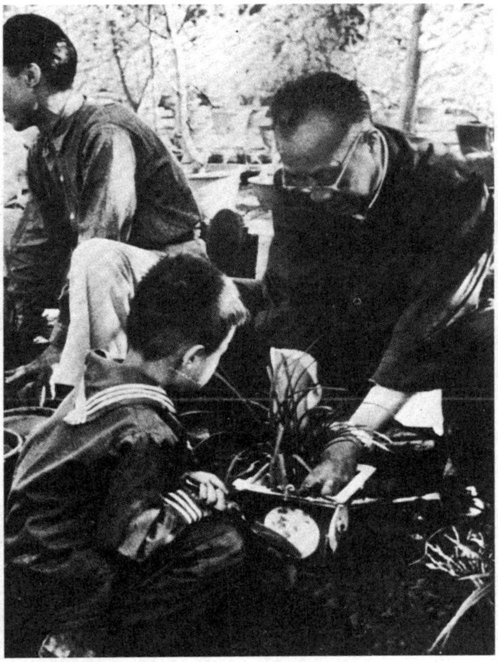

1960 年，我和爷爷在中南海花房

我们所种的蔬菜除了自家享用一部分外，还常送一些给中南海西大灶食堂。西大灶食堂收到我们家送来的瓜菜，就堆在一起，展览给来食堂就餐的人们看。

有一次，我们把积来的粪肥，都填在一株冬瓜藤的下面，所以这株冬瓜就长得藤粗叶阔，爷爷不明其中奥秘，问我们：“怎么这株长得这么壮啊?”后来，这粗藤上结出一个 75 斤重的特大冬瓜，摘下后被送进了中国农业展览馆里展览。结果，爷爷的冬瓜，又像当年爷爷的扁担一样，被写进了新中国的新闻报道和学生的课本里……

三年自然灾害期间，我们自己种植的杂粮蔬菜，对度过那段艰苦的日子起了很大的作用。

当时，星期天食堂只吃两餐，中午我们就在房前屋后采摘点东西，自己做顿饭加餐充饥。为此，我家还专门置办了一个小煤气灶，我们几个孩子也都亲自上手，既过了厨师瘾，又能美餐一顿，当时的那种感觉，真有一种说不出的快乐……

1962 年 6 月 29 日，爷爷、奶奶和胡志明主席在中南海我家菜地

爷爷穿上元帅服

> 那天，69 岁的爷爷第一次穿上元帅服，神采奕奕，健步来到等待开会的怀仁堂休息室。一向风趣幽默的陈毅走到爷爷面前，他上上下下地把爷爷打量了一番，笑呵呵地说："老总哎，你穿上这身行头好漂亮哟！比南昌起义时还年轻嘛！"

在我家的衣柜里，一直珍藏着爷爷的一身元帅服。小时候，我最喜欢看爷爷穿上海蓝色的元帅服，那不仅是因为爷爷穿上元帅服时显得更加英武、庄严、魁伟，而且因为那一定是又有了什么重大活动，也许爷爷又会带上我去天安门看礼花。

1955 年 9 月 27 日，爷爷参加了在中南海怀仁堂举行的为中华人民共和国元帅授衔仪式。四天前，全国人大常委会第二十二次会议，决定：授予朱德、彭德怀、林彪、刘伯承、贺龙、陈毅、罗荣桓、徐向前、聂荣臻、叶剑英等十人中华人民共和国元帅军衔。会议同时还决定对在土地革命战争时期、抗日战争时期和解放战争时期的有功人员，包括爷爷在内的 104 人分别授予一级八一勋章、一级独立自由勋章、一级解放勋章。

那天，69 岁的爷爷第一次穿上元帅服，神采奕奕，健步来到等待开会的怀仁堂休息室。这时，彭德怀、贺龙、陈毅、罗荣桓、徐向前、聂荣臻、叶剑英都已先到了，正在谈笑风生，见爷爷进来，纷纷起立致意。爷爷连忙请大家坐下。环顾四周，爷爷发现刘伯承、林彪没在座，一问，才知道，他们两位因在外地，没有来出席。

一向风趣幽默的陈毅走到爷爷面前，他上上下下把爷爷打量了一番，笑呵呵地说："老总哎，你穿上这身行头好漂亮哟！比南昌起义时还年轻嘛！"

一句话把大家逗得哄然大笑。

1952 年 8 月 1 日，爷爷（右一）和贺龙（右二）、邓小平（右三）出席全军第一届体育运动大会开幕式

和爷爷一起被授予元帅军衔的其他九位元帅，在战争年代都是爷爷的部下，爷爷是他们中的长者，是有人民军队以来唯一的总司令，爷爷位列十大元帅之首，得到其他元帅的敬重和爱戴是理所当然的。

爷爷和其他九位元帅都有并肩战斗的经历。

爷爷和彭德怀元帅是 1928 年 12 月在井冈山认识的。那年 8 月，彭德怀发动平江起义，成立红五军，随后和滕代远率红五军主力 800 余人上井冈山与爷爷和毛泽东会师。不久，敌人对井冈山发动第三次"会剿"，彭德怀留守井冈山，掩护爷爷和毛泽东率红四军主力向赣南、闽西进军。在中央苏区反“围剿”战斗中，彭德怀一直是爷爷率领的红一方面军所辖的红三军团军团长。1931 年，爷爷任中革军委主席，彭德怀和王稼祥任副主席。抗日战争时，爷爷任八路军总司令，彭德怀任副总司令。解放战争时，爷爷任中国人民解放军总司令，彭德怀还是任副总司令。长期以来，他们作为主帅和副手紧密相随，配合默契，从无芥蒂。

爷爷和贺龙元帅是 1927 年八一南昌起义时认识的。那时，爷爷由党安排在南昌为武装起义做准备，贺龙率国民革命军暂编第二十军于起义前四天抵达南昌，他们一起参加了周恩来在南昌江西大旅社召集的会议，讨论起义问题。起义的头天晚上，爷爷在嘉宾楼宴请敌军驻南昌部队的几位团长，拖住他们以利于起义的发动。不料，起义部队里一个副营长跑来告密，几个敌军团长匆匆离去，爷爷也急忙赶到贺龙的指挥部将起义计划已走漏的情况告诉他，中共前敌委员会遂决定起义提前两小时举行。爷爷和贺龙一起率领南昌起义部队南下，在三河坝分兵时告别。直到 1936 年 6 月，贺龙与任弼时率红二、六军团长征到达甘孜，才又见面。他们一起克服张国焘的分裂错误，率二、四方面军共同北上，实现了红军三大主力在西北的会师，胜利完成长征。抗日战争时，爷爷任八路军总司令，贺龙任第一二九师师长，一起指挥作战的事就更多了。

爷爷和陈毅元帅是 1926 年 8 月在四川万县认识的。那时，他们分别由党派遣做川军杨森的工作，动员杨森转到国民革命军方面来，以策应北伐。时逢长江上的英国军舰炮轰万县，制造震惊世界的惨案，他们一起领导了万县人民的抗暴斗争。南昌起义军主力失败后，他们又一起率起义军余部渡过难关，发动了声势浩大的湘南起义，然后率万余人上井冈山与毛泽东的秋收起义部队会师。他们都是四川人，都有一股在任何挫折、任何艰难困苦面前从不退缩的韧劲。爷爷长征后，陈毅因负伤留在南方坚持了三年游击战争，抗战爆发后率部改编为新四军，一直到 1944 年，爷爷和陈毅才又在延安见面。1946 年 12 月爷爷 60 寿辰时，陈毅写了《祝朱总司令六旬大庆》：

高峰泰岳万山从，
大海盛德在能容。
六旬革命三十载，
七旬会见九州同。

1948 年 5 月，爷爷（右三）和（右起）聂荣臻、陈毅、彭真、粟裕、李先念、蔡树藩、薄一波在河北省见屏县西柏坡

一年后，爷爷写了和诗一首，把陈毅对他个人的赞颂，变成他对所有革命将领、革命人民的赞颂：

南征大将风云从，
万户千门尽改容。
民主高潮随捷涌，
工农并起美欧同。

1953 年，爷爷和罗荣桓在中南海怀仁堂

爷爷和陈毅还有一些诗词唱和，他们是元帅诗人中相互诗词酬唱最多的。

爷爷和罗荣桓元帅是 1928 年井冈山会师时认识的。会师后不久，罗荣桓任红四军第三十一团三营党代表，第三十一团是由秋收起义部队组成的，与第二十八团同为红四军的主力团。罗荣桓性格沉静、稳重，善于做部队思想政治工作。1930 年 6 月红一军团成立后，他担任了红四军政委，和军长林彪率部在爷爷和毛泽东指挥下参加第一、二、三次反“围剿”，是红一方面军中最有战斗力的部队之一。抗战爆发后，罗荣桓先任八路军第一一五师政治部主任，1938 年 3 月林彪负伤后，陈光代一一五师师长，罗荣桓为师政委，同年底，罗荣桓与陈光按中央和八路军总部部署，率一一五师一部挺进山东开辟敌后根据地，行军途经晋东南屯留八路军总部附近，时逢 1939 年元旦，爷爷和左权参谋长特地赶到一一五师驻地看望大家并讲话，为一一五师的《战士报》题写了报头。罗荣桓等到总部汇报工作时，爷爷留下他们吃饭，亲自下伙房，炒了一盘辣椒猪肚，热了一壶酒，算是为罗荣桓远征壮行。

爷爷和徐向前元帅是1935年夏在长征路上认识的。当时红一、四方面军会师不久，怀有野心的张国焘自恃人多枪多，散布攻击党中央和一方面军的言论，而一方面军中也有人用“左”的眼光看待四方面军，横加指责。爷爷和四方面军总指挥徐向前在芦花见面后，推心置腹地长谈。爷爷说：大敌当前，两军的团结最珍贵，要互相学习，取长补短。他充分肯定四方面军的长处，使徐向前深为感动。部队南下后，他们又一起指挥部队作战，并率军二次北上，度过长征中最艰难的岁月。徐向前生前曾撰文回忆爷爷，说：“朱德同志为革命战争而诞生，是擘画军事，驾驭战争的伟大能手”；“朱德同志大半生魂系疆场，纵横驰骋，运筹帷幄，决胜千里，表现出一个无产阶级军事统帅的超人胆略和卓越才能”；“朱德同志汪洋大度，宽厚过人，光明磊落，堪称团结的楷模。他搞五湖四海，历来不搞‘圈圈’和‘摊摊’；处处以党和人民的利益为重，一贯不计较个人恩怨得失。凡是和他相处过的同志，无不为其‘天无私覆，地无私载’的博大襟怀所折服。”

在开国大典上，爷爷由聂荣臻陪同检阅中国人民解放军陆海空三军部队

爷爷和聂荣臻元帅是1927年年初在武汉认识的。当时聂荣臻在湖北省军委工作，爷爷向军委说明他与驻江西的国民革命军第三军军长朱培德曾是云南讲武堂的同班同学，军委就决定爷爷去南昌利用这个条件开展工作，爷爷于是去南昌创办了军官教育团，为党培养了一批军事干部。后来，爷爷和聂荣臻都参加了组织发动南昌起义，至起义军南下到三河坝时分手。1931年年底，聂荣臻从上海来到中央苏区首府瑞金，又与爷爷重聚。1932年3月，林彪由红四军军长提升为红一军团军团长，聂荣臻任红一军团政委。直至抗日战争的八年、解放战争的四年，爷爷和聂荣臻的工作关系相当密切，聂荣臻后来在回忆文章中说："我在他的领导指挥下经历了漫长的战争岁月"，"抗日战争和解放战争时期，我在晋察冀和华北地区作战，始终得到朱总司令的亲切关怀和指导。当我们打了胜仗时，他发来贺电贺信，给予嘉奖和鼓励；当我们为一个战役琢磨最佳作战方案时，他常为我们排忧解难，给予指导。"

爷爷和叶剑英元帅是1927年5月在南昌相识的。当时正是蒋介石发动四一二反革命政变不久，身为国民革命军新编第二师代师长的叶剑英在吉安发表反蒋通电后，来到南昌，应邀出席一次军官集会，爷爷也参加了。叶剑英在会上慷慨陈词，说："有人问我反蒋图什么？我说我反蒋不图什么，只图个革命……"爷爷听了，对这位英俊的从云南讲武堂毕业的师弟大为赞赏。1931年年初，叶剑英从上海来到中央苏区，担任红军参谋长等职，与爷爷朝夕相处，相知甚深。

在十位元帅中，与爷爷相处时间最长的要算是刘伯承。他们是1918年护法战争时认识的。当时爷爷是滇军旅长，刘伯承是川军熊克武部第九旅参谋长。熊克武为与滇、黔军联合讨伐由北洋军阀政府任命的四川督军刘存厚，派刘伯承与代表滇军的爷爷谈判，结成"军事同盟"，共同对付北洋势力。不久，他们分别认识到依靠军阀打军阀不能救中国，不约而同地重新选择革命道路，加入中国共产党。1926年11月，根据中共中央指示精神，他们与杨闇公在重

1955 年，爷爷和叶剑英（左一）在中南海

庆成立中共重庆地委军事委员会，策划泸州、顺庆起义，试图创造新的由我党掌握的武装力量。1927 年大革命失败的紧要关头，他们又一起参加领导南昌起义。1932 年年初，刘伯承来到中央苏区，不久出任红军总参谋长，协助担任红军总司令的爷爷、红军总政委的周恩来指挥作战，取得第四次反“围剿”的大胜利。第五次反“围剿”时，刘伯承因斥责瞎指挥的李德，被降职到红五军团任参谋长。长征到黎平时，爷爷坚决主张恢复刘伯承的红军总参谋长职务，他们又一起协同毛泽东、周恩来指挥部队，以机动灵活的运动战突破国民党军的围追堵截。爷爷和刘伯承一起指挥部队的事太多了，说也说不完。

在元帅中，林彪是从南昌起义开始就一直跟随爷爷的，但他对爷爷的态度与别人不同，最让人难以理解，其原因在本书后面再详述。

授衔仪式开始后，在《胜利进行曲》的乐章中，毛泽东主席亲手把中华人民共和国元帅军衔的命令状和三个一级勋章授予在革命战争中建立了丰功伟绩的元帅们。

爷爷和刘少奇（左一）、周恩来（左二）在庆祝中国人民解放军授衔、授勋酒会上

爷爷第一个接受授衔。他仪态凝重，从毛泽东主席手中接过命令状和勋章后，和老战友紧紧握手。从 1928 年 4 月两位历史巨人的手第一次握在一起，时光过去了 28 年，而这握手产生的力量，已经改变了中国，震动了世界。

中央人民政府任命通知書 府字第[illegible]號

兹經中央人民政府委員會第一次會議通過任命朱德為中國人民解放軍總司令

特此通知

主席

一九四九年 月 日

中華人民共和國中央人民政府之印

毛泽东给爷爷的任命书

爷爷在接受毛泽东主席颁发的共和国元帅军衔的命令状

典礼在下午6时半结束。参加典礼的1300多人散去后，爷爷和其他七位元帅，还有一百多位将军留下来参加庆贺酒会。

这时，在怀仁堂的后草坪上，摆开了一排排木桌，木桌上摆好了丰盛的冷餐和水酒。毛泽东、刘少奇、周恩来等党和国家主要领导人，以自助餐的方式，向荣获军衔和勋章的元帅、将军们表示祝贺。

周恩来首先高高地举起杯，大声说："同志们，为了中国人民的伟大胜利，为中国共产党领导的武装斗争的胜利，为毛主席，为中国人民解放军全体官兵，为元帅们、将军们和所有荣获勋章的有功人员的健康，干杯！"

他又端着酒杯走到爷爷面前，亲切地说："朱老总，祝贺您！"

爷爷举起酒杯，将经过多少南征北战、多少枪林弹雨酿出的酒，一饮而尽。

爷爷平时很少喝酒，那晚格外激动，多喝了几杯，回到家时，我看见老人家脸上红光灿灿，异常亢奋。

第二天中午，爷爷在西小灶餐厅又举行了一次家宴，招待在他身边工作多年的秘书、警卫、司机和勤务人员，让他们分享自己的荣誉和喜悦，并答谢他们尽心尽力的服务。同时请了平时都在西小灶吃饭的刘少奇、杨尚昆、彭德怀三家的家人，还有各家的孩子们。那天我们破例，吃的是西餐，做西餐的几位厨师是特意从外面请来的。几道正宗的西式佳肴，让我们这些孩子大开了眼界，也大开了胃口。这是我们第一次开“洋荤”。

爷爷走遍神州大地

爷爷在新中国成立后的十几年时间里，除了尚未解放的台湾和现已回归的香港、澳门，以及西藏和宁夏外，北至白山黑水，南到天涯海角，西抵新疆大漠，东到海滨群岛，到处都留下过他的足迹，洒下他的汗水。

从我懂事开始，就记得爷爷经常不在家，不是出去开会，就是到外地出差。到外地，主要是视察工作或调查研究。后来我知道，爷爷在新中国成立后的十几年时间里，除了尚未解放的台湾和现已回归的香港、澳门，以及西藏和宁夏外，北至白山黑水，南到天涯海角，西抵新疆大漠，东到海滨群岛，到处都留下过他的足迹，洒下过他的汗水。

1959 年 6 月 16 日，爷爷同董必武视察长春净月潭水库

爷爷到各地视察，除了关心军队工作、军工生产外，他关心更多的就是工农业生产、经济建设了。爷爷常常借用旧时把积累家当叫作搞“家务”的说法，他把搞生产、搞经济、搞基本建设笼统地叫建设“家务”。在延安时，他强调要搞好“革命家务”；新中国成立后，他强调要建设好“社会主义家务”。

他像一个家长要惨淡经营家务一样，对社会主义建设这个大家务处处操心。

首钢的前身——石景山钢铁厂在新中国成立前夕恢复生产时，爷爷踏着厂区的荒草乱石，登上临时用木板搭起的台子，像战争年代下命令一样大声宣布：“过去我们打仗，不能不打烂一些坛坛罐罐，现在我们要建设自己的国家了，搞建设就像搞家务，就要搞起大量的坛坛罐罐，革命的家当应该是越多越好！”

1958 年 5 月，爷爷视察长春第一汽车制造厂时，高兴地坐在车上

以后，爷爷曾视察首钢二十多次，他还不止一次地视察过鞍钢、本

钢、包钢、武钢和马鞍山、攀枝花、酒泉钢厂等国家大型钢厂。有些钢厂还在建设中，或是刚刚投产，他的身影就已经出现在那里了。

我国第一汽车制造厂的厂址刚刚选定，爷爷就来到长春市西南郊，目测了那片等待破土动工的田野。一汽生产出第一辆解放牌汽车后，爷爷又赶到汽车城，高兴地坐上汽车，表示祝贺。

新中国成立后的第三个春天，1952 年 3 月 5 日，爷爷致函政务院总理周恩来，建议在清明节，动员全国党政军民都种一天树。这年夏天，他视察了长白山林区，回京后又致函毛泽东和周恩来，建议今后应大力进行植树造林，做好林区林木的抚育更新。

1958 年 4 月，爷爷在安徽合肥市郊和农民一起车水

爷爷对我国石油工业的发展同样倾注了许多心血。

新中国成立初期，爷爷多次找地质部门的同志谈话，了解石油勘察情况，他坚决不相信所谓中国是“贫油国”，指着地图说：

“苏联西伯利亚有丰富的石油蕴藏，怎么到了我国东北就没有石油了呢？不要相信这种说法！”

1955 年爷爷出国访问，特别注意了解了外国石油勘探开采的经验，回国后，他又亲自到石油工业部门找余秋里等人讨论我国石油发展问题。

1958 年，爷爷顶着烈日来到玉门油田、克拉玛依油田，为新中国年轻的石油工业“打气加油”。

60 年代初，爷爷又两次视察大庆油田，激励石油工人自力更生创大业。

爷爷不仅重视钢铁、煤炭、石油的生产，对祖国大地上到底蕴藏多少资源，如何开发利用，也十分关心。他到各地视察，常常带些矿石标本回来，交给有关部门研究。现在国家的能源博物馆，还保存了爷爷珍藏的一些矿石标本，可见爷爷对祖国资源的珍爱。

在党和国家主要领导人中，爷爷是第一个到海南岛视察的。

1957 年 1 月中旬，爷爷在海南岛西部视察垦殖场

那是1957年春天，海峡两岸还处于交战状态，国民党军的飞机常在近海上空袭扰，爷爷乘小飞机从广西起飞，紧贴北部湾海面，悄然降落在海口。随后几天，他在海南岛考察了一圈，经过黎族苗族自治州时，他写下《过五指山》一诗：

深山建公路，崎岖使之平。
幽谷多俊秀，草木尽峥嵘。
奇峰名五指，溪涧泉水清。
花鸟鸣得意，哪知秋与春。
车过村落地，老少夹路迎。
言语虽不通，笑貌传感情。
夜宿自治州，同志畅谈心。
民族欣解放，迁移出山林。

这一次，爷爷还来到海南岛最南端的榆林军港和三亚的海角天涯，并第一个提出开发海南岛的宏伟计划。

在海南岛视察中和离岛后，爷爷给中央和毛泽东连发两份电报，他说："所见所谈，说明海南岛的地上和地下资源十分丰富，许多物资都便于出口，极有发展价值和发展前途……这样好的地方，我以为只要财力所及，即应积极组织力量从速进行开发。"

他还说：海南岛"在水路交通上四通八达，岛上的许多港口既可以成为军港，又可以成为商港。欧洲来船也比较近，尤其是邻近香港，正可以成为出口的基地"。

毛泽东没有到过海南岛，听了爷爷的介绍，很感兴趣，当场要陪同爷爷视察的人整理出一份材料，给他好好看看。

爷爷外出视察，主要是坐火车，但有时也坐空军的专机。1957年以前，空军的专机主要是使用“里—2”。1958 年后，主要是使用“伊尔—14”和“图—104”。1959 年后，开始使用“伊尔—18”。1965 年后，又陆续使用了“子爵号”、“三叉戟”等。在我的印象中，除了“三叉戟”外，其他型号的飞机爷爷都坐过。

在大跃进的 1958 年，炎热的夏天刚刚过去，走过全国大部分地区的爷爷，惦记着到新疆看一看，虽然已经 72 岁了，但他仍不顾路程遥远，交通不便，决定去新疆视察。9 月 3 日，爷爷和奶奶在新疆维吾尔自治区党委书记王恩茂陪同下，从北京起飞前往新疆。当时，党和国家领导人乘坐的飞机是苏式“伊尔—14 型”，体积小，航速慢，密封也不好，拔高又不够。尤其是在夏天飞越西北高原，飞机受高空中大气流的冲击，忽升忽降，颠簸得很厉害，人们在机舱里呕吐不止。可年逾古稀的爷爷却躺在临时为他准备的躺椅上没有说任何难受的话，静悄悄地硬挺着。由于飞行环境的恶劣超出了人们的预料，飞机不得不临时在酒泉降落，休息了一个晚上。

爷爷在新疆视察时，亲切会见哈萨克族女社员

爷爷和奶奶风尘仆仆地在新疆这片浩瀚的大地上奔波巡行。在二十多天时间里，他们先后视察了乌鲁木齐、昌吉、石河子、奎屯、独山子、克拉玛依、伊宁、阿克苏、喀什、哈密、库车、吐鲁番等地。在生产建设兵团农场、工厂、人民公社、科研院所、学校、商店、机关，他们同各族工农群众、知识分子、基层干部、解放军指战员亲切交谈，向建设边疆、保卫边疆的人们表示党中央的关怀和慰问。

爷爷一再称赞："新疆是个好地方，土地广阔，资源丰富，工业、农业、牧业、林业有十分巨大的发展前途。这个地区是一张白纸，可以画最新最美的图画……希望新疆各族人民紧密团结，努力奋斗，把新疆建设成为社会主义祖国的大花园。"

爷爷到各地视察，总是轻车简从，不让组织群众欢迎，到哪里，都和群众打成一片。一次，他冒着高温视察一个钢铁厂的炼钢车间，工厂的同志给他在小休息室准备了水果和冰镇饮料，但他坚持要在车间和工人一起休息，喝工人们喝的水。

还有一次，他视察正在修建中的成昆铁路，工地上本想单独做饭招待他，他没有答应，而是钻进简陋的工棚里，高高兴兴地和筑路工人吃同样的饭、同样的菜。

像上述这样的事，在爷爷去过的地方，都给人们留下同样的记忆。他不仅没有一点特殊，而且平易近人，每到一个地方，总是亲切热情地和周围的人们握手、交谈，使人感到毫无拘束。在他下榻的宾馆或饭店，他常常要走进厨房、烧水房、服务员室去看望每个职工，感谢大家的服务。

在新疆，他去看一个农场副食品商店的供应情况，同售货员一一握手，酱菜柜台的售货员满手沾着酱油，正急于擦手，爷爷一把握住她的手说："没关系，你的手不脏！"

跟爷爷上庐山

> 上山后，爷爷住在牯牛岭上的359号别墅的二层，我和警卫人员住在别墅的一层。没想到会议开到一半，爷爷却给奶奶打去电话，让奶奶他们不要再来了……当时我还很小，不了解其中的缘故。后来我才知道：我此次在庐山上，经历了新中国刻骨铭心的一个时刻……

1959年6月30日，爷爷带我上了庐山。

爷爷上庐山是去开中央政治局扩大会议。这次会议原本说是总结“大跃进”和人民公社化以来的经验教训，继续纠正已经觉察到的“左”的错误。爷爷以为只是一个正常的工作会议，所以就计划着把我们几个孩子也都带去看看“庐山真面目”。

我当时还没有上学，爷爷就先带我上了庐山，说是等朱和、朱春元他们放假后再由奶奶带去。

上山后，爷爷住在牯牛岭上的359号别墅的二层，我和警卫人员住在别墅的一层。

没想到会议开到一半，爷爷却给奶奶打去电话，让奶奶他们不要再来了……

当时我还小，不了解其中的缘故。后来从奶奶的口中和有关的书籍中，我才知道：我此次在庐山上，经历了新中国刻骨铭心的一个时刻……

7月2日，中央政治局常委开会，根据毛泽东6月29日讲话和7月2日在庐山与各中央局负责人的座谈，确定了会上要讨论的19个问题，印发给与会的所有人员。

7月3日，与会人员开始按地区分东北、西北、西南、中南、华北、华东六个大组，围绕着昨天确定的19个问题进行讨论。中央机关的人分别编入这六个组，爷爷被编在中南组。

中南组的会场，设在东谷河畔的一座小教堂里，与过去蒋介石居住的美庐隔河相望。

前期的庐山会议，人们心情愉快地称它为“神仙会”，气氛是轻松的。

7月6日上午，爷爷在中南组的会上作了发言，他坦诚地说：

“去年成绩是伟大的。但对农民是劳动者又是私有者这一点估计不足，‘共产’搞早了一些。食堂要坚持自愿参加的原则，还要搞经济核算，吃饭不要钱，那一套行不通嘛！食堂即使全部垮掉，也不一定是坏事。我们应当让群众致富，而不是‘致穷’。农民富了怕什么？反正成不了富农，这是有关五亿人口安定的问题。”

爷爷的发言，语调平和但观点鲜明、意见尖锐。当时的农村公共食堂被奉为“共产主义因素”，“共产主义是天堂，人民公社架桥梁”。兴办公共食堂，实行“吃饭不要钱”，被说成是群众创造的“新事物”，神圣不可侵犯，批评它、否定它无异于捅马蜂窝。

爷爷不避讳这种重大的敏感问题，敢于提出“共产搞早了”，“吃饭不要钱那一套行不通”，“食堂即使全部垮掉，也不一定是坏事。”这该有多大的政治勇气。

对于“大炼钢铁”，爷爷说：“至于工业嘛，主要是大炼钢铁搞乱了，指标太高，一哄而上，划不来。”

这又是尖锐的意见。

在当时，“大炼钢铁”是“大跃进”的主要内容，是“超英赶美”的具体

1959 年 7 月，爷爷在庐山

行动。在当时，对“大炼钢铁”有微词，就是对“三面红旗”的态度问题。

爷爷讲的这些意见，并不是一时兴起，而是来自他对中国当时的国情，特别是对当时农村的实际情况的正确认识，是出自他对国家建设和人民生活的真诚关心。

实际上，还在上庐山之前，爷爷就一次又一次地提出了这些意见，在“为民请命”了：

1958 年 12 月 17 日，爷爷在听取河南省领导吴芝圃汇报工作后，指出：“我们是不是能很快就实现共产主义了呢？条件尚不具备时，太急了是不行的。大炼钢铁有缺点，要从中吸取经验教训，才能找到正确的发展出路。公社化的速度可以慢一些，不要忙。有的人总想走得越快越好，但事物的发展都有个客观规律，光想快不行。”

1959 年 1 月 30 日，爷爷到广东农村视察。他针对当时刮得很厉害的“共产风”说：“共产主义不是很容易就能实现的，不能急。”又对农村公社大办公共食堂“吃饭不要钱”的做法表示了怀疑：“公共食堂都吃一样的饭菜，像军队一样，这有点生硬。军队都是年轻人，又是作战部队，可以这样办。群众生活也这样，长期下去就成问题了。这是一个关系到六亿人口吃饭的大问题。”

爷爷还对身边的工作人员说：“吃饭不要钱是个问题。钱没有用了吗？目前还需要用钱交换，否则，经济生活就会瘫痪。”“一亩地施肥几十万斤，下种上千斤，这不是发疯了吗？”

是年的5月20日，爷爷和国务院副总理李富春谈话时说：“在发展农业问题上，目前我们既要发展全民所有制经济和集体所有制经济，也要承认个体经济，否则农民的生产积极性就调动不起来，人心也不安定。我看要退回去，退到允许个人所有制的存在是合理合法的。”他还说：“农村现在有个口号叫‘吃饭不要钱’，我看行不通。”

1958年4月，爷爷在南京和中科院科学家座谈

5月27日，第二届全国人大后当选了人大常委会委员长的爷爷，和刚刚当选国家副主席的董必武、当选人大常委会副委员长的林枫同行，去东

北三省视察。

他们先到的是辽宁省。

6 月 1 日，爷爷在听了抚顺市委负责人汇报后指出：“人们没有了家庭，生活资料不归个人所有，就没有劲头搞生产。比如房子如果归个人所有，就可以鼓励群众自己盖房子。社会主义是万世基业，家庭也是万世基业。”

6 月 10 日，爷爷在旅大听取汇报后说：“还是要有家庭，有了家庭，就要考虑衣食住行问题。秋后要把粮食分给社员。在农村里，分到各家各户，愿意在农村公共食堂里吃饭的，就入食堂；不愿的，就在家里吃。不要强迫命令。”

6 月 16 日，爷爷在长春市听取吉林省委负责人汇报情况时，指出：“吃饭不要钱不行。办食堂会造成很大浪费。要把粮食分给个人，由个人掌握调剂。不吃‘大锅饭’可以节省很多东西。只有生活资料归个人所有，归个人支配，才能调动积极性。这个政策要十年、二十年不变。有人怕农民富了会发展资本主义，这种顾虑是多余的。”

6 月 20 日，爷爷和董必武、林枫三人联名致函中共中央，反映在辽宁和吉林省看到的情况，信中说：“这里大部分群众不愿参加公共食堂。让群众在家里做饭好处甚多，最主要的是群众的生活由群众自己掌握。在今年的夏秋分配中，应该强调把粮食分到户，允许社员在自己家里做饭。”

爷爷在黑龙江省视察时，又批评了“大跃进”中刮起来的“共产风”，他说：“去年十几包，包不了，还是让群众自己包。生活资料要归自己，搞好生活也要靠自己，不是靠国家。全国六亿人口谁包得了？家庭还是要恢复起来，少不了家庭。那么多婆婆娃娃，不是家庭负责谁负责？”“有了家庭各方面才能稳定巩固。”

爷爷初上庐山时，心情还是很好的。

1959 年 7 月 7 日，他和时任国家副主席的董必武在庐山散步、游览。

游览归来，董必武写了《初游庐山》一诗，诗中写道：

1958年5月25日，爷爷在北京十三陵水库工地参加劳动

庐山面目真难识，
叠嶂重峦竞胜奇。
乍雨乍晴云出没，
时高时下路平陂。
盘桓最好循花径，
伫立俄延读御碑。
如许周颠遗迹在，
访仙何处至今疑。

董必武把他的这首诗拿给了爷爷。

爷爷看了这首诗后，兴致很高，就写了《和董必武同志〈初游庐山〉》一诗酬唱：

庐山真面何难识，
扬子江边一岭奇。
公路崎岖开古道，
林园宛转创新陂。
行游险处防盲目，
向导堪称指路碑。
五老峰前庄稼好，
今年跃进不须疑。

这首诗说明当时爷爷的心境是轻松和乐观的。

尽管1958年开始的“大跃进”和人民公社化运动出现了一些问题，但爷爷认为形势的主流“是很好的”，况且党中央和毛主席也认识到了运动中暴露出来的问题，正在进行纠正，许多问题正在解决中。这次政治局扩大会议又准备继续总结经验教训，克服实际工作中的“左”的偏差，会后的形势将会更好。对此，爷爷抱有极大的信心，所以他在诗中说：“今年跃进不须疑。”

7月8日，爷爷对来住地看望他的江西省委书记刘俊秀时说：“究竟是让农民富，还是让农民穷？许多干部看不清这个问题。我看应当让他们富，起码应该超过过去的富农。应该让他们一家一家富，一县一县地富。不要怕他们变成资本主义，不会的。”

7月9日，爷爷在住地和广东省委第一书记陶铸谈话时说：“去年最大的两件事，一是大炼钢铁，二是公社化。结果该搞的未能搞成。私人的坛坛罐罐归了公，农民的家务被搞掉了，使国家和个人都受到很大的损失啊！吃大锅饭，我一向就很担心，那么多人的家，不好当的。如果去年不发那么一阵疯，不晓得能出口多少东西！我这个人就是想多搞点对外贸易，因为这样才能促使我们的建设事业搞得更快。有的人以为光凭人多，就能把国家建设很快地搞起来，实际上行不通的。”

1964年6月，爷爷在北京观看北京军区和济南军区军事表演（一）

7月11日，他和湖南省委第一书记周小舟谈话时说：“农民是劳动者，又是私有者。去年试验了一下，他们知道在家吃饭比在公共食堂好，可以节约粮食，还可以把猪、鸡、鸭喂起来。这样，看起来是保留了私有制，实际上对公有制是个补充。这两年就以为消灭私有制好，农民却没得积极性！去年吃大锅饭把东西吃掉了，这是个极大的教训。我看去年全民大炼钢铁是不应该的，不但损失了20个亿，重要的是它耽误了别的事情。”

1964年6月，爷爷在北京观看北京军区和济南军区军事表演（二）

7月13日，爷爷又同外贸部部长叶季壮谈话说：“我认为，对外贸易还是要做得大一点。出口额下降是去年吃‘大锅饭’的结果。这是许多省都承认了的。但是，四川、河南还不承认，还要吃‘大锅饭’。”

今天看来，爷爷对“大跃进”和“公社化”运动中的问题发现是多么及时，认识是多么透辟，意见是多么中肯，这与中央当时纠“左”的精神是一致的。

但令爷爷万万没有料到的是，庐山上的会议风云突变。

风云突变，源自中央政治局委员、国务院副总理兼国防部长的彭德怀的一封信。

7月14日，彭德怀给毛泽东主席写了一封信，对“大跃进”以来“左”的错误提出尖锐的批评，不料却引起毛泽东的强烈不满。

7月16日，毛泽东将彭德怀写给他的信加上了一个《彭德怀同志意见书》的题目后，印发给与会同志，提出“要评论这封信的性质”。

爷爷似乎还未觉察到会议的风向变了。

这一天，他还在对河南省委第一书记吴芝圃坦陈自己的意见：“参加农村食堂，还是要实行自愿的原则，想回家吃饭的也要允许，对他不要歧视，不要戴帽子。即使食堂都垮了，也并不影响公社的巩固。人们不向公社要吃要穿，公社反而会巩固起来。去年如果不是吃大锅饭，像高级社那样再维持几年，农民就皆大欢喜了。至少肉、蛋、鸡会有得吃。”

爷爷胸怀坦荡，从不隐瞒自己的观点。在这次的庐山会议上，他反复申述自己的意见，谈对形势、成就和缺点错误的看法。

这之后的两天，爷爷在小组会上还在说：“去年的缺点是刮了‘共产风’，不承认生活资料归个人所有。只有承认生活资料归个人所有，多劳多得，农民才能有生产积极性；我要再次强调帮助农民建立家务的重要性。个人也要有经济核算，这样日子就好过了，生产、生活也就能安排好了。”

7月23日，爷爷接到通知，去出席全体会议。

一到会场，爷爷就感到会议气氛很严肃。

他听毛泽东说道：“你们讲了那么多，允许我讲个把钟头，可不可以？吃了三次安眠药，睡不着觉。”

毛泽东批评彭德怀的话是“资产阶级的动摇性”，是“右倾性质”，要进行批判。

毛泽东又讲道：“食堂是个好东西，未可厚非，不是讲跳舞有四个阶段吗？”

讲到这里，毛泽东突然转过脸来对爷爷说：

“总司令，我赞成你的说法，但又和你的说法有区别：不可不散，不可多散，我是中间派。科学院昌黎调查组，说食堂没有一点好处，攻其一点，不及其余，是学《登徒子好色赋》的办法。”

战国时代辞赋家宋玉的《登徒子好色赋》写了一个夸耀自己完美无瑕、攻击别人则抓其一点不及其余的人，毛泽东借用来反驳对办公共食堂、吃“大锅饭”提出批评意见的人。

很显然，毛泽东这也是在批评爷爷。在小组会上，爷爷曾说过“食堂全垮了也没关系”这样的话，引起了他的反感。

然而，爷爷仍不顾毛泽东对他的“提醒”。当天下午，在第一小组会上第一个发言，他仍坦诚对大跃进、公社化运动中存在的问题的看法。他说：

“去年农业是好收成，粮食为什么还紧？主要是吃大锅饭吃掉了。好的，吃了；坏的，烂了。农民对私有制习惯了，分散消费可能节省一些。关于手工业问题，去年很多合作社升级变为国营。一升级，他就不计盈亏了，什么都要国家包起来，这怎么行？商业去年也下放了不少，不搞经济核算，结果亏欠很多。我看全民所有制、集体所有制和个体经济都要承认。按劳分配，多劳多得，各自生活。这些问题都要摆清楚，以便认真总结经验教训。”

说着说着，爷爷发现人们的注意力已不在总结教训，而是开始围绕彭德怀的信大加讨伐。

会议已从纠“左”转向反右。

7 月 25 日，鉴于当时的形势，爷爷在第四小组会上谈到对彭德怀的信的看法时说：“彭总的信起了好作用，但是彭总的看法是错误的。”前半句是爷爷真实的思想，后半句则是迫于当时的形势违心说的。

爷爷又说："彭总在生活方面很注意节约，艰苦卓绝，没人比得上。彭总有一股拗脾气，今后应该注意改掉。彭总也是关心经济建设的，只要纠正错误认识，是可以把工作做得更好的。"

爷爷这一次的发言，可以说是语焉不详。因为不想说的话他要说，想说的话他不能多说。尽管他知道会上需要的是批判彭德怀的话，他还是说了几句肯定彭德怀的话，这不仅仅是因为他与彭德怀是三十来年生死与共的战友，相知很深，更重要的是，他要宣扬彭德怀的优点，维护他应有的自信和自尊。

7 月 31 日到 8 月 1 日，连续两天的中央政治局常委会是由毛泽东主持，刘少奇、周恩来、爷爷、林彪以及彭德怀、彭真、贺龙参加。会议每次开六七个小时，主要是揭发和批评彭德怀。平时怕风、怕光、怕水，躲在毛家湾 1 号的林彪，此时却像援兵一样于 7 月 29 日上山，成了"批彭"的急先锋。他大骂彭德怀是野心家，青年时曾起名"彭得华"，就想得中国。他大喊："在中国只有毛泽东是大英雄，谁也不要想当英雄！"

爷爷第一天没有发言。

第二天，他第一个发言。

由于他态度温和，言词没有火药味，所以还没等他讲完，毛泽东就将腿抬起，用手指搔了几下鞋面，说："隔靴搔痒！"

显然，这是对爷爷的发言没有"击中要害"而不满。

见毛泽东这么一说，爷爷便停止了发言。直到散会，他没有再说一句话。

爷爷万万没有想到，这次会议竟来个一百八十度的大转弯，从反"左"走向了反右！爷爷不是那种见风使舵的人，更不是那种会用艺术语言开脱自己的人。他知道他无法改变毛泽东的决定，正如他不能改变自己做人的原则一样。会议后期，他基本保持缄默，用无言表达他满腹不同意见。

8月2日，庐山会议由中央政治局扩大会议变为中共八届八中全会，进一步开展对所谓“彭德怀、黄克诚、张闻天、周小舟反党集团”的斗争，毛泽东把这场斗争说成是“一场阶级斗争”，是“资产阶级与无产阶级两大对抗阶级生死斗争的继续”。

8月16日，会议通过《为保卫党的总路线、反对右倾机会主义而斗争》的决议和《关于以彭德怀同志为首的反党集团的错误的决议》，把彭德怀等人打成“反党集团”。在表决投票时，爷爷弯曲着胳膊，手举到别人一半高的位置，似乎表明他是在极不情愿的情况下举的手，这动作没有逃过洞察秋毫的毛泽东的眼睛。

散会后，毛泽东在散步时遇到爷爷，说：“你啊老总，举手举了半票。”

爷爷答道：“反正我举了手，至于手是怎么举的，我就不知道了。”

爷爷那时的心情不好，吃饭时，他看见有人往阴沟里丢食物，气得够呛，就把管伙食的人叫来狠狠地批评了一顿，规定大家不能吃超标准。似乎这样宣泄一通，他的心里才好受一点。

还有一天，午饭时，警卫员向爷爷报告：“董老夫人何连芝同志上午曾来看望康大姐，大姐不在；又问到总司令，我说您在楼上办公，她就回去了。”

爷爷听了，又有点发火，说：

“你这个同志啊，怎么能这样子待客呢？周公离现在几千年了，他是周成王的叔父，又是宰相，很谦虚。周公有时在洗一次头发当中，不得不三次握着头发立即接见来访的人；有时在吃一顿饭当中，不得不三次吐掉口里的食物，立即接见来访的人，这叫‘一沐三握发，一饭三吐哺’，古人都讲谦虚，不搞官僚主义。你不让客人见我，就给打发走了，这样做，多不好啊！”

8月18日，爷爷带着莫名的惆怅下了庐山。

令爷爷没能想的是，北京等待他的是更大的厄运……

林彪放肆诽谤爷爷

> 雷英夫回忆说："'……匹夫见辱，拔剑而起，挺身而斗，此不足为勇也。天下有大勇者，猝然临之而不惊，无故加之而不怒，此其所挟持者甚大，而其志甚远也。'朱总司令就是这种大勇大智的伟人。"

1959年8月22日，爷爷回到北京，顾不上休息，立即赶到京西宾馆，出席正在召开的中央军委扩大会议。

这次会议从8月18日开始，到9月12日结束。出席会议的有全军选派的师以上党员干部1061人，列席会议的有508人。如此规模的军委扩大会议是少见的。

会议议题是继续揭发彭德怀、黄克诚的"反党军事俱乐部"的"反党罪行"。彭德怀曾经在《彭德怀自述》一书中回忆了他参加这次大会的情况。其中写道：

> 所谓"军事俱乐部"的问题，我坚持了实事求是的原则。对于这个问题，在庐山会议期间，就有追逼现象，特别以后在北京召开的军委扩大会议期间（八月下旬至九月下旬），这种现象尤为严重。不供出所谓"军事俱乐部"的组织、纲领、目的、名单，就给加上不老实、不坦白、狡猾等罪名。有一次，我在军委

扩大会议上作检讨时，有一小批同志大呼口号：“你快交代呀！”“不要再欺骗我们了！”逼得我当时气极了，我说：“开除我的党籍，拿我去枪毙了罢！你们哪一个是‘军事俱乐部’的成员，就自己来报名罢！”……我不能乱供什么“军事俱乐部”的组织、纲领、目的、名单等，那样做，会产生严重的后果。我只能毁灭自己，决不能损害党所领导的人民军队。

9月11日，毛泽东到军委扩大会议上讲话，他说：

“有几位同志，据我看，他们从来不是马克思主义者，他们只是我们的同路人，是资产阶级革命家进了共产党。”

这一天，林彪也在会上讲了话，刚一张嘴，就向坐在主席台上的爷爷放出了冷箭。有篇文章这样记述当时的情景：

“同志们！”林彪拉着长腔，用闪着寒光的刀子似的眼睛扫视了一下面无表情的朱老总，“我今天还给一位在座的老同志提点意见，他是谁？这个人，一般人是看不出来的，他给人的印象是忠厚老实，平易近人，而且德高望重”，说着，他一拍桌子，提高声调：“但这是假的，他的骨子里是反党、反毛主席的，和彭德怀是一路货。他就是大名鼎鼎的朱德！”

会场哗然了。人们心里都不约而同地犯着嘀咕：具有长者之风的朱老总，宽厚大度，心无邪念，是打天下的元勋，把个人生死荣辱置于脑后，浴血奋战了几十个春秋，林彪怎么能这样对待他呢？

“人家称他为总司令，他还心安理得地答应呢！”林彪用尖酸刻薄的语言，挖苦讽刺道：“他够当总司令的资格吗？”林彪扫视了一下会场，大声吼道，“他根本不配！我们的总司令，是我们的毛主席。”他还指着朱老总说：“你这个总司令，从来没有当过一天总司令。不要看你没有本事、一天到晚笑嘻嘻的，实际上你很不老实，有野心，总想当领袖！”

林彪的突然袭击，出乎朱老总的意料。但他泰然处之，不仅没有发火反而笑着对林彪说：“那就请你批评好了。”

这篇文章并不是想象的文学描述，当年的林彪，就是这样当着一千多高级军事将领的面，信口雌黄，肆无忌惮地攻击我爷爷、人民爱戴的总司令。

当时在会场的总参作战部部长雷英夫后来回忆说：“林彪此言一出，到会的同志大为震惊，极为气愤……朱总司令不仅是位慈祥的长者，而且是位坚韧的强者……‘古之所谓豪杰之士，必有过人之节，人情有所不能忍者，匹夫见辱，拔剑而起，挺身而斗，此不足为勇也。天下有大勇者，猝然临之而不惊，无故加之而不怒，此其所挟持者甚大，而其志甚远也。’朱总司令就是这种大勇大智的伟人。”

爷爷真的“从来没有当过一天总司令”吗？

长大后，听老一辈讲，找党史、军史书看，我才知道林彪是怎样以谎言颠倒历史的真相。但历史是无法篡改的：

1927 年八一南昌起义后，爷爷任起义军第九军军长，并任起义军南下先遣司令，当时林彪是起义军中的一个排长，后来才提升为连长，跟随爷爷参加三河坝战斗，转战湘赣边界。

1928 年 4 月，爷爷率南昌起义军余部和湘南起义军一万余人上井冈山与毛泽东会师，成立红四军，爷爷是红四军军长，毛泽东为党代表。当时林彪是爷爷所辖的第二十八团中的一个营长。

1929 年 1 月，朱毛红军从井冈山向赣南闽西进军，林彪当上了第二十八团团长。

1930 年 6 月，红四军与红三军、红十二军合编成立红一军团，爷爷任总指挥、毛泽东任政治委员，林彪继爷爷之后当上了红四军军长。

1950 年 6 月 6 日至 9 日，中共七届三中全会在北京召开。爷爷与毛泽东、刘少奇、周恩来、陈云在主席台

同年 8 月，红一军团与红三军团组成红一方面军，爷爷为红一方面军总司令兼红一军团军团长，同时被中共中央任命为中国红军总司令，毛泽东为红一方面军总政委兼红一军团政委。

1931 年 11 月，中华苏维埃一大后，爷爷任中央革命军事委员会主席，兼红一方面军司令员，林彪接替了他不再兼任的红一军团军团长职。

1934 年 1 月，中华苏维埃二大后，爷爷继续任中央革命军事委员会主席兼红一方面军总司令，下辖红一、红三、红五、红六、红七、红八、红九军团。林彪为红一军团军团长。

红军长征，绝大部分指挥全军行动的电报命令都以总司令“朱德”或军委主席“朱德”的名义发出的。林彪率领红一军团的每个行动也都是致电“朱主席”请示或汇报的。

1937 年 8 月，红军改编为八路军后，爷爷任八路军总指挥（第十八集团军总司令）下辖三个师。林彪是第一一五师师长。到华北前线不到半年，他就受伤休养，直到八年抗战胜利，他都没有到华北前线。

解放战争时期、新中国成立初期，爷爷为中国人民解放军总司令。林彪为第四野战军司令员，这是尽人皆知的……

但是，到了1959年，林彪竟然信口雌黄，诬蔑爷爷没“当过一天总司令”，是他得了历史健忘症，还是别有用心呢？

作为一位党中央副主席、共和国元帅和即将取代彭德怀出任国防部长的林彪，在全军如此规模的大会上，竟然可以如此放肆地颠倒历史，这不仅仅是他个人的悲哀，也是党的悲哀、人民军队的悲哀。

爷爷的人品，在党和军队的高级干部中是有口皆碑的，十元帅中的其他八位元帅，对爷爷也是一向敬重和爱戴的，唯独林彪，他感情上疏远爷爷，蓄意攻击爷爷，这不仅由于他怀有野心、看风使舵，也是发泄他对爷爷的历史积怨。

凡与爷爷共过事的老同志都说，爷爷一辈子没有整过人，他没有私敌。那么，林彪和爷爷有什么积怨呢？

早在1927年10月，爷爷率南昌起义军第二十五团等部留守三河坝，掩护周恩来、叶挺、贺龙率领的起义军主力向潮汕进军，在三河坝与敌激战三天后撤出时，得知起义军二万多人已在潮汕地区溃散。爷爷在这危难关头毅然担起保存南昌起义火种的重任，率起义军余部仅两千多人沿赣粤边境向湘南转移。当时环境十分险恶，敌人重兵追歼，反动民团袭击。部队风餐露宿，饥寒交迫，好多人看不到革命的前途，动摇了，逃跑了，部队最后只剩下七八百人，师团级干部只剩下陈毅一人。

粟裕大将在《战争回忆录》中说：

> 当时黄埔军官学校出身的一些军官，其中包括七十三团的七连长林彪，来找陈毅同志，表示要离开队伍，另寻生路。他们

说：“我们是搞过队伍的，现在队伍不行了，碰不得，一碰就垮了。与其当俘虏，不如穿便衣走。”陈毅告诫他们：你们要走把枪留下，拖枪逃跑最可耻！

朱老总和陈毅在赣南大余县天心圩召开全体军人大会，首先宣布，今后这支队伍就由他和陈毅领导，他大义凛然地说：“愿意继续革命的跟我走，不愿革命的可以回家，不勉强！”

朱老总要大家把中国革命的前途看明白，他预言：“黑暗是暂时的，中国革命一定会胜利。”

但是，就在大多数同志革命的信心加强的时候，动摇已久的林彪还是开了小差。当部队离开大余县城的那天，他伙同几个动摇分子脱离部队，向梅关方向跑去。只是因为地主挨户团在关口上把守得紧，碰到形迹可疑的人，轻则搜取财物痛打一顿，重则抓起来杀头，林彪感到走投无路，才又被迫于当夜返回部队。四十四年后的“九一三”事变，林彪在叛逃中自我爆炸。陈毅同志回忆指出：“南昌暴动，上井冈山，林彪起过什么作用？他根本是个逃跑分子。”

也就是从那时起，爷爷对这个逃跑了一天又归队的年轻军官有了印象。凭这个印象，在1928年上井冈山后，二十八团团长王尔琢牺牲了，在研究谁接任团长时，爷爷没有支持林彪当团长。但林彪还是当了团长，不知他怎么知道了爷爷的态度，从此开始对爷爷心怀不满。

还有一件事，是1929年2月，爷爷和毛泽东率红四军从井冈山向赣南闽西游击，在寻乌县项山的圳下村发生的。粟裕回忆说：

凌晨，我们在项山受到刘士毅部的突然袭击。那次第二十八团担任后卫，林彪当时任第二十八团团长，他拉起队伍就走，毛泽东同志、朱德同志和军直属机关被抛在后面，只有一个后卫营掩护，情况十分紧急，毛泽东同志带着机关撤出来了，朱德同志却被打散了，身边仅有五名冲锋枪手跟随。敌人看到有拿冲锋枪的认定有大官在里面，追得很凶，越追越近。朱德同志心生一计，几个人分作两路跑，自己带一个警卫员，终于摆脱险境。这时，我们连到达了一个叫圣公堂的地方，听说军长失散了，我们万分着急，觉得像塌了天似的，情绪很低沉、恐慌。因为军长威信很高，训练、生活、打仗又总是和我们在一起，大家对他有很深的感情。下午四点半朱军长回来了，此时部队一片欢腾，高兴得不得了，士气高起来了。但不幸的是军长的爱人伍若兰同志却被敌人抓了去，惨遭杀害，我们看到朱军长把伍若兰同志为他做的一双鞋子一直带着，很受感动。

林彪这次不顾大局使红四军军部机关陷于极危险的境地，事后，受到了爷爷的严厉批评，林彪因此对爷爷更为不满。据当时任红四军第四纵队司令员的傅柏翠回忆说：

林彪由于受到了处分而对朱德军长不满，便向毛泽东党代表写了一封攻击朱军长的信，说朱军长好讲大话，放大炮，拉拢下层，游击习气等。我记得此信在红四军七大召开前曾经发给官兵讨论过。尽管林彪在下面暗中煽动，但红四军广大官兵是拥护、热爱、信赖朱军长的。林彪在白沙一次支队长以上干部会议上，公然说：“朱军长给了我记过处分，这点我不在乎，就是这个月扣了我两块钱饷，弄得我没钱抽烟，逼得我好苦。”

可见，林彪对挨过爷爷的批评和处分是耿耿于怀的。三十年后，他终于找到了报复的机会。

虽然林彪在公开场合放肆地攻击爷爷，但我亲眼看到林彪在北戴河疗养时，有时散步时遇到爷爷，还是恭恭敬敬地给爷爷敬礼、问好。

“依然得地自含芳”

> 虚怀若谷的爷爷早已把个人的荣辱进退看淡。1959 年后，爷爷继续兢兢业业地工作，坦坦荡荡地为人。1962 年他在七千人大会上说：“发展生产力必须实实在在地干，虚夸是有害无益的……”

1959 年 9 月 26 日，中共中央军委发出通知：中共中央政治局决定，中央军委主席为毛泽东，副主席为林彪、贺龙、聂荣臻。

爷爷自 1931 年任中革军委主席，到 1937 年后一直任中央军委副主席，至此，爷爷从军委副主席改任为军委常委。他仍为中共八大时当选的中共中央副主席、中央政治局常委。但从这时开始，他就很少参加中央政治局常委会议了。再就是，爷爷在这次大会上被迫做出所谓的“检讨”，并以文件形式发到了全国县团级单位。

虚怀若谷的爷爷早已把个人的荣辱进退看得很淡。他年轻时就写过这样的诗句：“身经沧海羞逃世，力挽狂澜岂为名。”为了寻找新的救国之路，他毅然抛弃高官厚禄，像小学生一样找到共产党，从头学起，重新革命。

在为革命、为抗战建立了丰功伟绩之后，爷爷仍诚恳地说：“我们切不可居功。群众风起云涌，烈士牺牲生命，如果有功，功是他们的。离开了群众，我们什么事也做不出来。比如说，我个人，中外人士都知道，好像我是三头六臂，实际上，我只是广大群众事业与功绩的代表中的一个而已。一定要记住，如果有功，功是党的，是群众的。”

新中国成立后，爷爷又多次说：“功是谁的？是战士和工人、农民的。领导人不经过他们，就一点功也没有。中国的工人、农民在革命战争中流了许多血，世界上晓得中国工人、农民英勇，但不晓得他们那样多名字，那样多详细的事迹，有时就记住了他们的领导人。这是以领导人来代表中国的工人、农民。比如我是总司令，有时就把我当作他们的代表，把他们的功挂在我的名字上，如果我因此就夸功，那岂不可笑！不经过工农群众，哪里来的功！”

爷爷是1954年第一届全国人大召开时当选的国家副主席。1958年八届六中全会上讨论召开第二届全国人大问题时，毛泽东提出他不再做下届国家主席的候选人，会议接受了毛泽东的意见。同年年底，中央开始筹备召开第二届全国人大，提出了一个包括刘少奇继续担任人大常委会委员长的第二届全国人大常委候选人名单，征询爷爷的意见。12月29日，爷爷给时任中共中央总书记的邓小平和书记处写了一封言辞恳切的信。信是这样写的：

小平同志转书记处同志们：

你给我组织部、统战部对二届人大常委提名候选人名单一份，我同意。我提议以刘少奇同志作为国家主席候选人更为适当。他的威望、能力、忠诚于人民革命事业，为党内党外、国内国外的革命人民所敬仰，是一致赞同的。因此，名单中委员长一席可再考虑，以便整体的安排。至于我的工作，历来听党安排，派什么做什么，祈无顾虑。此致

敬礼

朱　德

12月29日

这封信表明，爷爷放弃了由国家副主席再担任国家主席的可能，主动推荐以刘少奇为国家主席候选人，由此可见，爷爷的襟怀是多么坦荡，他以党和国家、人民的利益为重，而毫不计较个人地位的高低进退，这正是他高远人生境界的体现。

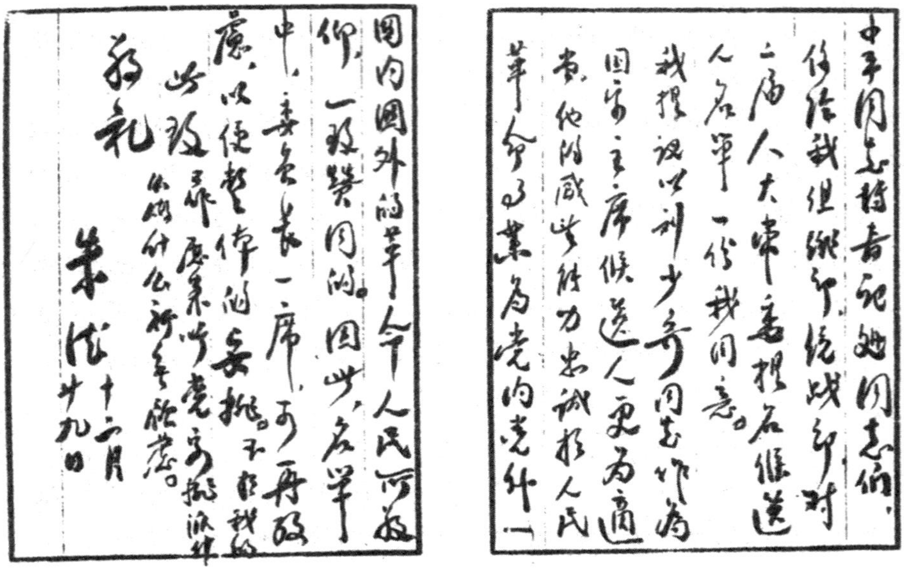
中共中央书记处同志们：

你们给我组织部统战部对二届人大常委会提名候选人名单一件，我同意。

我提议以刘少奇同志作为国家主席候选人更为适当。他的威望能力和忠诚于人民革命事业为党内党外一切国内国外的革命人民所敬仰，一致赞同的。因此，名单中的委员长一席，可不再考虑，以便整体的安排。

此致

敬礼

朱德

十二月廿九日

1958 年 12 月 29 日，爷爷致邓小平转中共中央书记处函

1959 年后，爷爷继续兢兢业业地工作，坦坦荡荡地为人。

时值国家三年经济困难时期，爷爷经常深入到基层，到人民群众中去，鼓励大家艰苦奋斗，共渡难关。

一年早春，他惦记着农民在这青黄不接的时候口粮是否有了着落，早春作物长得怎么样。便乘汽车从上海出发，经过无锡、镇江、南京、芜湖到合肥，又从合肥经过淮南到淮北，一路走一路看。他不顾长途颠簸劳顿，走进农民家舍，摸摸他们的铺盖，尝尝他们的饭食，问寒问暖，为他们排忧解难。汽车经过合肥市郊时，看到许多男女老少排成一条长蛇阵在公路上积肥，他不以为然地说：“这是让群众摆样子给我们看的！”

1964 年 11 月 28 日，爷爷在中南海书房

1962 年春节前后，在北京召开了扩大的中央工作会议，从中央到全国各县，都有党政负责人参加，共有 7000 人，因此通称“七千人大会”。会议是为总结 1958 年以来社会主义建设的经验教训而召开的。

毛泽东在大会上宣布，要用民主的方法，群众讲话的方法，来解决党内外的问题，并做了自我批评。

2 月 3 日，爷爷在山东组会上发言，指出：“这几年，党内斗争扩大化了，吃了一些亏，运动中打击面宽了，伤了人”；“反‘左’容易出右，反右容易出‘左’，这种情况，作为领导者应当注意。有‘左’反‘左’，有右反右，有啥反啥，没有就不反，不能一说反什么就自上而下地来个普遍化”。“反右比较容易，因为资产阶级的东西在我们党内比较容易识别，好制止一些。‘左’的东西往往不容易看清，不容易制止。”

他还说：“解决党内问题还是要和风细雨，正确地开展批评和自我批评，领导工作发生了错误，只要上面肯做自我批评，下面怨气就容易消。”“对犯了错误的同志，应当治病救人，不能搞惩办主义，无情打击。要很好地爱护干部，尊重党员的权利。”

在谈到经济建设问题时，他说：“生产关系要适合生产力的发展，而不是生产力要适合生产关系”；“发展生产力必须实实在在地干，虚夸是有害无益的”；“要有实干精神，要鼓劲，但不是吹嘘，办不到的事就不要讲”，“办不到的事，硬要去办，还是办不到，结果既伤了党员，又失掉了群众”；“只能根据主客观条件，根据需要和可能来决定我们的工作方针，脑子太热，跑得太快，结果会事与愿违”。“要把大家的积极性引导到农业、工业、手工业生产上去，引导大家同自然做斗争。但不能用那种几十万、几百万人齐上阵的办法”；“要使农民安居乐业，安居乐业是发展生产的根本保证。”“客观规律不能违背，只要我们全党学会照客观规律办事，我们就一定能站稳脚跟，并继续向前发展。”

今天看来，爷爷讲的这些意见是非常宝贵而中肯的。可惜，当时没有阻挡住“左”倾错误的进一步发展。

爷爷早年喜爱兰花，参加革命后，在战火纷飞中就顾不上这一爱好了。新中国成立后，工作、生活安定下来，闲不住的爷爷又有了养兰的情趣。

工作人员都知道爷爷爱兰花。我们搬进西楼后，大家都来帮着在我家门前钉了一排木架，上面再搭上棚子，就成了一个简易的花房。每年6月前后，爷爷就把我家的兰花弄得干干净净，全都摆在那个木架上，每个盆里还插上小木牌，写明花名和产地。招惹得在西楼院落里工作的干部们在工作之余，常聚到这儿来赏花。

爷爷喜爱收集各种兰花，到各地视察时，还抽空在当地人员引领下到山上采集。

1961年，75岁的爷爷到四川视察时，曾亲自爬上青城山采集兰草。

在上山途中，爷爷始终坚持步行。他一路兴致很高，边走边看，有说有笑。工作人员怕他累着，劝他休息一会儿。爷爷风趣地说：

“山高，没有我的脚腿高。步行就是我最好的休息。”

在当地向导的带领下，爷爷爬上山坡，走到崖壁下，寻找兰草，并且给大家讲一些有关兰花的知识：

50 年代在中南海，爷爷与我和哥哥援朝一起种兰花

“兰花生长在深山幽谷里，它有自己的脾气、个性，一定要顺着它。否则，轻则不开花，重则枯黄而死。兰花的生性是高洁、倔强的，它讨厌浓肥大水，讨厌狎昵拨弄，讨厌喧嚣烟尘的纠缠。”

古稀之年的爷爷边走边讲，兴致勃勃，一直攀登到青城名景“天然图画”（青城山一景）上面，竟然发现了兰中珍品——送春归。这一发现，令爷爷兴奋异常：

“兰花在我国有悠久的历史，种类也很多，有秋索、剑蕙、雪兰、蝉兰、朱砂兰、线兰……但这送春归就很难一见！”

下午回到住所时，劳累了一天的工作人员都感到十分疲倦，爷爷却毫无倦意，晚饭后照常出去散步。服务员劝他说：“总司令，今天累了，就不要去散步了吧！”

爷爷诙谐地说：“我不累，我老了，人老骨头硬嘛！”

第二天早饭后，爷爷系上围腰，戴起袖套，和李奕云、叶世惠等几个花工一起，对采集来的兰花进行分类、选苗、整根，然后又一把干粪一铲泥地精心栽培起来。

爷爷闲暇时修剪兰草

爷爷在栽种兰草中，不论是分类、选苗、整根，还是垫盆、植株、浇水，样样都会干，像一个经验丰富的老花工，干得又快又好。花工们见了，不禁称赞道："总司令种兰花比我们还内行啊！不仅经验丰富，还有理论。"

爷爷听后摆摆手说："比不上，比不上，我是来向你们学习的。"

干完活后，爷爷对服务员说："师傅们辛苦了，去把我带来的烟和茶拿来招待大家。”

爷爷说：“在解放前，兰花只供有钱有势的人玩赏，特别是一些名贵品种，往往是以多少亩土地或多少两黄金换一盆，一般老百姓是难得见到的。解放了，劳动人民成了国家的主人。兰花不能像过去那样只供少数有钱人玩赏，要逐步走入寻常百姓家里。”

爷爷不单纯把兰花看作一种绿色植物，而是把它看作一种宝贵的资源与财富，把养兰看作祖国的一种文化遗产。所以，他经常告诉有关人员：要切实把养兰当作丰富人民文化生活并可收到良好经济效益的事业，兰花应争取出口，换取外汇。

爷爷在参观北京中山公园的兰圃时，还多次对养兰的工作人员指出，要普及养兰知识，让兰花深入到老百姓家。他说，养兰工作者要为老百姓好好服务，可以将兰花用低价卖给爱好者们，人家养坏了可以送回来，送回来的公园再养，养好了再给人家。当时，奶奶也在场，听了爷爷这么说，马上提出异议，说：“人家是事业单位，怎么能不顾成本呢！”大家哈哈大笑。在这种轻松的谈话中，人们可以体会到爷爷对兰花事业的关注，对养兰爱好者的关怀。

现在北京中山公园的兰花，就有许多是爷爷赠送的。

1962 年春，爷爷在陈奇涵上将陪同下到井冈山视察，这是他 1929 年年初与毛泽东率红军主力离开井冈山向赣南闽西进军后，第一次重返井冈山。一天，汽车在逶迤的山路上穿行，爷爷叫车停下，到丛林深处采得井冈兰。陈奇涵即兴写了一首诗《咏兰》送爷爷。

祖香隐长在深幽，
清香吐芳自风流。
三三幸会逢知遇，
淑人君子美胜收。

爷爷即吟诗一首：

井冈山上产幽兰，
乔木林中共草蟠。
谩道林深知遇少，
寻芳万里几回看。

1963 年 1 月，爷爷在海南岛尖峰岭采兰后，又写下七绝一首：

尖峰岭上产幽兰，
古木林中朽树边。
多费专家勤采掇，
新种移出任人观。

成都的杜甫草堂，名木不少，自从爷爷赠送了名种兰花以后，园内种植的兰花逐渐增多。1963 年，爷爷再次来到草堂，兴致盎然地观看了草堂的兰花，写下了《草堂春兴》十余首诗。

小时候我不太理解爷爷为什么对朴实无华的兰花情有独钟，随着年龄的增长，我渐渐发现兰花有许多高贵的品格：质朴、坚韧、高洁、芬芳……而这些也都体现在了爷爷的身上。

爷爷在 1962 年曾写下这样一首诗：

幽兰吐秀乔林下，
仍自盘根众草傍。
纵使无人见欣赏，
依然得地自含芳。

从这首诗里，我才理解了爷爷为什么这么喜爱兰花。

和群众共渡困难时期

——三年困难时期，爷爷也紧缩了自己的饮食。他把自己的粮食定量从30斤缩减到了26斤，经常吃一种把米和菜煮在一起的“菜糊糊”。他常要求我们“要想到全国人民，和人民一起渡难关，能节约一点是一点”。

三年自然灾害时期，爷爷的饮食也非常简单。每顿饭差不多都是一碗米饭，一盘素菜，一盘有几片肉的荤菜，一小碗汤。尽管如此，他还要求在米饭里掺些杂粮。他经常对我们和身边的工作人员说：“杂粮饭又香又经饿，而且有丰富的营养。”

爷爷从来不吃零食。他吃苹果不削皮，并且叮嘱我们：“果皮也是有营养的，扔了是一种浪费。”

对粮食，爷爷绝对不允许有丁点浪费。吃饭时，他常常提醒我们，吃多少盛多少，要把饭吃干净，不要在碗里剩下米粒。

50年代中期的一天，中南海的供应站来了又大又鲜的对虾。炊事员邓林知道爷爷最爱吃新鲜的鱼虾，就买了几个回来，精心烹好，送到我们的饭桌上。

吃饭时，爷爷就问：“这对虾是从哪儿弄来的，多少钱一斤？”

厨师如实作了回答。

爷爷说：“对虾是好吃，可一吨对虾到国外能换回好多吨钢材哟！我们国家穷，缺钢材，对虾少吃一口有啥关系，出口换钢材更要紧。以后记住，再有对虾你就不要给我买了，买了我也不吃。”在我的记忆中，在以后几年里，爷爷在家里再没有吃过对虾。

同时，爷爷也紧缩了自己的饮食。他不但把自己的粮食定量从30斤缩减到了26斤，而且还经常吃一种把米和菜煮在一起的“菜糊糊”。我们家由于来往的客人多，有段时间粮食亏空了五十多斤。工作人员想报请机关行政部门把短缺的粮食补上，爷爷坚决没有同意。

1962年的一天，爷爷亲自指导厨师做了一顿由马齿菜、野苋菜和苦苦菜组成的一桌饭，对大家说：“今天请你们吃这顿饭，是让大家不要忘记过去战争年代那种艰苦奋斗的精神。现在国家经济困难，人民生活艰苦，我们要想到全国人民，和人民一起渡难关，能节约一点是一点。”

爷爷还说：“这菜苦吗？长征时，我们连这样的菜都没得吃！现在毛主席领导人民克服困难，带头不吃肉，我们都要听毛主席的话，同人民共艰苦！”

说完这些话，爷爷这才告诉了他的真实想法。他说：“吃完这顿饭，你们能住校的、参加工作的、父母在京的，一律离开中南海，到群众中生活。”这样，孩子们按照爷爷的要求，纷纷离去，家中只剩下了我、援朝、春元、小兰四个孩子。后来春元、小兰上大学了，援朝住校了，只剩下我留在他们身边……

当时我在学校吃午饭，伙食较差，尽吃粗粮和红薯面窝头。我看到有些同学从家里带饭到学校吃，我就给奶奶提出了带饭的要求。奶奶说：“孩子，奶奶不是不疼你，奶奶也希望你吃得好一点，但是国家正是困难时期，我们不能脱离群众啊！”

尽管爷爷奶奶吃得简单，但我们在家的时候，爷爷还是不让我们和他一起用餐，要求我们到中南海的大食堂和工作人员一起吃饭。并且还一再叮嘱，不准买好的，不准超过别人的伙食标准，不准增加定量……

有一次，听到爷爷又给我叮嘱这些话，我就有些不高兴地说：

“这不准，那不准，爷爷可真是的！”

爷爷听了，就把我叫到他的面前，给我抻了抻衣角后对我说：

“孩子，我疼你，可我们不能脱离群众呀！我这里比群众的待遇高，细粮多，粗粮少，可这些待遇是党和国家给爷爷的，主要是为了党的事业，为了工作，可你们不应跟着享受，你们不能脱离群众，要和老百姓的生活一样才行。”

不过有一次却是例外。

那天，我的父母从天津回来看望爷爷和奶奶，爷爷留他们吃午饭时，把我和我哥也叫了过去。

听说要跟爷爷奶奶一起吃饭，我很高兴。但看着桌子上摆着的一盘马蓿菜玉米面窝窝时，我的心就凉了半截……

爷爷看着我不愿动手，就带头拿起一个窝头大口大口地吃了起来……

我父母不让他吃，劝他说：“您上了年纪，就不要吃这些粗粮啦！”

爷爷笑着说：“我怎么不能吃啊？这比长征时吃的好多啦！那时候，马蓿菜算是最好的菜了。现在的生活好多了，但我们不能忘记过去。今后就是在丰收年景，野菜也应该经常吃。这对你们，对我自己的身体都有好处。”

奶奶说：“可不要小看这些野菜啊！它可是革命的宝贝菜啊！”

那天饭后，爷爷还对我父母说：“生活上你们要自力更生，不要依靠我，工作上也不要靠我去当官。共产党不是凭哪一个人就可以当官，而是要靠自己的本领。能干什么就干好什么！”

我父母听到这里，就说：

“我们从来没想要靠您当官，就是想当官，也要靠自己的才能和实干！”

“没有更好啊！希望你们不要只想我这个家，要想国家，要想革命。”

说完这些话后，爷爷开心地笑了。

爷爷带我们接触社会

> 爷爷考虑到这些孩子除了上学老是待在中南海里不接触社会，对他们今后的成长不利，就同意了，结果左一个右一个地一下子就带了十几个。那时爷爷外出视察有专列，我们这些孩子就占了一节车厢。

在我小的时候，爷爷去外地视察工作时，只要条件允许，就常带着我，因此，我跟着爷爷去过不少地方。

1964 年暑期，爷爷和董必武副主席一起去东北和内蒙古自治区视察，正好我们学校也放暑假了，就带上我和哥哥一起去。

临行前，爷爷还专门找我们谈了一次话，要求我们在出行期间，每天都要写日记，把学到的和看到的东西都记下来，还说他要亲自检查。

爷爷在中南海里是位长者，人品宽厚是有名的，大人小孩都愿意跟他接近。50 年代初，刘伯承、周恩来的老警卫龙飞虎等人，随首长在外地工作，他们的孩子放在学校或幼儿园里，一到周末，爷爷奶奶就把这些孩子接到家里，给他们弄吃弄喝，让他们玩耍，别想父母。

中南海的东岸有个花圃，花圃有间玻璃暖房。爷爷奶奶每次到花圃、暖房看花时，都要到旁边的中南海幼儿园里看望孩子们。当时，许多中央领导人和在中南海工作的机关干部的孩子，都在这所幼儿园入托。每当两位老人一来，孩子们就欢天喜地地围拢过来，说这说那，毫无拘束，有时就一起照照相，当时许多上过中南海幼儿园的孩子的家中都存有和爷爷奶奶的合影。

有一次，爷爷奶奶带着我们和龙飞虎的儿子龙桂辉在中南海里划船，在小码头登船的时候，龙桂辉看见自己一个同学，就招呼他上船。警卫人员感到船上的人已经不少了，就拦住了那个孩子。爷爷随即制止警卫说："小孩子，没有多大，让他上来吧。"

就因为这，许多中南海里的孩子跟爷爷、奶奶格外亲切。刘伯承帅的孩子刘太行，许多年后还是一口一个地叫"朱爹爹"、"康妈妈"，说"朱爹爹"、"康妈妈"给他的爱，超过了自己的生身父母。

这一次，一听说爷爷要去外地视察了，很多人家都打来了电话，请求带他们的子女也一同去。

爷爷考虑到这些孩子除了上学老是待在中南海里不接触社会，对他们今后的成长不利，就同意了，结果左一个右一个地一下子就带了十几个。那时爷爷外出视察有专列，我们这些孩子就占了一节车厢。

50 年代在中南海，爷爷与我和哥哥援朝

1964 年 7 月 31 日，爷爷视察哈尔滨飞机制造厂

一路上，爷爷总对我们说：“为什么带你们来？不是带你们出来玩的，我是让你们去看看工厂、看看农村、接触接触社会，让你们看看工人是怎样做工，农民是怎样种地的……”

这一次，我们去了哈尔滨、佳木斯、齐齐哈尔、大庆、海拉尔等地，参观了佳木斯的造纸厂、木材加工厂，齐齐哈尔的兵工厂、重型机床厂和大庆油田、炼油厂。

在参观哈尔滨军工学院时，爷爷对我们说：

“你们将来要考这个学校，将来的战争是科学家的战争，不学习一些东西，不掌握现代科学技术，是打不了仗的！”

8 月 5 日，爷爷领我们来到内蒙古呼伦贝尔草原，在鄂温克自治旗锡尼河公社好力保生产队听完汇报，爷爷让参加座谈会的每一个人都在他的笔记本上签名留念。当旗委副书记拉喜扎木萨用蒙汉两种文字把自己的名字流利地写在笔记本上时，爷爷高兴地说：“蒙汉兼通，这里很需要这样的接班人。”

那天，我们还在好力保牧民丹巴家的蒙古包里吃了饭。

临去蒙古包之前，医生提出来说：

“首长，在这个地方吃饭不卫生。再说您有糖尿病，吃油腻的东西不行！”

负责警卫的同志也提出了一系列的问题，就是劝爷爷不要和当地牧民一起吃饭。

爷爷不同意，坚持要去。

他说：“牧民长年生活在这里都行，我们去一去怎么就不行了！？”

就这样，爷爷带着我们在蒙古包里跟牧民们一起盘腿坐在地上，像一家人一样，吃着手抓肉，喝着奶茶，亲切地交谈着……

走出蒙古包，爷爷对我说：“不接触实际，就容易犯主观主义错误；多接触人民，才能了解他们的疾苦，才能对他们有真挚的感情。”

那时，我已经十多岁了，我记得爷爷在外出视察时，说得最多的还是：要注意大力发展科学技术，要搞农业多种经营，要让农民有得吃、有得穿、有好日子过。

爷爷一生都酷爱读书、学习，无论是战争年代还是和平时期，他每天都要读书、看报。特别是到了星期天、节假日，我们一家人聚在一起的时候，爷爷还要组织我们和家里的工作人员一起学习。他说：“你们平时都有工作，凑到一起很不容易，要利用这个机会交流学习体会。”

60年初期，爷爷和我们家的工作人员成立了党的基层组织，对外简称“四组”（毛泽东家是一组，刘少奇家是二组，周恩来家是三组），奶奶有时也参加他们的活动。这是由领导人的家庭成员及其工作人员、服务人员组成的特殊组织。我是个小孩，虽不是“四组”的正式成员，但常看到他们活动，有时也参与其中，一种团结、上进、友爱的气氛，深深地影响着我。

1964年11月30日和12月1日，爷爷连续两次召开了“四组”全体人员会议，并亲自组织学习，他对大家说：

一、现在全国各地都在进行社会主义教育，我们这里也要把工作做得更好。争取成为一个先进集体，即使不能成为模范，也不能成为一个落后的单位。

二、要抓思想、抓学习、抓艰苦朴素、抓劳动。要天天学习，学毛著，学习要联系实际，才能学得懂，才能有进步。要艰苦朴素，处处注意节约。要热爱劳动，坚持劳动的习惯，我们中多数人过去就是农民嘛！

三、每个人都要考虑怎样做一个社会主义的新人。要改造自己的思想，克服资本主义、封建主义思想的影响。现在和战争年代不一样了，人员的流动性小了，每个人都要安心自己的工作岗位。七亿人民都能安心自己的工作，我们国家就会强大了。

我们搞经济建设，根本的一条就是要增产节约，这关系到每一个家庭、每一个人。我们国家还不富裕，还要艰苦奋斗很多年、几代人。

几十年里，我们家的工作人员换了一茬又一茬，但始终是按爷爷的要求，保持了这种努力学习、积极上进的氛围，这和爷爷奶奶以身作则、长期努力是分不开的。不仅是对工作人员，对我们子女要求也是一样的。

我特别记得1964年的国庆节是怎样度过的。

那天，像每年一样，天安门广场要举行盛大的国庆活动。我哥哥参加的是游行队伍，我参加的是在天安门前的“组字”方队。中午回到家里，心情立即由兴奋转为疲惫。想到爷爷那么大年纪了，也在天安门城楼上站了一上午，一定比我还累，下午的家庭学习会肯定不开了。可谁知，正当我想躺在床上休息时，爷爷就让秘书叫我到他那儿去。我猜想，爷爷准是告诉我哪儿演什么节目，晚上在哪儿看焰火，这回可真要玩个痛快了！我高高兴兴地赶到爷爷那里时，才知道爷爷不单是叫了我，而是把全家人都给叫来了。

爷爷说：“今天是‘十一’，过国庆节也不能忘了学习，咱们先学学报纸上的社论，这篇文章很重要。”

我一听这个，一下子就不高兴了，嘟哝着说：“大家都挺累的，该好好歇歇，再说，社论什么时候学不成啊？”

爷爷用严厉的目光盯了我一眼后，严肃地说：“这话可不对呀。农民种地不能误了节气，工人做工不能拖延生产计划，我们学习也是这个道理，决不能把今天该学的东西，拖到明天。”

听了爷爷这番话，我就不敢再吭声了。

那天，我们在爷爷的主持下，认认真真地学习了当天的社论。

今天想来，爷爷之所以那么重视学习，是和当时的社会背景有关。国家政治生活开始出现不正常的情况，风云变幻莫测，爷爷是让我们及时领会上面的精神，以免稀里糊涂地做事。

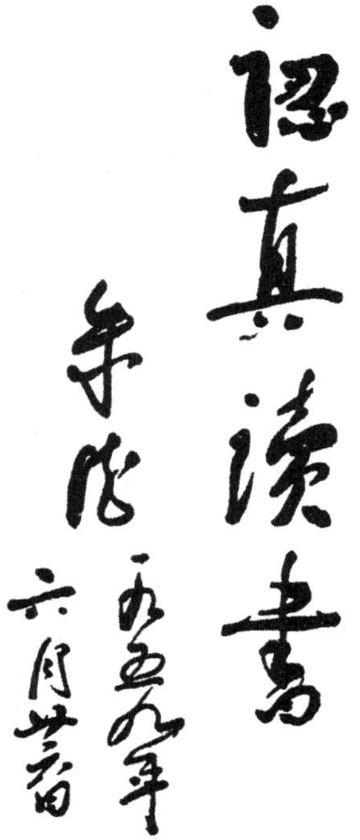

爷爷手书“认真读书”

电波飞进中南海

> 那么多的共和国的元勋们一起看电影，任由着我们这帮孩子穷闹，互相开枪，居然没有人管……有一次，刘少奇看电影来晚了，黑暗中，谁也看不清谁，就一齐向他开了“枪”……

当年住在中南海里的男孩子们，有两大爱好，一是爱枪，二是爱无线电。每个人的家里，都有各式各样的玩具枪，长的短的，应有尽有。我和哥哥也常常穿起“海军服”、扎上腰带和其他孩子们到处玩“打仗”的游戏。后来，也不知是谁发明了“崩弓枪”，一下子就在我们中间“火”了起来。这里所说的这个“崩弓枪”，枪身是用钢丝做的，枪头有两个小耳朵可以拴上皮筋，后面用钢丝做成弹架，还有钢丝做的扳机。当时，我记得，那枪有单发的，也有连发的。“子弹”是用纸做的，虽然不会有什么危险，但近距离地打在脸上，还是很疼的。

那时候，中南海里演电影都是在西楼餐厅。每次看电影，我们这些小孩子都会把自己的“家伙”带上，电影一开始，我们就纷纷冲到首长席前的大地毯上，分成几组，互相开战。有时遇到电影中出现“坏人”，我们就会不约而同地向银幕“开火”……现在回想起来当时的情景，反倒觉得有些不可思议：那么多共和国的元勋们一起看电影，任由着我们这么一帮孩子那么穷闹，居然就没有人管！这也从另一个侧面反映了新中国成立初期，我们党的机关内还保持着宽松的氛围吧！

但是后来，这种游戏还是被禁止了。

我记得主要是因为有一次，刘少奇看电影来晚了，黑暗中，谁也看不清谁，就一齐向他开了“枪”……虽说是并没有造成什么严重后果，但毕竟是不太像话了。后来，警卫局正式下了通知，规定今后在公众场合，任何人不得携带“崩弓枪”。孩子就是孩子，虽然“枪”被禁了，但我们的兴趣点很快就转移到半导体收音机的“生产”上了……

在60年代初，半导体在我们这些孩子眼里可是个“高科技”产品：那么小的一个东西，就能收听那么多的电台，还能放出优美的音乐，它对我们的诱惑是可想而知的。

然而，听收音机和自己组装是两个概念，对于我们这些正在上小学的孩子来说，要“装”一台收音机的知识就显得非常高深。虽然它的原理我们搞不懂，但对照着从学校和少年宫里带回来的辅导材料，大家还是很快就上了“道”。

爷爷作为一名军事家，他深知无线通信及电磁领域的知识在军事上的作用，因此，他看我们热衷于组装收音机，非常高兴，认为这是一种科学实践活动，比到处瞎跑胡闹淘气好多了，所以非常支持我们。

开始，我们是从制作矿石收音机入手。这种收音机的制作比较简单，也不消耗什么能源，只要在屋顶上架上足够大的天线就行了。当我最先把矿石收音机做好，在自己的屋子里收听广播时，爷爷和奶奶都来了。爷爷还戴上耳机听了一会儿，然后笑着说：“很好！这就很好嘛！能亲手制作自己的产品了，从小就能感受到科学技术的力量了！但不能满足，无线电技术可是一门大学问，你不但要会组装，还要把它的原理搞明白……”

就这样，在爷爷的支持下，我们又开始组装单管机、多管机的超外差收音机等。

当时的无线电器材，市场上有很多种，但价格却不便宜。我们家里的孩子多，每人都去买器材，时间一长，就不是一笔小开支了。尽管我们当时把所有的零花钱都用在了这上面，但还是不够用。后来还是奶奶出了个主意，她让我们反复拆装，以此来提高我们的水平，再帮助其他人员组装，在这一过程中了解各种元器件的特点和功能。这样一来，不但解决了资金不足的问题，又使我们得到了锻炼，学到了技术。这项课外活动在我们家里延续了好几年，直到“文革”开始后才中断了。

我哥哥援朝最后接到的一个“活”是警卫团的干部姚东山交给他的。姚东山当时花了24元钱买齐了一套四管外差式收音机的零件，让我哥哥帮着组装，但因“文革”运动开始了，形势一乱就顾不上了，这项任务没能完成，那些个零件后来也找不到了。

我们家的账本现在还有这样一段记载：1968年4月，爷爷从自己的工资中拿出了24元钱，通过警卫员郭计祥转交给了姚东山同志，并就没能帮着他装好收音机一事表示歉意。

从装收音机这件事，能看出爷爷奶奶总是注意培养我们要有科学意识，并且要有动手能力，在实践中增长本事。

1965年年初，爷爷到广东、四川、云南等地视察工作，把身边的工作人员都带走了，家里只剩下奶奶、肖惠珍阿姨、一个警卫员和我。

那时我们家里还没有煤气，奶奶利用这个机会教会了我生炉子、做饭等一些家务。我为自己长了点本事很得意，就把这事写信告诉了爷爷：

亲爱的爷爷：

这个寒假我过得很有意义，因为我学会了生炉子。那天中午，奶奶让我吃完饭去生炉子，因为我看过几次肖阿姨生炉子，所以，我便满口答应了。吃完饭我便去搬炉子，不抬不知道，一抬吓一跳，原来炉子这么沉，我费了九牛二虎之力才把它搬到外面。

我把柴、纸等生炉子有用的东西都准备好，便开始生了。我把纸点着了，一会儿火苗渐渐地来了，一会儿就成了大火，我把柴都塞了进去，没想到这火一下子就灭了，直冒出一团团的烟，不一会儿火就灭了。就这样我一连生了好几次，火也没有着。最后，肖阿姨告诉我，不要一次把柴加得太多，这样会把火压灭的。经过肖阿姨的帮助，我终于把火生着了。经过这次劳动，我懂得了生炉子不容易，要想真正学会一种本领，必须亲手去做。

请代问叔叔阿姨们好！

此致

少先队员的敬礼！

孙子　和平

1965 年 2 月 12 日

爷爷看了我的信，给奶奶回信时说：

“和平学会生火，这是通过自己实践掌握的一门本领，对他一生都是有帮助的。希望他不要骄傲，要在生活中多实践，掌握更多的本领。”

这封信奶奶给我念了好几遍，还对我说：

“你现在只会做些简单的事情，还很不够，按照爷爷的要求，你下面打算学点什么？”

我说：“我想学蒸馒头。”

奶奶笑了，说：“奶奶是个江西人，这个我也做不好，没法教你了。”

奶奶虽然只是这么一说，我却把这件事记在了心上。

其实，在我很小的时候，爷爷奶奶就开始培养我生活自理的能力了。

在我四岁的那年，奶奶请了一个阿姨带我，像洗衣服这样的小事全都由阿姨来做。到我七岁的时候，奶奶看我长大了，就手把手地教我洗衣服。

她对我说：

"你可不能什么事都让阿姨做，要学会自己动手，不然的话，将来变成了资产阶级的小少爷，怎么为人民服务呀？"

现在想起来，当时的情景还历历在目。

有一天，奶奶打来一盆水，把我叫到了她的跟前，说：

"今天奶奶先教你洗手绢。"

奶奶一边说着，一边把着我的手，先把手绢放在水里浸湿，然后打上肥皂……

看着我认真而又笨拙的样子，奶奶不时地鼓励我：

"对，对，就这样！"

等我按奶奶所教的方法，把手绢洗净从水里捞出后，奶奶又说：

"奶奶再教你一个小窍门。这手绢洗完后，不要马上挂在绳子上，要趁它没干的时候把它贴在镜子上，等干了再拿下来，手绢就像烫过的一样平整了！"

奶奶教我的这一"绝招"，我一直用到了现在。

后来奶奶又教我洗袜子，洗衬衣。50 年代，我们穿的都是白洋布衬衣，没有现在的衣服这样白。奶奶就告诉我，洗完之后，要在清水里点几滴蓝墨水，再用水清一清，这样就会使衣服越洗越白。

1966 年初，爷爷去山东、江苏、浙江、江西、广东等地视察，一走就是两个多月。当时正赶上过春节，奶奶就领着我和朱春元、朱小兰、朱援朝几个孩子到中南海的大食堂去吃大灶。吃完饭后，奶奶又带着我们集体给爷爷写信，把当天的情况一件件地说给爷爷听……

不多日子，我们接到了爷爷从外地的回信。信是这样写的：

克清同志：

听说你带着孩子们吃大灶，锻炼自己，是最好的决心。今后还得要坚持。社会主义实现必须从改造个人生活起。作为社会的先导，回到无产阶级队伍中去，才能改造旧社会的一切。还要读毛选，学会用辩证法看问题，凡看问题都要从客观事物入手……

爷爷在信中还介绍了广东的情况，认为广东在新中国成立后十五年的短短时间内，打下了社会主义基础，经济发展，粮食增产，水利建设、工业生产都取得很大成绩。

爷爷奶奶和我们都没有想到，这时已是“文化大革命”前夕，“史无前例”的风雨，即将横扫中国大地。

二 听爷爷奶奶讲过去的事

琳琅山，爷爷诞生的地方

> 爷爷说：革命是人民的，胜利是人民的，不是哪个人的。胜利前中央就决定，不能以个人名义改地名。再说，县城建在哪里，这是历史上形成的，从唐朝到今儿几百年了。我的意见是：一不能迁县址，二不能改县名！

1960 年 3 月，爷爷在视察陕西、贵州之后，去四川省视察，到了重庆市、南充市，顺便就到了南充市所辖的仪陇县——爷爷的故乡。

这也是爷爷自 1908 年离开仪陇后，经过了 50 多年，第一次回故乡探望。那时我刚上小学，不能像小时候那样自由，可以跟爷爷走走。后来，从奶奶的口中，才知道了爷爷这次回故乡的情况……

爷爷那次回家不久，写了这样一首词：

鹦鹉曲

家在巴山南侧住，
祖宗世代作农夫。
读书不成去从军，
何畏迅雷急雨。

五十年前别家门，
为求真理前去。

平生是戎马生涯，

战斗乃心安乐处。

仪陇县位于大巴山南麓嘉陵江中游东岸金城山的半山腰，距此东南约37公里，有一个小镇，因形似马鞍，故名马鞍场。

从马鞍场向西北方向约两公里，有一座苍松翠柏覆盖的山梁，叫琳琅山。若从上空俯视，此山形似一颗五星；从下向上仰望，则状若古代的官帽，因而当地人又称它为“官帽山”。

1886年12月1日，爷爷就诞生在琳琅山西麓李家湾一个佃农的家里。

爷爷出生时，全家三代十几口人住在一起，生活过得十分清苦。当时，家里有爷爷的祖父母朱邦俊和朱潘氏、伯父母朱世连和朱刘氏、父母亲朱世林和朱钟氏，还有爷爷的三叔朱世和、四叔朱世禄，爷爷的大哥朱代历、二哥朱代凤、姐姐朱秋香。

爷爷的父母共生了13个儿女，但因为家境贫穷，无法全部养活，最后只剩下了八个。

“佃户人家的日子虽然艰难，但却不失勤劳。”在爷爷出生时，他的祖父已年过花甲，还经常领着全家人下田干活。他常对儿孙们说：“人不怕累，就怕闲，就怕懒，越闲越懒就会吃穷病倒。”直到他临终前不久，还站在田埂指点后辈耕田、劳作。

爷爷曾回忆说：“我的祖父是一个中国标本式的农民，到八九十岁还非耕田不可，不耕田就会害病，直到临死前不久还在地里劳动。”

爷爷的祖母是一位十分能干、善于操持家务的农村妇女。爷爷说：“祖母是家庭的组织者，一切生产事务都由她管理分派，每年除夕就分派好一年的工作。”祖母除了能把这二十多口人的穷家管理得井井有条外，还能把全家领导得和和顺顺，深受邻里的称赞和尊敬。

爷爷出生的那年他父亲37岁。爷爷在自传里说他的父亲是“赋性和厚，为人忠耿，事亲孝，持家勤。”他一生都在家里劳动，从未出过远门。

爷爷的伯父也是爷爷的养父。为人诚实、淳朴、忠厚，治家严谨，办事果断。家里要添置什么，手头的钱怎么花，都能一分一毫计算得十分精细。因为没有生育儿女，所以，在爷爷大约两岁的那年，就由祖父做主，过继给了伯父，成了长门之后，深得全家人关爱，这对爷爷的成长很有益处。

爷爷出生在这样淳朴忠厚、勤劳善良的农民家庭，从小就过苦日子，就感受到穷苦人被剥削被压迫的不公，这给了爷爷深刻的影响，使他一生都保持着劳动人民艰苦朴素、勤俭节约、吃苦耐劳的品质，并形成发奋图强、刚毅果敢、坚韧不拔的性格和爱憎分明、汪洋大度、光明磊落的气度。

奶奶说起爷爷和家乡的关系，还讲了这样一段往事。

1951 年，爷爷 65 岁寿辰时，家乡人民出于对他的爱戴，派了几位当地的知名人士和亲戚来北京祝寿。

当时，爷爷在中南海以家宴的形式接待了家乡人，其中也有阔别了四十多年的亲友。

久别重逢，格外亲热。乡亲们恳切地说：“总司令，我们代表家乡人，感谢您领导的中国人民解放军解放了咱仪陇啊！”

爷爷说：“这是哪里话！你们能够得到解放，首先得感谢党和毛主席的领导，感谢解放军战士英勇善战才对！”

家乡代表又递上一份仪陇人民的请愿书，说：“您老是人民的英雄，南征北战，出生入死，辛苦备尝，翻转乾坤。为了感谢您的丰功伟绩，我们建议把仪陇县城迁至马鞍场，那里地处县境中心，四通八达，我们还希望把仪陇县改名为朱德县。”

爷爷赶紧说：“这怎么使得！我只是一个在战场上没被打死的普通士兵而已，那些个为革命牺牲了的烈士才称得上是英雄。荣誉、功劳应归于他们才对。”

代表们说：“1933 年，徐向前、李先念同志，带红军打到过这里，建立了川陕大巴山根据地，那时候仪陇县城就迁到马鞍场，还改名为朱德县呢！”

爷爷说：“那时候我在中央苏区，不知道这事，还不是又改过来了。”

代表们说：“那时是敌人包围红区，现在反动派被消灭，全国胜利了，新中国成立了，天下是咱们的了。”

爷爷说：“胜利了更不能改，革命是人民的，胜利是人民的，不是哪个人的。胜利前中央就决定，不能以个人名义改地名。再说，县城建在哪里，这是历史上形成的，从唐朝到今儿几百年了。我的意见是：一不能迁县址，二不能改县名！”

乡亲们又说：“我们来之前以‘朱德县建县委员会’名义张贴布告于市，征求各界意见，全县男女老幼上下一致同意。我们是代表四十万人民来的。您老人家不答应下，我们回去可咋个交代！”

爷爷加重了语气说：“这件事你们办错了。你们思想要先通，我委托你们代劳，慢慢再做老乡们的工作。”

爷爷又说：“我们国家大，又贫穷，很多地方像仪陇一样，农业落后，没有公路，没有工厂，群众生活困苦。过去马鞍场是个稀饭湾，十年之中有九年歉收，半年吃稀饭，歉年里有的要活命还要外出讨饭。现在解放了，要紧的是要发展生产，改变落后面貌，不要图虚名……”

奶奶说，爷爷不但不让改县名，就连纪念馆也不让建。

当时中共仪陇县委考虑到马鞍场是爷爷的故乡，计划修建“朱德同志革命纪念馆”，并专门向当时的中共川北区党委报了请示。

爷爷知道此事后，就从北京发去电报，要川北区党委立即转告县委：纪念馆不要修了，农民世世代代生活在那个地方，不能让他们迁走，把那些土地分给农民耕种，以利发展生产。

1959 年，为了接待外宾，仪陇县委将爷爷先辈住过的几间瓦房修整好，建立起“朱德同志旧居陈列馆”，里面布置了爷爷在各个革命阶段的图片、党和国家领导人以及人民群众对爷爷的评价、爷爷写的诗篇以及他在各地题词的复制品，还陈列了爷爷少年时代用过的喂猪槽、养蚕筒架、取丝丝架、装酒坛的木柜以及爷爷读书时用过的石砚、胶墨、毛笔、算盘、油灯……

爷爷1960年回家乡时，发现了这个陈列馆后，严肃地说："不要搞这个了，在这里办所学校，节省开支，让娃娃们念书，现在就改，好不好？"

事后，他又给四川省委、南充地委几次打电话，再三叮嘱把那个陈列馆办成学校。

有一次，仪陇县委书记到北京，爷爷见面就问："学校办起来没有？"

县委书记说："办了一个班。"

爷爷说："少了，多办几个班嘛！"

县委书记说："天天有人参观访问，得留几间陈列展品。"

爷爷严肃地说："我感谢仪陇县委、各级党组织和故乡的全体人民。琳琅那个陈列馆必须建成学校！"

四川省仪陇县马鞍场镇琳琅山下的李家塆，爷爷出生的小仓屋

来人还想说些什么，立时就被爷爷打断了：“请保留我的意见！”

奶奶还说，爷爷那次回乡，不但看望了家人、凭吊了自己父母的坟墓，还和他当年的恩师席聘三的家人合影留念。

3 月 14 日，爷爷带着难忘的乡情和不尽的眷恋离开故乡时，即兴赋诗写道：

> 五二年前别六亲，离时笑语记犹真。
> 松青柏翠故人景，李白桃红大地春。
> 社会一清人享乐，乾坤两造政初新。
> 连根蔓草芟夷尽，好种嘉禾不患贫。

诗里，足见爷爷对他的故乡、对他的亲人以及故乡人民那浓浓的真情……

50 年代在中南海，爷爷、奶奶与我

“举世共钦贤母范”

> 延安各界一千多人为爷爷的母亲举行了隆重的追悼大会：毛泽东送的挽联上写着：为母当学民族英雄贤母；斯人无愧劳动阶级完人。中央党校送的挽联上写着：唯有劳动人民母性，能育劳动人民领袖。

给爷爷影响最大的、最令爷爷挚爱的是他的母亲朱钟氏。

爷爷在对美国作家史沫特莱谈起他的母亲时说：

“我的相貌很像母亲。她比一般妇女要高大一些，强壮一些，裤子和短褂上左一块右一块都是补丁。两只手上凸显着粗粗的血管，由于操劳过度，面色已是黝黑，蓬蓬的头发在后颈上挽成一个发髻，两只大大的褐色眼睛充满了贤惠，也充满了忧愁。”

“母亲一共生了 13 个孩子，只活了六个男的，两个女的。小的五个生下来后就放在水里淹死了。我家太穷，养不起这么多张嘴。”

“听说，我临出生的时候，母亲正在烧饭，还没等饭烧好，我就呱呱落地了。母亲生了我就立即起身，接着做饭。”

爷爷还说：“母亲是个好劳力。从我能记忆时起，总是天不亮就起床。全家二十多口人，妇女们轮班煮饭，轮到就煮一年。母亲把饭煮了，还要种田，种菜，喂猪，养蚕，纺棉花。因为她身材高大结实，还能挑水挑粪。”

爷爷的母亲整日地劳碌着，使他深受影响，所以，爷爷从四五岁时就很自然地在母亲的旁边帮忙，到八九岁时就不但能挑能背，还会种地了。

爷爷的母亲宽厚仁慈的性格更给了他以潜移默化的影响。他回忆说：母亲在家里极能任劳任怨。她性格和蔼，没有打骂过我们，也没有同任何人吵过架。因此，虽然在这样的大家庭里，长幼、伯叔、妯娌相处都很和睦。”朱家当时虽然家境贫寒，但她仍经常接济比自己生活更困难的穷人。

爷爷还回忆说：“在困难的境遇中，母亲没有灰心，她对穷苦农民的同情和对为富不仁者的反感却更强烈了。母亲沉痛的三言两语的诉说以及我眼见的许多不平事实，启发了我幼年时期反抗压迫追求光明的思想，使我决心寻找新的生活。”

爷爷离开家乡后，一直没有机会回到家乡去看望母亲，特别是参加革命后，家乡音讯全无，但他一直惦记着母亲，想念着母亲。

1937 年 7 月，全面抗战爆发，国共两党实现第二次合作，红军改编为国民革命军第八路军，身为八路军总司令的爷爷这才有可能得到四川家乡的音信，但那是令他更加忧虑的音信——年届八十的生母和养母因为四川闹灾荒，经常挨饿，度日艰难，而爷爷虽然统率着千军万马，竟然身无分文，连救济母亲、寄钱尽孝的能力都没有。在抗日前线的山西洪洞县，他悄悄地写信向在四川泸州的好友戴与龄求助。爷爷在信中写道：

与龄老弟：

抗战数月颇有兴趣。日寇虽占领我们许多地方，但是我们又去恢复了许多名城，一直深入到敌人后方北平区域去，日夜不停地与日寇打仗，都天天得到大大小小的胜利……我家中近况，颇为寒落，亦破产时代之常事，我亦不能再顾及他们。唯家中有两位母亲，生我养我的均在，均已八十，尚康健。但因年荒，今岁乏食，想不能度过此年，又不能告贷。我十数年实无一钱。即将来亦如是。我以好友关系向你募贰百元中币。速寄家中朱理书收。此款我亦不能还你，请你作捐助吧！望你做到，复我。

此候

近安

朱　德

晋洪洞战地

奶奶康克清与戴与龄的儿子戴超群、儿媳王清先合影

戴与龄接信后才知道，这位名震全国的八路军总司令竟如此两袖清风，连救助老母也是心有余而力不足，内心感动不已，当即筹足200元钱，送到了爷爷的家里。

这封信现在仍保存在中国革命历史博物馆中，每次走到那里，眼望着那满纸质朴的语言，总能使我感受到一个革命者那大公无私的坦荡胸怀，体味出爷爷对自己母亲那博大深沉的情意。

爷爷的母亲一直到了晚年才知道自己的儿子担任了八路军的总司令，但她仍不辍劳作，自食其力。她唯一的愿望就是在余生之年能见上儿子一面，可因为当时正处于抗战时期，爷爷又身负重任，始终未能如愿。

1944 年 2 月 15 日，爷爷 86 岁高龄的母亲离世而去。

噩耗传到延安，爷爷备感悲痛。为了表达对母亲的悼念，他一个月没有刮胡子。他在《解放日报》上发表《母亲的回忆》一文，深切地说：

“我应该感谢母亲，她教给我与困难做斗争的经验。我在家庭中已经饱尝艰苦，这使我在三十多年的军事生活和革命生活中再没有感到过困难，没有被困难吓倒。母亲又给我一个强健的身体，一个勤劳的习惯，使我从来没感到过劳累。

“我应该感谢母亲，她教给我生产的知识和革命的意志，鼓励我以后走上革命的道路。在这条路上，我一天比一天更加认识：只有这种知识，这种意志，才是世界上最可宝贵的财产。

“母亲是一个平凡的人，她只是中国千百万劳动人民中的一员，但是，正是这千百万人创造了和创造着中国的历史……

“我用什么方法来报答母亲的深恩呢？我将继续尽忠于我们的民族和人民，尽忠于我们民族和人民的希望——中国共产党，使和母亲同样生活着的人能够过快乐的生活。这是我能做到的，一定能做到的。”

爷爷这篇纪念母亲的文章，新中国成立后被选入中学语文课本，五六十年代成长的青年人都诵读过，为之感动过。

当时，延安各界为爷爷的母亲逝世举行了隆重的追悼活动。

1944 年 3 月 8 日，蔡畅在延安纪念三八国际妇女大会上说：朱德母亲的模范行为是妇女界的光辉榜样。并号召全体妇女学习她劳动终生和勤俭持家的精神。

4 月 10 日，延安各界一千多人为爷爷的母亲举行了隆重的追悼大会：

中共中央送的挽联上写着：

八路功勋大孝为国；

一生劳动吾党之光。

毛泽东送的挽联上写着：

为母当学民族英雄贤母；

斯人无愧劳动阶级完人。

周恩来、刘少奇、任弼时、陈云等送的挽联上写着：

教子成民族英雄，举世共钦贤母范；

毕生为劳动妇女，故乡永葆好家风。

中共中央党校送的挽联上写着：

唯有劳动人民母性，

能育劳动人民领袖。

1966 年 11 月，一位意大利记者访问了爷爷。这位记者问道：“你一生中，最大的遗憾是什么？”

爷爷回答说：“我没能侍奉老母，在她离开人间时，我没有端一碗水给她喝。”

可见，对母亲的爱，贯穿了爷爷的一生！

志士孤身走西东

> 国家、民族的危机像重锤一样击打着爷爷年轻的心，使他产生了强烈的救国思想。他开始思索着如何走出这片狭小偏僻的山乡，去看看广阔的世界，去寻找一条新的人生之路和救国之路。

爷爷九岁那年随祖父、伯父迁居大塆后，当年就到离大塆不远的席家砭私塾读书。老师席聘三先生是个很有见识的学者，“有骨气”又“很懂人情世故”，喜欢纵古论今，抨击时弊，“把做官的人骂得狗血喷头”。提起西方列强侵略中国，席先生是满腔义愤。他常对学生说：“人不做事业，没什么用”，“要能做事，才能救世界”，这给了爷爷很大的影响。

爷爷在席家砭私塾断断续续地读了八年书。在这段时间，中国在甲午战争中遭到失败，1898 年，企图维新救国的戊戌变法也失败了；1900 年，八国联军打进北京……国家、民族危机的一步步加深，像重锤一样击打着爷爷年轻的心，使他产生了强烈的救国思想。在席聘三先生的引导下，他还涉猎了不少自然科学方面的书籍，认为德国、美国、日本等之所以能很快强盛，主要就是他们重视学习科学和发展工业。

他开始思索着如何走出这片狭小偏僻的山乡，去看看广阔的世界，去寻找一条新的人生之路和救国之路。

1905 年，爷爷 19 岁。他终于有了出去走走的机会。这机会就是去县城参加科举考试。

启程的那天，爷爷的父母和兄弟姐妹也都赶来大塆为他送行。大家你一句我一句地叮咛爷爷一定要考好，为朱家和穷人争气。

爷爷肩挑简陋的行装，同席聘三先生的儿子等一道，第一次离开了养育了他 19 个年头的家乡，步行着向仪陇县城走去……

在新中国成立前夕，爷爷和中学时的老师张澜在中南海。他们在新中国成立时都当选为中央人民政府副主席

到达仪陇县城后的第三天，科举考试开场。经过几场笔试，爷爷顺利地通过了县试。他那时用的名字是朱建德，在 1000 多个考生中，成绩列在前 20 名。

1905 年的秋末，爷爷又到顺庆府（现在的南充）应试，顺利地通过了府试。

正当爷爷准备赴省城继续参加科举考试时，清朝廷却下了一道诏令：科举考试从丙午（1906）年开始一律停止，并严饬各府、厅、州、县普遍设立蒙小学堂。

当时的顺庆府是川北地区的政治、经济、文化中心，接到诏令后，也和全国各地一样兴办了新式学堂，川北各县的学生纷纷来到这里求学。

第二年春天，在席聘三先生的劝导下，爷爷的养父朱世连东借西贷凑了一笔钱后，就把爷爷送进了顺庆府官立两等小学堂。一个学期后，爷爷又进入顺庆府官立中学堂。

顺庆府中学堂是由日本留学回国的一批具有近代科学知识和维新思想的有识之士创办的，开设了国文、数学（包括算术、代数、几何、三角）、物理、化学、历史、地理、外国语、修身、法律、动物、植物、图画、体育等新课程。

爷爷特别尊敬这个学校的校长张澜和老师刘寿川。当时，张澜主张革新教育，注重传播爱国维新思想和宣传科学强国、教育救国的新理念。他对爷爷和其他学生讲："现在要亡国灭种了，即使是牺牲了身家性命，也要救国家！"他在校务繁忙的情况下，还常深入到学生宿舍，与学生谈心。他看到爷爷铺上的被褥简陋、平时吃饭节省，了解到爷爷虽然家境贫寒但学习用功，便鼓励爷爷立大志，创新业。40 多年后，新中国成立时，爷爷和张澜都担任了中央人民政府副主席，可见他们师生当年是怎样胸怀着"以天下为己任"，并且一生实践了"以天下为己任"。

爷爷喜欢听刘寿川老师的课，课后常到刘老师的住处请教、谈心。刘寿川向爷爷介绍了日本是如何经过明治维新富强起来，以及孙中山在日本创建同盟会，发行《民报》等革命活动的情况，并秘密借给爷爷一本革命党人邹容写的《革命军》，嘱咐爷爷要发奋读书，将来献身于"科学救国、教育治国、强身卫国"的事业。

爷爷在顺庆府中学堂就读的一年中，如饥似渴地博览群书，不但学到了许多新知识，而且更加关心国家的命运，也更加敬仰那些为振兴中华而献身的创业者和革命者。他离开顺庆府中学堂时，曾写了这样一首留别励志的诗：

骊歌一曲思无穷，今古存亡忆记中。
污吏岂知清似水，书生便应气如虹。
恨他狼虎贪心黑，叹我河山泣泪红。
祖国安危人有责，冲天壮志付飞鹏。

1907 年，爷爷带着家里新借的五十块银洋，只身徒步来到成都，考入了四川通省师范学堂附设的体育学堂。

在这里，爷爷学习了修身、教育、心理、算术、军事教练和器械等许多新课程。一年后，从体育学堂毕业回到仪陇，在县立高等小学堂担任了体育教师兼庶务。由于他提倡新式教育，带学生穿运动服上体育课，遭到了当地守旧顽固势力的强烈反对。爷爷曾进行了抗争，但他终于认识到“单靠从事教育是不可能达到救国救民的目的”，便于 1909 年 1 月下旬，告别了他生活了 22 年的故乡，踏上了远去昆明的漫漫征途。行前，他写了一首诗赠诸友：

志士恨无穷，孤身走西东。
投笔从戎去，刷新旧国风。

父亲的生母萧菊芳

> 萧菊芳是一位新派女性，和爷爷结婚后，仍然继续求学，住在学校宿舍里，爷爷则住在讲武堂，把精力完全放在工作上。他们只在星期天休息的日子才聚在一起。

我父亲朱琦的生母叫萧菊芳，是爷爷的第一位夫人。她是在1912年秋天与当时26岁的爷爷在昆明成的亲。1916年9月，萧奶奶生下了我父亲，爷爷按照朱家的族谱，给我父亲取名朱宝书，也叫朱保柱。

爷爷曾经给我们讲过，没有萧家就没有他的后来。这话得从他投笔从戎说起。

1909年1月，刚满22岁的爷爷愤然辞去仪陇县立高等小学堂的教职，步行跋涉千里，经过70多天，来到云南昆明。

那时候，受日本明治维新的影响，特别是在中日甲午之战和日俄战争的刺激下，在许多爱国青年中流行着“要使中国强盛起来，必须从军事入手”的观念。爷爷也不例外，就同好友敬镕一起去投考刚刚创办的云南陆军讲武堂。

爷爷在昆明景星街一位姓萧的人家开设的客栈住下后，便由敬镕写信给一位四川同乡，托他介绍投考云南讲武堂。几天后，敬镕的朋友就把他两人带到了云南新军第十九镇（相当于师）的驻地巫家坝。在这里，爷爷被告知：讲武堂只招收云南籍学生，就是参加了考试，恐怕也不能录取。

虽然如此，爷爷和敬镕还是参加了入学考试，并且成绩都合格。但在发榜时，敬镕因谎报了云南籍贯被录取，爷爷却落第了。

1916 年，萧菊芳奶奶（左一）

1964 年 1 月 1 日，爷爷和他在云南讲武堂时的老师李根源（右一）相聚

眼看着前途无望，不多的路费又全部花光，爷爷心急如焚，病倒在了萧家的客栈中……

萧家当时算是个富裕人家。看到我爷爷虽是一个贫苦的农家子弟，但为人诚恳、老实厚道，人品和才华也很难得，便伸出了援助之手，不但供给生活所需，还拿出钱来给他治病。

在萧家悉心的照料下，爷爷身体很快康复，便决定到新军步兵四川标（相当于团）去当兵。

这次，爷爷吸取了上次投考讲武堂时的教训，在入营报名时，便听了别人给出的主意，把籍贯也改为云南，说是长在四川。

这一招果然有用，爷爷顺利地进入了军营。

新兵入伍基本训练结束时，由于爷爷有文化，被晋升为队部（相当于连部）的司书生（文书）。又过了一段时间，爷爷又被标部（团部）推荐去报考云南陆军讲武堂。爷爷投考时又把自己的籍贯填为云南临安府蒙自县，结果被录取，编在丙班二队习步兵科。

爷爷后来回忆说："我的志愿老想做个军人，而这个讲武堂恐怕是当时中国最进步、最新式的了。它收学生很严格，我竟被录取，非常高兴。我一心一意地投入讲武堂的学习和生活，从来没有这样拼命干过。我知道我终于踏上了可以拯救中国于水火的道路，觉得中国青年着实可以使高山低头，河水让路。"

1911 年 8 月，爷爷从讲武堂特别班毕业，被分配到新军第十九镇第三十七协协统（相当于旅长）蔡锷所辖的第七十四标第二营左队（相当于连），以见习生资格当副目（相当于副班长）。

是年 10 月 10 日，武昌起义爆发，敲响了清王朝的丧钟。这时爷爷已是革命党人。他入讲武堂不久即秘密加入同盟会，积极从事革命活动。为响应武昌起义，蔡锷和云南革命党人于 10 月 30 日（农历九月九日重阳节），在昆明举行起义。那天，爷爷代替了临阵脱逃的区队长，在黑夜里率部参加攻打云南总督衙门的战斗，并活捉了到处藏匿的总督。

云南起义成功后，蔡锷立即组织援川军，北上支援四川人民反清斗争。爷爷即参加了援川军，被任命为连长。

1912 年 6 月，爷爷随援川部队胜利返回昆明。在庆功大会上，爷爷荣获“援川”和“复兴”两枚勋章，并晋升为少校。

同年秋天，爷爷又回到云南陆军讲武堂任学生队区队长兼教官。就在这时，爷爷同当年资助过他的萧家的小姐——昆明师范学堂学生萧菊芳结了婚。

萧奶奶是一位新派女性，和爷爷结婚后，仍然继续求学，住在学校宿舍里，爷爷则住在讲武堂，把精力完全放在工作上。他们只在星期天休息的日子才聚在一起。

1916 年春，爷爷参加蔡锷发动的讨袁护国战争，与北洋军大战川南纳溪，浴血奋战 40 多个日日夜夜。他以卓越的军事才能，采取出奇制胜、以少胜多、猛攻急追、速战速决的战术，屡建战功，成为滇军名将。纳溪战役声震全国，群起响应，迫使妄想当皇帝的袁世凯宣布取消帝制，并于 6 月 6 日一命归西。

1917 年，爷爷在庐州和他的兄弟们在一起（左起第二人为爷爷，怀中抱着的是我父亲朱琦）

袁世凯一死，北洋军便逃了，爷爷立即率部驻防泸州。萧奶奶也从云南来到泸州。1916 年 9 月，萧奶奶为爷爷生下了他一生中唯一的一个儿子，这就是我父亲朱琦。这时爷爷刚 30 岁。

义师凯旋得升迁，而立之年得贵子，爷爷显得十分高兴。

这从爷爷当时的一首诗中可以感受到他的心情。诗中写道：

中华灵气在仑山，
威势飞扬镇远关。
史秽推翻光史册，
人权再铸重人间。

千秋汉业同天永，
五色旌旗映日殷。
多少英才一时见，
诸君爱国应开颜。

1919 年 6 月，萧奶奶不幸病逝。面对亡妻幼子，爷爷不胜悲痛。他为萧奶奶写了挽联：“举案齐眉，颇自诩人间佳偶；离尘一笑，料仍是天上仙姝”，表示哀悼。同年 11 月，又写下了《悼亡》诗七首，表达对萧奶奶的怀念之情。其中“娇儿在襁褓”，指的就是我父亲朱琦：

其一

草草姻缘结乱年，
不堪回首失婵娟。
枪林弹雨生涯里，
是否惊扰避九泉。

其二

赞我军机到五更，
双瞳秋水伴天明。

每当觉察忧戎事，
低语安心尚忆卿。

其三

每次出师感赠行，
凯歌归日更多情。
从今不再题红叶，
除却巫山不是云。

其四

萧娘瘦菊傲芬芳，
戎马生涯战事忙。
水月镜花空色相，
凤鬟云鬓易经霜。

其五

雪泥鸿爪江城地，
薤露歌声古战场。
忍别娇儿在襁褓，
几度相思倍感伤。

其六

凄凉不寐竟通宵，
针线犹存伴寂寥。
却忆行军迎眷属，
为援陷溺共除妖。

1916 年夏，护国战争结束后，爷爷在四川泸州驻防，担任护国军团长

1916 年秋，爷爷在四川泸州

1917 年冬，爷爷在四川泸州

1918 年，爷爷和孙炳文在四川泸州

1957 年 2 月，爷爷和奶奶康克清参观爷爷当年在昆明的旧居

其七

何曾婉娈行长乐，

空向芳魂赋大招。

从此泸江离别地，

一流秋水逐波遥。

1957 年 11 月，爷爷视察云南时，还专程去看了萧家大院。云南省考虑到萧家对爷爷以及中国革命所做出的贡献，曾提出将萧家大院改为“朱德同志故居纪念馆”，但爷爷没有同意。

萧夫人的坟在“文化大革命”中被人扒过几次，萧家人来到北京，向奶奶（康克清）反映了这些情况，奶奶就让我母亲专程去了一趟云南，专门对此事跟当地有关部门反映，并做了妥善的处理。

父亲的养母陈玉珍

> 她嫁给了像爷爷这样投身于时代大潮中的革命者，是不可能建立一个稳定温馨的小家庭的。陈奶奶一生都在期待、风险、艰难中度过，她以无限的爱心照料了爷爷的母亲，养育了爷爷的儿子，她为爷爷奉献了一生……

萧夫人去世后，时任滇军旅长的爷爷仍带着我父亲驻防泸州。

因军务政务繁忙，这对父子的生活便显得非常艰难。他的挚友孙炳文看到这种情况后，就把自己的外甥女陈玉珍介绍给了爷爷。

这就是我父亲的养母陈玉珍。

陈奶奶长相端庄，人品贤淑，很早就和革命运动有过接触，她深深地爱着爷爷，同时也怜爱我的父亲，视我父亲如同己出。

爷爷后来回忆说："如果说最吸引我的地方，那大概是她的端庄、沉着和自信。此外，还因为她曾作为地下工作者参加过辛亥革命。她出身于小康读书人家，很早就和革命运动有了接触。我们在谈话中，发现彼此都读过很多书，都爱好音乐。此外，还有许多共同的地方。此后不久，我们便结了婚。她把家庭布置得简朴、新颖，而且非常干净，里里外外都是鲜花。我们非常喜欢养花，她修整了很漂亮的花圃。她爱我的孩子，如自己所生一样。我想，孩子也不知道自己的生母已经去世。孩子蹒跚学步的时候，我从外面回来，经常看到她们母子俩在院内花丛中捉迷藏。她没有生小孩，所以，我只有这一个孩子。”

爷爷与陈玉珍奶奶

那几年，爷爷身陷于军阀混战之中，并没有和陈奶奶过几天安稳日子。当时，爷爷和驻四川的一些滇军将领主张联合川、黔军出兵讨伐北洋军阀政府，或者滇军从四川撤回云南，但云南王唐继尧对这两项建议都不接受，他要滇军在四川争地盘，好让他称雄西南。当爷爷觉悟到这是被军阀利用打仗，便于1921年年初，同滇军将领回师云南驱逐了唐继尧。他本想在这之后便出国留学，但被同事挽留在云南又干了一年多。到了1922年3月，唐继尧又阴谋组织旧部打回云南昆明，并向爷爷发出通缉，爷爷便带了一连人马逃出了昆明，辗转于滇北的崇山峻岭，过金沙江、大渡河，又经过雅安、乐山，60多天后，只身回到南溪家中。这时，陈奶奶正日夜盼望着爷爷的归来。爷爷在经历了“悲惨的逃亡”之后，与陈奶奶团聚，尽享了小家庭的温暖，但他仍没放弃出国留学寻找救国之路的愿望。

陈奶奶深知爷爷的志向，也知道爷爷深爱家里老母和幼子，不忍离去。为了不让爷爷有过多的牵挂，她便一个劲地安慰爷爷说：“你放心地去吧！家里的一切我都会照顾好的！”

爷爷于1922年5月告别陈奶奶，9月从上海乘法国邮船赴欧洲。当他再从苏联海参崴乘船转道日本回国，已是1926年7月。这时，爷爷已经是一名共产主义战士了。爷爷回到上海，即由陈独秀派到杨森的川军做兵运工作，以策应国民革命军北伐。爷爷到万县见了杨森，向杨说明了国内大势，要他脱离北洋政府，转向国民革命。8月，爷爷又抽空回到泸州、南溪，其中一个重要的目的就是回南溪家中与妻儿团聚。他与陈奶奶已分别四年多了，我的父亲朱琦已在陈奶奶的悉心照料下度过了他的童年。爷爷把陈奶奶和我父亲接到了万县，后来带他们到了武汉，又由武汉到了南昌。1927年发动八一南昌起义前夕，爷爷才派人把陈奶奶和我父亲送回了四川。

而这一别，竟是十年音信杳无。那是国共两党生死搏斗的十年，爷爷作为红军的总司令在枪林弹雨中南征北战，顾不了家。而他又是作为国民党反动派通缉的最大的“匪首”，这必然使家乡的亲人和陈玉珍奶奶受到牵连。陈奶奶不仅要抚养我的父亲，还要照顾爷爷的两个母亲（生母和养母），可以说是苦难备尝。

直到1937年卢沟桥事变抗日战争爆发，国共两党再次合作，爷爷成了国民革命军第八路军总指挥，才又有了与家人联系的条件。

1937年9月5日，爷爷率八路军总部向华北前线进发的前一天，在陕北云阳镇给陈奶奶写了分别后的第一封信，信中说：

> 别后甚念。我们革命工作累及家属本属常事，但不知你们究受到何种程度。望你接信后，将十年情况告我是荷。理书（二哥之子）、尚书（大哥之子）、宝书（朱琦）等在何处？我两母亲（生母和养母）是否在人间……近来国已亡三分之一，全国抗战，已打了月余。我们的队伍已到前线，我已动身到途中。对日战争我们有信心并有把握打败日本。如理书等可到前线上来看我，也可以送他们读书。我从没有过一文钱，来时需带一些钱来。

陈奶奶接到爷爷的信后，立即从四川给爷爷回了一封信，爷爷接信时已在华北的五台山前线。当日，爷爷给陈写了第二封信：

玉珍：

九月十二日的信于九月二十七号在前线作战区收到，知道你十年的苦况，如同一日。家中支持多赖你奋斗，我对革命尽责，对家庭感情较薄亦是常情，望你谅之。我的母亲仍在南溪或回川北去了，川北的母亲现在还在否，川北家中情况如何？望调查告知。庄弟及理书（爷爷二哥之子）、尚书（爷爷大哥之子）、宝书（我父亲）、许明扬（爷爷大姐之子）等，现在还生存否，做什么事，在何处？统望调查告知。以好设法培养他们上革命战线，决不要误此光阴。至于那些望升官发财之人决不宜来我处，如欲爱国牺牲一切能吃苦之人无妨多来。我们的军队是一律平等待遇，我与战士同甘苦已十几年，快愉非常。因此，无论什么事都可办了……我为了保持革命军队的良规，从来没有要过一文钱，任何闲散人来，公家及我均难招待。革命办法非此不可。家庭累事均由你处置，我从不过问。手此致复。并问亲友均好。

朱德

九月二十七日

1937 年 11 月 6 日，爷爷又写了一封信给陈奶奶：

玉珍：

由南溪来信数封均收到，悉一切情形，又家中朱礼书来信亦悉。许明扬近与我见面亦谈及家中情况。十年来的家中破产、凋零、死亡、流亡、旱灾、兵灾，实不成样子。我早已看到封建社会之破产，这是当然的结果。尚书死去，云生转姓，后事已完，我再不念及。唯两老母（爷爷的生母和养母）均八十，尚在饿饭中，实不忍闻。望你将南溪书籍全卖及产业卖去一部分接济两母千元以内，至少400元以上的款，以终余年。望千万办到。至于你的生活，望你独立自主地过活，切不要依赖我，我担负革命工作昼夜奔忙，10年来艰苦生活，无一文薪水，与士卒同甘苦，决非虚语。现时虽编为国民革命军，仍是无薪水，一切工作照旧，也只有这样才能将革命做得成功。近来转战华北，常处在敌人后方，一月之内29日行军作战，即将来亦无宁日。我这种生活非你们可能处也，我也决不能再顾家庭，家庭亦不能再累我革命。我虽老已52岁，身体尚健，为国为民族求生存，决心抛弃一切，一心杀敌。万望你们勿以护国军时代看我，亦不应以大革命时代看我。望你独立自主，决不宜来前方，亦不应依赖我。专此布复。并望独立。

朱德

十一月六号

山西昔阳县

从这信中可以看到，爷爷一方面嘱咐陈奶奶变卖南溪家中的书籍财产以接济“尚在饿饭中”的两位老母，一方面嘱咐陈奶奶“独立自主地过活，切不要依赖我”，这种坦诚，既包含着爷爷对陈奶奶的信赖，也可以看出陈奶奶是多么明理贤惠的女人。

陈玉珍奶奶又苦苦熬过了抗日战争的八年，解放战争的四年。在期盼中度日，终于盼来了解放。

新中国成立后，爷爷也不可能恢复与陈奶奶的家庭。但爷爷深知陈奶奶对他的感情，对他的贡献，为他做出的牺牲。爷爷在1950年2月给陈奶奶写了这样一封情深意笃的信，并安慰她“好自为之，自作主张”。全信如下：

玉珍：

自别后，你多受惊恐，无日不神飞左右，你的深情，我是深知的。谢谢你。

我们分别是为了革命所需，不是其他。今日南溪已得到解放，你们是能家居做事的，当无他顾虑，努力从事生产，自能享受余年，亦应努力参加革命工作，为人民服务，更多光荣。南溪当道，今日当然是我们的同志，无论军政党都是保护你们的，多与他们见面，如果在南昌时一样态度对之，自然使你们逐步走上革命道路。你们家中事亦可如此好好解决。我今年六十又四，食少事繁，身体日弱，个人私情、家事等等，不能不使我置之度外，望你好自为之，自作主张。来信云，你事繁任重，希望你努力加餐，为国珍重，将我和家乡忘掉好了，这是你真正的名言，是真知我爱我的。今后如有十分困难时，当托同志照顾一切，如能自立总以自立为是。你的侄儿女辈，如有革命志愿，家中不依靠他们为生活的，我可介绍培植为社会服务的有用人才。

祝你的身体好，并祝你的伯母健康。

朱德

（50 年）二月十日夜

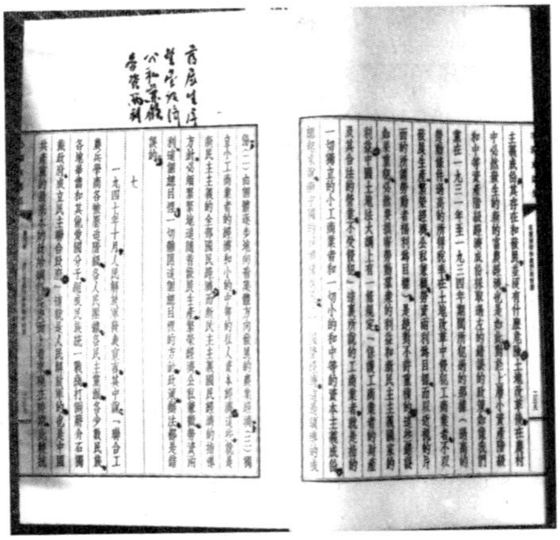

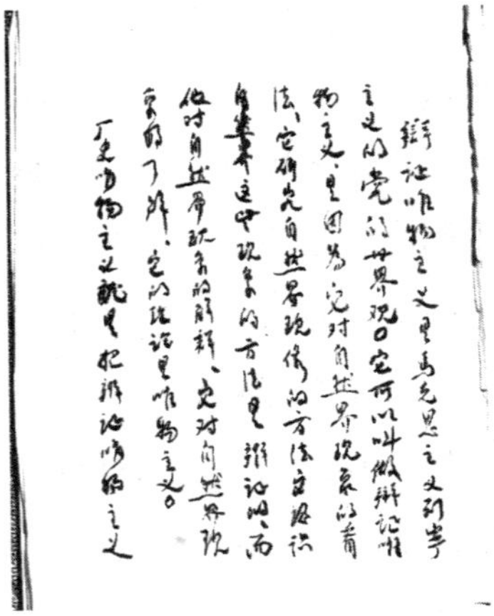

辩证唯物主义是马克思主义列宁主义的党的世界观。它所以叫做辩证唯物主义，是因为它对自然界现象的看法、它研究自然界现象的方法、它认识自然界这些现象的方法是辩证的，而它对自然界现象的解释、它对自然界现象的了解、它的理论是唯物主义的。

历史唯物主义就是把辩证唯物主义

新中国成立以后，我父亲一直与陈家保持着书信联系，并在50年代受爷爷之托专门回四川去探望陈玉珍奶奶……

想起父亲的养母，我真为爷爷曾得到过这样一位聪明贤惠的妻子感到庆幸，同时为父亲曾有这样一位养母而感到幸福。在那样激烈变革动荡的大时代，她嫁给了像爷爷这样投身于时代大潮中的革命者，是不可能建立一个稳定温馨的小家庭的。可以说，陈奶奶一生都在期待、风险、艰难中度过，她以无限的爱心照料了爷爷的母亲，养育了爷爷的儿子，她为爷爷奉献了一生，也可以说是为中国的时代大变革奉献了一生，她值得我深深地尊敬和爱戴。

战火中的情缘

> 奶奶一听，说：“他是个好军长，好领导，但当我的丈夫可不行。伍若兰牺牲了，你们来找我，找错了人。”奶奶说她跟爷爷差得太远，论年龄，论水平，论文化，论地位，“差距实在太大了”。

奶奶给我讲过我父亲的两位母亲和爷爷的故事，也讲过她以及她和爷爷的故事。

奶奶康克清，原名康桂秀，她的一生也和爷爷一样充满了传奇色彩。

奶奶 1911 年出生于江西万安县罗塘湾的一户贫苦的渔民家庭。由于家庭清贫，生下仅一个月，就被送给别人作了“童养媳”。

1926 年，她 15 岁，参加了罗塘乡妇女协会。第二年，她又参加了共产党人领导的“万安暴动”。暴动失败后，为躲避敌人的搜查，她被迫离家出走。1928 年夏天，她又和她的叔叔一起随万安游击队上井冈山投奔红军，成为井冈山革命根据地第一批女红军中的一员。

奶奶上井冈山不久，就认识了时任红四军军长的爷爷和党代表毛泽东委员。那时，爷爷的妻子叫伍若兰，是在 1928 年年初爷爷发动湘南起义时和爷爷结婚的。奶奶说伍若兰“一直同朱军长在一起，她能双手打枪，经常带着两支短枪”。

1929 年年初，红四军主力为打破敌人对井冈山的大规模“会剿”突围下山，进军赣南。在一次战斗中，伍若兰身负重伤后被敌人抓捕。她在敌人的多种酷刑下坚贞不屈，最后被绑赴赣州卫府里刑场处决。行刑后，敌人又把她的头割下，吊在一个架子上面，用大字写上“共匪首领朱德妻子伍若兰”，沿江示众。

奶奶说：“伍若兰的牺牲给我的震动很大，因为她是我参加红军后牺牲的第一个女同志，又是我们妇女组的骨干……有许多优秀的好品德。”“伍若兰给我留下至今难忘的印象。她身材稍高，显得精悍，皮肤棕色带红，齐耳短发全藏在军帽里。从远处看，人们常常误把她当作男的。”“她还写得一手好字，我们妇女组写大标语差不多都是她动手。有一次，她带着两个女同志外出写标语，十几个敌人向她们袭击，被她打死四个，其余的落荒而逃……”

1929 年 3 月，红四军由赣南进入闽西，占领了闽西重镇长汀。这是红四军离开井冈山后占领的最大城市，部队进行了较长时间的休整。就在这休整期间，妇女组的组长曾志找我奶奶谈话，要把她介绍给我爷爷，曾志说：

“朱军长十分喜欢你，组织上希望你能跟他结合。打从伍若兰壮烈牺牲，他精神上很痛苦。你和他结婚后，可以从生活上帮助他，给他最大的安慰。”

奶奶一听，说：“他是个好军长，好领导，但当我的丈夫可不行。伍若兰牺牲了，你们来找我，找错了人。”奶奶说她跟爷爷差得太远，论年龄，论水平，论文化，论地位，“差距实在太大了”。

那天下午，奶奶想不到爷爷亲自找她，和蔼地说：

“我们现在都是革命同志，不论军长还是战士，都是一个样。我们干革命反封建，有话就直说。我很喜欢你，觉得你好学上进，工作大胆泼辣，有许多优点，是很有前途的同志。希望你能同我结婚。虽说我们彼此有些差距，但这不会妨碍我们。结了婚，我会帮助你，你也可以给我许多帮助。我们会成为很好的革命伴侣，你能答应我吗？”

1939 年，爷爷和奶奶康克清在晋东南

爷爷说得那样真诚、恳切，奶奶真是难以回绝。

爷爷看出奶奶一时拿不定主意，表示让奶奶再想一想，早点给他一个回答。

奶奶立刻去找妇女组的姐妹商量，找到两个，都说："这可是个好事，你别再犹豫啦！"

奶奶还是没有想好。

第二天，曾志又来找奶奶，说："还有什么不好想的，朱军长那么好，他亲自来求你，你答应不就完啦！"

说着，她把奶奶拉到爷爷那里去。进门就说：

"我把她送到你这里来，你们接着谈吧。看来我的任务快要完成了！"

曾志说着就走了。爷爷开始给奶奶讲他自己的家庭和参加革命的经历。

奶奶回忆说："起先，我不想听，但是他那缓慢沉着的话语，他那动人的经历渐渐吸引了我。我像听故事一样对他的经历感到有兴趣，不知不觉产生了想了解他的愿望。我像在无路可走的山坳里，渐渐走出了峡谷，对他产生了新的感觉，认识到他的许多长处。他虽是个军长，却又和蔼可亲；他担负革命的重任，却又像个士兵。同他在一起，自己有种平等的感觉，虽说他比自己要大二十多岁，却是个难得的好人！自从伍若兰牺牲以后，他确实需要有个人和他共同生活，互相照料……我的思想开始松动，防线渐渐消失。但我有少女的自尊，就坐在那里，一言不发。"

爷爷说："看来你是不好意思回答。能不能这样，只要你不表示反对，就是同意，可以吗？"

就这样，爷爷和奶奶在长汀辛耕别墅结了婚。

当天晚上，奶奶对爷爷说："我有自己的工作，还要抓紧时间学习，希望你在生活上不要指望我很多。"

爷爷完全同意，还说："干革命就不能当官太太，当官太太的人就不能革命。我有警卫员照顾，许多事我自己都能干，生活上的事不用你操心，你只管努力工作、学习吧！”

婚后，他们一直过着紧张忙碌的战争生活。爷爷率领部队南征北战，奶奶也一直跟随爷爷，并且总是出色地完成任务，很快就成长为一名杰出的红军指挥员。

爷爷从不让奶奶专门为他料理生活，以便使奶奶能有更多的时间从事自己所承担的工作，有更多的时间学习文化。在瑞金时，奶奶曾多次变换工作，从总部警卫团到交通队，从军委机要局到妇女义勇团、总部直属队。然而，她从无怨言，总是愉快地接受任务，在新的岗位上努力工作。

奶奶和爷爷是一起参加红军长征的。在历时两年艰苦卓绝的征途上，奶奶和爷爷风雨同舟，患难与共，相爱更深。长征到陕北后，奶奶到延安抗大学习了一段时间。

奶奶在回忆中还记得，她在抗大学习时，爷爷常到女生队同她们一起打篮球赛，本来是分在两个队里。

爷爷在延抗大打排球

开赛后，双方争夺激烈，我见球传到他手里，就叫：

“老总！快！快把球传给我！”

他看也不看，就把球传过来，我接到球就跑到对方篮下投篮，或是传给自己队的人，球一进篮，跟他在一边的人就埋怨起来：

“总司令！你怎么把球传给了康克清？她跟我们不是一边的！”

“啊！啊！我忘了，上了她的当，下回注意！”

总司令有些不大好意思回答，可是等到争夺激烈的时候，他只顾抢球，一听见我喊：

“快！快把球传给我！”

他又飞速把球传过来，同我一个队的人乐得哈哈大笑，同他一个队的人气得噘嘴：

“老总！你怎么又传错球了？”

后来，她们见他很难改过来，就不再传球给他。但是这样一来，她们等于少了一个队员，所以过不多久，又恢复了老样了。同老总一个队的人感到吃了亏，又重新编队，除了我和老总外，其余的大换班，掉了个过儿，谁也没有意见了。就这样，嘻嘻哈哈，大家玩得十分愉快。

美国女记者尼姆·威尔斯到延安采访后，写了爷爷和奶奶的婚姻“是令人称颂和羡慕的”。她说，她曾与奶奶爷爷和周恩来一道在总司令部里吃饭，见奶奶顽皮地敲着爷爷的手臂，而爷爷——这位红军的总司令也微笑地看着他这个年轻的爱妻，心里好像有说不出的高兴。她还说，奶奶提起爷爷时，从不曾称爷爷为丈夫，而是用第三者的口吻，叫爷爷为“同志”。当时就想，这是多么罕见的一对，而且各自又有着多么惹人敬爱的个性啊！

威尔斯的这番话，实实在在地勾勒出了爷爷和奶奶之间那种革命同志式的夫妻关系。

1939 年，爷爷 53 岁生日是在太行前线过的。山西武乡县王家峪村八路军总部所在地的军民们纷纷前来祝贺。作家杨朔写了一首盛赞爷爷的诗：

立马太行旌旗红，
雪云漠漠飒天风。
将军自有臂如铁，
力挽狂澜万古雄。

为表示谢意，爷爷步杨朔原韵复诗一首：

华北收复赖群雄，
猛士如云唱大风。
自信挥戈能退日，
河山依旧战旗红。

奶奶也同太行军民一样，加入到祝寿的队伍中，她给爷爷写了一封洋溢着真挚情感的生日贺信，其中写道：

我和你相处十多年了，觉得你无时不以国家和革命为重，凡事不顾自己的利益。人们不能忍受的事你都能忍受，人们所不能干的事你去开辟……

爷爷和奶奶的关系一直是融洽、和谐的。爷爷和奶奶的婚姻生活，如同他们的生命一样，服从于人民革命事业的需要。每当谈起奶奶与爷爷志同道合的夫妻生活时，奶奶总是洋溢着幸福之情，她为爷爷而自豪。奶奶虽然一生没有生育，但把我们视同已出，正因为这种更深厚、更博大的爱，爷爷和奶奶的婚姻生活才变得超乎寻常的充实。

奶奶晚年在回忆录中写道："我们相互间的真正了解、相互体贴和爱情是在结婚以后逐渐发展起来的。""几十年后回顾，可算是俗话说的'美满姻缘'了。"

总司令的儿子更要上前线

> 父亲到延安待了不长时间，爷爷就把他叫到身边说：“前线正在打仗，总指挥的儿子不上前线谁上前线。”……1943 年 11 月，我父亲在山西方山县一次突破敌人封锁线的时候，被敌人的机枪打伤了左腿，成了三等甲级残废……

爷爷和陈玉珍奶奶在抗战初期恢复了中断了十年的通讯联系，在最早的两封信中，爷爷都询问我父亲宝书等年轻一辈“现在还生存否，做什么事，在何方?”希望我父亲和家乡年轻的亲属能到他那里去，“以好设法培养他们上革命战线，决不要误此光阴。”

父亲听到爷爷的召唤，于 1938 年来到延安。这时他已 20 多岁了。

失散多年的独生子终于回到了自己的身边，爷爷非常高兴，但他却没有因此而放松对儿子的要求。我父亲后来曾对我们讲，他从小生活在动荡的环境里，还在云南的旧军队里当过兵，吃过不少苦头。但他刚到延安的时候，爷爷还是经常批评他，说他在旧军队染上不少坏习惯，现在到了共产党的军队，是革命的军队，必须要重新学习，改造思想，要懂得官兵一致、官兵平等，树立为共产主义奋斗的理想……

父亲到延安待了不长时间，爷爷就把他叫到身边，说：“前线正在打仗，总指挥的儿子不上前线谁上前线!”

就这样，我父亲到了山西抗日前线，到了八路军的一二〇师，在贺龙的手下当了司令部的直属通讯队队长，后来又当了通讯科长。

1943 年 11 月，我父亲在山西方山县一次突破敌人封锁线的时候，被敌人的机枪打伤了左腿，成了三等甲级残废军人。伤愈出院后，被分到抗日军政大学七分校当队列科科长。当时抗大的条件十分艰苦，一面生产，一面学习。爷爷并不因为我父亲是他的儿子就把他留在自己的身边，也没有因为我父亲受过伤而安排他到一个条件好点的岗位。相反地，他教育我父亲一定要服从党组织的需要和安排，让他到基层与群众一起工作和生活。

有一次，爷爷和毛泽东等一些中央领导同志去看戏，我父亲也跟着去了。当时，中央机关只有一辆汽车，而且还是一辆救护车。因为我父亲腿有残疾，戏演完后，想坐车走，就先上了车。

50 年代，父母亲和我们兄妹

车小人多，爷爷见我父亲坐在那里，就说："你下来，步行回去！"可是回到杨家岭，大家一下车，我父亲也到了。

原来他是站在驾驶室外面的踏板上回来的。

汽车外面的踏板，应是警卫员站的地方，我父亲站上去了，警卫员只好走着回来。

爷爷知道了这事后，非常生气，狠狠地批评了我父亲一通。

我父亲起初还有点情绪，说："这不是件小事吗?"

1954 年，我与父亲在中南海

爷爷说："这不是小事。警卫员和你一样，都是革命队伍里的战士。你不应该自以为比别人特殊。"

我父亲说："我只是站在汽车外面的踏板上回来，又没有影响你们。"

爷爷说："你知道吗？那是卫士的岗位，他的责任是保卫中央负责同志的。警卫人员没有跟着回来，万一路上出了事怎么办?”

我父亲这才明白过来，马上承认了错误，保证今后不再搞特殊。

后来在爷爷的勉励下，我父亲又到了冀中前线工作。

1947 年 3 月，爷爷和刘少奇率中央工委东渡黄河，到晋察冀根据地指导工作。4 月，爷爷到我父亲所在的冀中军区检查工作时，特意询问了我父亲的情况。

军分区司令员杜文达说：“朱琦同志的工作积极，学习也好，责任心也很强。比如，最近我带几个团去攻打赵县，朱琦同志负责的通讯联络工作就做得很出色。”

爷爷听杜文达这么一说，自然感到高兴，但是又问：“难道就没有缺点吗?”

当听说我父亲在生活中散漫一些时，爷爷就严肃地对杜文达说：“朱琦生活散漫，说话随便，这就是自以为是我朱德的儿子，有优越感嘛！这样发展下去，就会造成很不好的影响，是会脱离群众的。因此，我要求你对他要严格管教，不能搞特殊，要把他的优越感给克服掉。你回去要找他谈谈，告诉他这是我朱德交代给你的任务。要他今后一定要克服自己身上的毛病，加强组织纪律观念，尊重领导，爱护下级，平等待人。说话要注意场合，注意影响，不利于团结的话不许说。他是个共产党员，是人民的勤务员，而不是当官做老爷的，更不准耍威风，摆官架子……”

后来父亲回忆当时的情景时说，爷爷的那次教诲，对他的触动很大，使他在心灵深处受到了震撼。父亲还对我们说：

“你爷爷的这些话不光是对我有教育，对你们，对你们的后代，都有教育意义……”

母亲第一次见公婆

> 见面时，我母亲看到爷爷穿着一身褪了色的旧布军装，待人和蔼，慈祥的面孔上总是泛着笑容，言谈举止间一点架子也没有，她心里的紧张、拘束感消除了，一种亲情油然而生。

我母亲赵力平和我父亲是在抗大七分校时认识的，那是 1944 年的事。

我母亲生于 1926 年，老家在河北定县大定村。抗战开始后，我姥爷赵鸿儒是那一带最早参加八路军的，我大舅赵士珍、二舅赵士斌也都参加了抗日队伍。受家庭的影响，我母亲十四岁时就参加了革命，入了党。

1942 年年底，日本侵略军血洗冀中抗日根据地，母亲的家乡炮楼林立，斗争异常残酷。为了保护革命的后代，党中央决定冀中派一支部队把母亲这批“小八路”从河北转移到延安。

我母亲说，参加转移的有好几千人，大多是未成年的孩子。在转移的途中，为了缩小目标，便于与敌人周旋，他们总是分成东、南、西、北四路前进。东、南、西三路虽然路近一些，好走一些，但经常会受到敌人的袭击。我母亲走的这一路是北路，相对安全一些，但这一路地偏路远，要常常翻越高山。

当时是冬天，山坡上积雪很多，大家手脚并用，累得喘不上气来，也不能休息。有两个跟我母亲一样大小的孩子，累得实在走不动了，就想歇歇，结果一坐下就再也站不起来了，冻死了。

只有16岁的母亲不顾一切地跟着部队朝前走，走到哪里了，哪是什么山，哪是什么河，她全然不知。爬过多少山，涉过多少河，她也记不清了。就这样，经过三个多月的长途跋涉，1943年春天，她们才到了陕北。

那天，带他们一路走过来的干部高兴地宣布："告诉大家一个好消息，现在我们已经到了陕北，很快就要到革命的圣地延安了，延安是毛主席、朱总司令所在的地方。"

她们一听就要到延安了，并且还能见到毛主席和朱总司令，一个个激动地跳了起来，有的还"哇"地哭了起来。

到延安以后，中央先让他们吃了一顿白面馒头，给她们每人发了一套服装。当时她们都还很小，发的衣服又都是大人穿的军装，所以一个个都是袖子挽一块，裤腿挽一块，样子滑稽极了。但毕竟是穿上了新衣服，又要去见毛主席和总司令，大家高兴得在路上蹦呀跳呀，整整热闹了一晚上。

接见她们是在延安的八路军大礼堂里进行的。

我母亲说，她就是在那一天第一次见到了毛泽东和我爷爷。

那天，毛泽东和爷爷都穿着粗棉布做的大棉袄、棉裤，袄袖裤腿都是肥肥的。爷爷穿的棉袄两个肩上和棉裤的膝盖上都还打着补丁。毛泽东站在主席台上亲切地对她们说："小娃娃们，你们从冀中、从平原来到延安，首先欢迎你们。你们要放下笔杆，拿起锄头开荒种地……"

会后，我母亲和一起来的小姐妹们被分到了抗大七分校。

当时抗大七分校是由一大队、二大队、三大队、四大队、高干队、女生大队组成。我母亲被分在了女生大队。女生大队有400多人，驻在东华池山的半山坡上，山坡上开出的一排排窑洞，是她们生活、学习、工作的地方。

抗大虽然叫学校，但没有教室，也没有课桌，她们上课就是拿着小马扎坐在院子里，写字就在膝盖上。环境虽然简陋、艰苦，但课程很丰富，有作文、革命史、政治学、哲学、射击课。我母亲经常说，她正是在那里学到了革命和做人的道理的。

女生大队当时主要的任务是学纺线、做军装，每天天不亮大家就起床，在窑洞前把纺车一支就开始纺线，还经常进行纺线比赛。我母亲就是在那时学会了织毛衣、织手套的。

1944 年秋天的一天，女生大队的教导员顾玉铃通知我母亲到大队部来一下。进了队部的窑洞，看见一个男青年坐在那里，也没在意，和顾教导员说了一会儿话就离开了。

第二天，顾教导员又找到我母亲，说："给你介绍一个对象吧。昨天你在队部见的那个男同志是七分校校部的干部，队列科科长，看上你了。"

我母亲毫无思想准备，脸"刷"地一下就红了，说："我才 18 岁，还没考虑对象的事呢！"

顾教导员说："现在就是要你考虑啊。他叫朱琦，是总司令的儿子……"

我母亲一听，立即说："我也没注意看他是什么样子。再说，他是总司令儿子，我是穷人家的，差距太大，没法考虑。"

"你没注意人家，人家对你可是挺满意的。总司令是共产党的官，又不是国民党的官，和咱们是一个队伍的人，都是为穷人打天下的，有什么差距?"

"我还是怕。不想考虑。"

虽然我母亲没有答应，但组织上还继续为我父亲创造条件，几个月后，就把我母亲从女生大队调到了七分校校部，分配在队列科当参谋，负责统计工作，归我父亲直接领导。

一起工作一段时间后，我父亲主动对我母亲说：

"力平同志，你个人有什么想法，有什么困难，对我有什么意见，我们都可以谈谈。"

我母亲说："我明白你的意思，对你个人没什么意见，就是觉得我不合适，你应该找个更合适的人?"

"什么样人呢?"

“那些搞文艺的，会演剧、跳舞的，漂亮的……”

“我家就喜欢要个朴实的、忠厚的。你出生在革命家庭，我都了解过了，很合适的！”

但我母亲还是拿不定主意。当时七分校的校长是彭绍辉，他也找我母亲谈，说朱总司令就这么一个儿子，家庭条件和本人条件都很好，组织上都替你考虑过了，但最后还是要你自己决定。

我母亲还是觉得自己年龄小，不着急决定。这就到了1945年抗战胜利。在欢庆胜利之后，抗大的学员都奔赴各地迎接新的斗争任务。9月，七分校校部迁离延安转移到晋绥根据地的丰镇，我母亲和我父亲都到了一二〇师司令部，父亲当通讯科科长，母亲是文书科参谋。

甘泗琪将军的夫人李真（新中国成立后第一批授衔的唯一女将军）又找到我母亲撮合她和我父亲的事，说康大姐很关心朱琦的婚事，是康大姐委托她来的。她还说：“朱总司令虽然地位很高，但非常平易近人，朱琦也很谦虚、可靠，别犹豫了。”

我母亲说：“我们家乡有个规矩，这事不能自己做主，家里还不知道，也没见过人，再等等吧。”

李真刚走，贺龙司令员又把我母亲叫去，拍着桌子，说：“还等什么？朱琦哪不比你好？马上结婚！”

说着，写了一张条子：“批准朱琦同志和赵力平同志结婚”，交给政治部。这张条子就算是我母亲和我父亲的结婚证书。

1946年3月23日，我父母亲在丰镇结婚。那天，司令部的人都来参加庆贺，摆了五六桌。贺龙亲自当主婚人，他事先准备了两个新被面，一红一绿，还给他们每人一套白衬衣，算是他给的新婚礼物。他叼着烟斗眯缝着眼睛高兴地说：“我的任务完成了！”

我母亲说，新被面往旧被子上一缝，两个铺板往一块一并，临时找间屋子，就算结婚了。在这场婚事的背后，也能体会出我爷爷奶奶的一片心意。

1950 年，爷爷与我父亲、母亲在中南海

但又过了两年多，爷爷奶奶才看到儿媳妇。

1948 年 8 月，我父亲和母亲在河北省阜平县参加土改。一天，他们随土改工作组去西柏坡，向党中央汇报工作。事后，他们利用这个机会看望了爷爷和奶奶。

这是我母亲和我父亲结婚后第一次去见公婆。当时我母亲想，公公是解放军的总司令，婆婆也是著名的妇女领袖，他们会看上我这个儿媳妇吗？我父亲告诉她说："不要紧张，爹妈早就想见见你了。"

见面时，我母亲看到爷爷穿着一身褪了色的旧布军装，待人和蔼，慈祥的面孔上总是泛着笑容，言谈举止间一点架子也没有，她心里的紧张、拘束感一下子就消除了，一种亲情油然而生。

爷爷奶奶见我父母来了，非常高兴，奶奶赶忙请他们坐下。刚一坐定，爷爷便问："你们都参加了土改，收获一定不少吧？"

母亲回答："我感到很有收获。"并把工作中的情况和自己的体会大致说了一下。

爷爷微笑着说："你们的工作还是有成绩的，可有一条，成绩不能算在自己账上。你们这次土改取得成绩主要有三个原因：一是党的方针政策正确；二是你们的领导邓颖超、黄华同志很有水平；三是有当地干部和群众的帮助。今后你们要经常到基层中去，经受锻炼。"

开饭时，爷爷在饭桌上谈笑风生。他专门谈到了学习问题，对我父母说："你们现在还很年轻，今后的路还很长，工作很多。全国要解放了，要依靠你们去建设。要学会搞建设的本事，最好能掌握一门专业技术，当然，也要学好政治理论，学好马列主义，这是管政治方向的！"

当时，正是人民解放军同国民党反动势力进行战略决战的前夕，辽沈、淮海、平津三大战役即将开始，为了适应革命形势迅猛发展的需要，部队在整编，要抽出相当一批力量为接管城市、搞经济工作做准备，我的父母就要转到地方去工作。

爷爷知道这一情况后，语重心长地说："你们一直都是在部队工作，对部队工作比较熟悉，到地方就不同了。得先到基层去锻炼，从头开始，踏踏实实地干下去……"

不久，我父亲转业到石家庄铁路局工作，我母亲转业到人民银行工作。遵照爷爷的意见，我父亲在铁路上先是当练习生，后又学火车司炉和司机，真正地从工人干了起来。

我父亲是1938年参加革命的，在战争年代就已经是团级干部了，但到1955年，在爷爷的严格要求下，却仍然当着一名普通的工人……

后来我问母亲，父亲对爷爷的这个安排有没有想法？母亲说：他是从战争年代出来的，那个时候全国还没有解放，每天都在打仗，摆在每个人面前的是生死的考验，今天过了，还不知道能不能活到明天。不像现在，是和平年代，我们党是执政党了，遇到的是地位、权利和待遇这种考验。

母亲还说，如果像现在一些人凡事都从个人利益出发想问题，你爷爷没走上革命道路之前社会地位已经可以了，滇军的少将旅长，一个月两千块大洋，够可以了。可他去找共产党，那个时候就是当“共匪”，要杀头的，放着好日子不过，为了什么？就是为了追求真理，为救国，为革命！你爸爸在你爷爷身边受的都是这种教育。毛主席的孩子毛岸英从莫斯科学习回来了，他曾是苏军的上尉，回来之后毛主席还不是让他到延安种地、当农民？老一辈革命家的心胸就是那样……

我父亲腿有残疾，当火车司机的难度是可想而知的，一瘸一拐地行动不便不说，光是双手磨出过多少血泡，身上流过多少汗水，连他自己也说不清了。但是他还是认真地去做，最后，他终于能独立驾驶火车了。

那是50年代初，有一天，父亲回家后，高兴地对我母亲说：“我今天见到爹爹了！”

我母亲纳闷地问：“在哪里？”

父亲兴奋地说：“在我开的火车上！”

接着，他就讲起了和爷爷的巧遇。

原来，爷爷去北戴河，火车专列在天津铁路局换车头，恰好是我父亲当班，父亲也不知道是哪位中央首长的专列，开了就走。

到达目的地后，父亲正在火车的驾驶室里忙活，一位年轻的军官走了进来对他说：“朱琦同志，首长请你立即到车厢里去一趟。”

我父亲来不及拾掇，就匆匆赶到会客室。他没有想到的是，是爷爷坐在那里，原来自己刚才驾驶的竟是他老人家的专列！

看着满身油渍、满脸汗污的儿子，爷爷高兴地说：

“学会开火车了，这是一件很好的事情，掌握了一门技术，就能更好地工作、为人民服务了。”

说完，爷爷让我父亲和他一起坐在沙发上，听我父亲汇报工作上的情况，不住地鼓励说：

“很好，你已是真正的工人阶级的一分子了，我希望你除了钻研技术外，还要挤出时间学一点政治理论，技术上要精益求精，政治上也要不断进步，还要谦虚谨慎，踏踏实实，兢兢业业……”

父亲向爷爷告别时，爷爷还一再嘱咐：“就得从头干起，才能积累经验！”

就这样，我父亲一步一个脚印地从一名司炉干起，一直到“文化大革命”开始前，才担任了北京铁路局车辆处的处长。

我父亲把爷爷的教导铭记在心里，他事事处处都严格地要求自己，以至许多和他在一起战斗和工作过多年的同志，都不知道他是朱总司令的儿子。

1952 年 3 月 8 日，爷爷在中国空军第一批女飞行员飞行典礼仪式上

爷爷长征走了两年

这两年，不仅要对付几十万国民党军队的围追堵截，进行浴血战斗，还要对付极其恶劣的自然环境，经常是饥寒交迫，更为艰难的是，还要对付张国焘的分裂主义，要忍耐，要等待，要想办法。

1964 年庆祝新中国成立 15 周年的时候，爷爷奶奶带我们在人民大会堂看了大型音乐舞蹈史诗《东方红》，我被中国革命的壮丽历程激动着，特别是看到红军长征那悲壮的场面，听到那回肠荡气的歌声，更是激动不已。但是，我还纳闷，爷爷不是红军总司令吗，怎么看不到爷爷的影子？

1937 年，红军时期的爷爷

回家后，我悄悄地问奶奶："爷爷参加长征了吗？"

奶奶说："傻孩子，爷爷怎么会不参加长征呢，连奶奶也是长征过来的啊！"

后来，奶奶常给我们讲爷爷在长征中的情况。

中央红军长征，开始时叫"西征"，因为第五次反"围剿"失败了，红军不得不进行战略转移，那时红军的最高决策者是由博古、李德、周恩来组成的"三人团"。但是，有关红军的行动部署和作战命令绝大部分是由爷爷以中革军委主席、红军总司令名义下达的。

出发前，给少数中央领导人配备了担架、马匹和文件挑子。爷爷在这些人中是年龄最大的，但为了节省几名强壮士兵去充实作战部队，既不要担架，也不要文件挑子，只要了两匹马，一匹驮行李、文件，另一匹常常是给奶奶用。奶奶当时担任总部直属队的指导员，她用这匹马在队伍后面收容伤病员。爷爷喜欢和指战员一起步行，走在司令部队伍的最前面。为了鼓励大家的情绪，总是谈笑风生，风趣幽默地摆四川“龙门阵”，逗得大家都忘了疲劳。

每到驻地，爷爷都要安排、检查部队的驻扎、警卫情况。大家都休息了，他还要和周恩来等研究敌情，对各部队第二天的行动作出部署，处理一些紧急情况。

“爷爷是怎么过雪山、草地的?”我们提出最感兴趣的问题。

奶奶告诉我们，大家知道的红军过雪山，那是指1935年6月红一方面军过的夹金山，对这座夹金山，爷爷奶奶不是过了一次，而是过了三次。第二次过，是在1935年10月，那是因为张国焘对抗党中央的北上方针，使一、四方面军9月在草地分离了，爷爷率红军总部在左路军，不得不跟着四方面军南下，南下就又要翻过夹金山。

爷爷经过两年长征，于1936年12月和毛泽东在陕北保安会合

到了1936年2月，战局的发展对南下的红军更加不利。爷爷和徐向前迫使张国焘同意部队转移到康北一带，准备北上。

向康北进军，不仅要再次越过海拔3000多米高的夹金山，还要越过5000多米高的党岭山，这是红军长征中遇到的最高最大的雪山，终年雪漫冰封，空气稀薄，气温低至零下三四十度，不时风暴骤起，雪崩如雷。当地藏民把这座顶天矗立的雪山奉为

“神山”，没有隆冬时节过山的先例。然而，年届 50 岁的爷爷却率领着红军奇迹般地征服了这座“万年雪山”。

徐向前回忆说：“翻越大雪山党岭时，我们为保证他（爷爷）的安全，令部队给他备好坐骑、担架，他都让给伤病员用，自己坚持步行。夜晚宿营在半山腰，冻得无法睡觉，就给大家讲故事，话革命，鼓舞同志们战胜风暴雪山，胜利实现北上计划。”

奶奶说，她和爷爷以及红一、四方面军的一些部队，也不只是一次过草地。第一次在草地里走了一半，张国焘借口草地里一条噶曲河涨水，部队无法通过，拒绝继续走完草地与党中央率领的部队会合，只好从草地里返回来南下。第二次过草地，是 1936 年 8 月，这时，红四方面军已在康北的甘孜同贺龙、任弼时率领的红二、六军团会师，决定共同北上。

过草地是长征中最艰难的行军，由于路程远，时间长，所带的粮食有限，仍不得不以野菜、树根、皮带等物充饥，对于在红四方面军后面跟进的红二方面军来说，困难就更大了。爷爷清楚这一点，对二方面军十分关照。他经过噶曲河时，见部队兵站正在分发新缴获的牛羊，便对大家讲：同志们，谁都知道，草地是北上最艰苦的一段路，二方面军的同志在后面，那就更苦了。沿路的野菜都被前边的部队吃光了，他们连野菜都吃不上。所以，总指挥部决定，各单位所有驮东西的牦牛全部留下来，必须带的东西自己背上，把昨天缴获的羊和牦牛，也全给二方面军留下。爷爷让警卫员把他驮帐篷、行李的牦牛也牵来交给兵站，嘱咐兵站负责人说：“记住，告诉部队负责同志，牛皮、羊皮和肠肚都不能丢掉。要珍惜每一块牛皮，不能浪费。这关系到四方面军后卫和二方面军几万同志的生命啊！”

爷爷和其他指战员一样，在没粮的日子里，以野菜、草根充饥；在凄风苦雨的夜晚，在露天地里蜷曲着休息。但爷爷回忆起这段艰难备尝的行程时，却留下了这样一段轻松生动的文字：

当过草地的时候——大家都认为是极困难的了，我还认为是很好玩的。有草，有花，红的花，黄的花，都很好看，几十里都是，还有大的森林与树木。草又是青青的，河流在草地上弯弯曲曲的，斜斜的一条带子一样往极远处拐了去……牛羊群在草地里无拘束地自由上下，也是极有趣的。也许因为自己带着乐观性吧。

从1934年10月到1936年10月，爷爷在长征路上整整走了两年。这两年，不仅要对付几十万国民党军队的围追堵截，进行浴血战斗，还要对付极其恶劣的自然环境，经常是饥寒交迫，更为艰难的是，还要对付张国焘的分裂主义，要忍耐，要等待，要想办法。

我们问奶奶："爷爷是总司令，为什么不把张国焘干掉，或者离开张国焘呢?"

奶奶说：一、四方面军会师后，中央为了团结张国焘，决定由他代替周恩来任红军总政委，所以爷爷才率红军总部同他一起行动。爷爷知道张国焘很霸道，有野心，不好配合，但只能从大局出发，服从组织决定。

毛泽东在草地率一方面军主力北上后，爷爷面临两种选择，一是脱离张国焘，二是跟张国焘一起行动。

第一种选择，如果顺利离开，可以一走了之，作为个人来说，不用在张国焘那里委曲求全，但是，张国焘还控制着八万人的部队，这是党的红军，不能丢给张国焘不管；另一方面，但如果张国焘阻挠，就可能以武力解决，发生红军打红军的情况，这是爷爷绝对要避免出现的，因为那会让蒋介石看笑话，让亲者痛仇者快。

剩下就是第二种选择，跟着张国焘，不断做他的工作，特别是争取红四方面军广大指战员，让他们通过时间通过实践认识张国焘南下是错误的，对抗党中央、分裂党、分裂红军是错误的，那时，红四方面军就会回到党中央的正确路线上来。

事实的进展，果然像爷爷预料的那样。南下红军遭到国民党中央军和川军的合力进攻，八万人很快只剩下四万多人，四方面军广大指战员觉悟了，张国焘孤立了，才有了二次北上，并且爷爷促进红二、六军团来到甘孜，爷爷向任弼时、贺龙说明张国焘搞分裂的真相，他们一起制约张国焘，保证了二、四方面军共同北上，这才实现了红军三大主力在西北的大会师，长征才算最终胜利。

三大主力会师时，二、四方面军有四万多人，不久西路军喋血祁连山，又损失两万人，剩下的两万多人，加上已到陕北的一方面军、陕北红军，共三万多人，是我们党开始抗战的本钱。

爷爷到陕北后，毛泽东对他同张国焘的斗争作了高度评价，说他是“临大节而不辱”，“度量大如海，意志坚如钢”。

跃马在太行山上

> 爷爷率领八路军总部，冒着蒙蒙细雨从云阳镇出发，在韩城芝川镇东渡黄河。他和任弼时、邓小平、左权等搭乘同一条木船，渡过波涛汹涌的黄河，踏上战火燃烧的山西大地……

1937年7月7日，卢沟桥事变爆发，全面抗战开始。7月14日这天，爷爷壮怀激烈，挥笔写下率部出师抗日的誓言：

日本强盗夺我东三省，复图占外蒙，又侵我华北，非灭亡我全国不止。我辈皆黄帝子孙，华族胄裔，生当其时，身负干戈，不能驱逐日寇出中国，何以为人！我们誓率全体红军，联合友军，即日开赴前线，与日寇决一死战。

复我河山，保我民族！

保卫国家，是我天职！

9月6日，在陕西省泾阳县云阳镇大操场举行八路军总部出师抗日誓师大会。大会由八路军政治部副主任邓小平主持，爷爷在主席台上带领全体指战员高声宣读《八路军出师抗日誓词》：

日本帝国主义是中华民族的死敌，它要亡我国家，灭我种族，

> 杀害我父母兄弟，奸淫我母妻姐妹，烧我们的庄稼房屋，毁我们的耕具牲口。为了民族，为了国家，为了同胞，为了子孙，我们只有抗战到底。我们是工农出身，不侵犯群众一针一线，替民众谋福利，对友军要亲爱，对革命要忠实。如果违反民族利益，愿受革命纪律的制裁、同志的指责。谨此宣誓。

当天，爷爷率领八路军总部，冒着蒙蒙细雨从云阳镇出发。16 日，在韩城芝川镇和任弼时、邓小平、左权等搭乘同一条木船，渡过波涛汹涌的黄河，踏上战火燃烧的山西大地。

9 月 23 日，爷爷到达五台县南茹村，得到由平绥线南下的日军正向平型关发起猛烈进攻的消息。他和彭德怀立刻电令一一五师“即向平型关、灵丘间出动，机动侧击向平型关进攻之敌”。

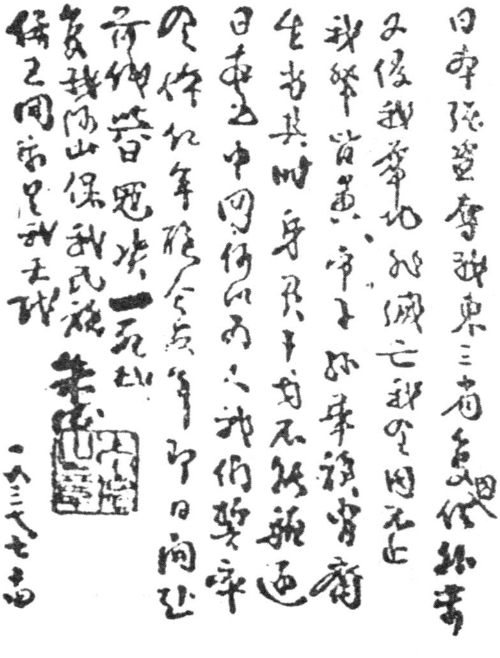

爷爷手书《抗日誓词》（1937 年 7 月 14 日）

平型关战斗是八路军出师后同日军打的第一仗，也是卢沟桥事变以来中国军队主动寻歼敌人而取得的第一个大捷。它打破了日军不可战胜的神话，振奋了全国，震惊了世界，提高了共产党和八路军的威望。祝捷的电报、函件纷纷飞向八路军总部，飞向延安。

11 月 8 日太原失陷，华北抗战由以正规战争为主转入以游击战争为主的新阶段，八路军成为华北敌后抗战的主体。八路军总部提出“坚持华北抗战”“坚持山西抗战”“创造抗日根据地”“变敌人后方为前线”的口号，使华北人民在国民党军队纷纷后撤的情况下重振了抗战到底的信心。

1938 年 1 月中旬，爷爷和彭德怀、林彪、贺龙、刘伯承去河南洛阳，出席蒋介石召开的第一、第二战区将领会议。会后决定以爷爷和彭德怀为第二战区东路军正、副总指挥，辖八路军（欠第一二〇师）和滞留在敌后或与敌接近的国民党几个军、师，以及山西青年抗敌决死队第一、三纵队等，坚持在晋东南和敌后抗战。

1938 年 2 月下旬，爷爷和副参谋长左权率八路军总部从洪洞县马牧村出发，由西向东奔太行山前进，准备去那里开辟抗日根据地。到达安泽县岳阳镇时，与一股沿着临（汾）屯（留）公路西进的日军遭遇。爷爷一行位于临屯公路北侧，周围是山地绵亘，要避开敌人转移到安全地带是很容易的。但是，爷爷考虑到这路日军来得太突然，如果任其长驱直入，将给尚无准备的临汾军民造成重大损失，并对整个局势相当不利。因此，决定率领随身边的两个连 200 名警卫通讯战士和为数不多的安泽县自卫队推进到临屯公路上的古县镇迎敌，迟滞日军的西进，同时电令离这一带较近的友军赶到临屯公路阻击日军，又令一二九师速从正太线南下。

24 日，日军先头部队苫米地旅团 3000 人进至古县镇以东的府城镇（今安泽县县城）。这时，爷爷已派左权率只有两连人的总部警卫通讯部队和少数民兵，在敌人必经的公路两侧山地，利用险要的地形布下几道阻击线。

日军连日来一路顺风，如入无人之境，正在通往临汾的公路上大摇大摆地行进时，不曾想前头兵踩上了地雷，又从路边的山林里射出密集的枪弹，前头部队被打倒了一堆，大队人马立刻趴在公路上，不敢轻举妄动。待他们镇定下来，部署了向两侧山地进攻，却不见了人影。待他们继续前进，刚转过一个山弯，又遭猛烈袭击。再组织兵力向丛林扑去，却又不见了人影。

就这样，为数不多的八路军总部警卫部队，把3000鬼子兵缠在盘山路上，打打停停，节节阻击，使敌人前进进不得，进攻攻不成。眼看离临汾只有百余里路，就是不能长驱直入。

第二天，爷爷率部又与日军周旋了一天，战斗更趋激烈。前线没有兵力补充，爷爷把身边仅有的参谋和警卫也都派上去支援。

这时，日军探知阻击他们的是八路军的一支小部队，指挥者竟是赫赫有名的八路军总司令朱德。他们判断八路军总部可能就在古县，于是立刻出动十几架轰炸机，企图一举炸平古县，消灭爷爷率领的八路军总部。幸好，日空军飞行员把屯留西北的故县当作安泽的古县，大批炸弹都投到了故县，古县却平安无事。

日军以为炸平了八路军总部，大肆宣扬吹嘘。一时间全国军民都为爷爷的安全担忧，纷纷致电八路军驻武汉办事处和《新华日报》，问询："朱德将军有无下落?""朱德将军是否安全?"此时，爷爷仍在险境中，从容不迫地指挥着阻击，迟滞日军一个旅团达三天之久，为临汾几十万军民的安全转移争取了时间。

在日军进攻临汾期间，延安获得一个重要情报，估计日军有可能用全力攻占黄河以北，并向西北发展。毛泽东等对这一情报非常重视，3月初接连致电爷爷，要他把敌后的八路军主力西调，以加强黄河河防，保障后路，只留一部分部队在晋东南坚持游击战争，并说此方针已获得政治局的完全同意，望"坚决执行"。同时中央还要求爷爷和彭德怀也回到黄河以西，即使留一人在前方指挥，也只宜留在吕梁山脉等不易被敌隔断的地区，决不应留在汾河以东。

爷爷和彭德怀经过慎重考虑，回电中央，分析敌人兵力与战场形势，认为日军正集中主力在徐州会战，目前不可能大规模进攻西北，并认为友军未渡黄河前，把八路军主力西调不利于统一战线，“到了真有必要的时候，八路军可以西渡，保卫陕北，目前仍希望去太行前线指挥作战。”

1938 年 8 月，爷爷和国民党第二战区副司令长官卫立煌在山西省恒曲

3 月 9 日，毛泽东等电复，同意八路军主力暂不过黄河，在不被敌隔断的条件下，配合友军作战，但必须巩固吕梁山脉，布置好太岳等地区工作，以保障将来转移便利。同日，爷爷、彭德怀致电一二九师领导人，重申“坚持华北游击战争是我们确定的方针”。第二天，爷爷率总部继续向太行山挺进。这对不失时机地开辟敌后战场、坚持华北抗战具有十分重要的意义。

巍巍太行山像一道脊梁，耸立于晋冀豫三省之间，群山巅连，沟壑纵横，地势险峻，它北倚五台山，西毗吕梁山，南临黄河，东瞰冀鲁平原，是华北战略要地。爷爷和八路军总部在太行山，便于从这里指导华北各抗日根据地的斗争。

从这时起到1940年5月，爷爷回延安以前这两年多时间里，八路军总部一直移动在太行山区的武乡和沁县之间，这里成了华北敌后抗战的指挥中心。八路军这时由出师时不到三万人，发展到40多万人，成了坚持敌后抗战的中流砥柱。爷爷在燃烧着抗日烽火的太行山上，写下这首壮丽的诗篇：

远望春光镇日阴，
太行高耸气森森。
忠胆不洒中原泪，
壮志坚持北伐心。
百战新师惊贼胆，
三年苦斗献吾身。
从来燕赵多豪杰，
驱逐倭儿共一樽。

1940年4月，中共中央致电爷爷，请他去河南洛阳会见第一战区司令长官卫立煌，然后返回延安。于是，爷爷告别八路军总部南下，5月初到达河南省济源县，这里是太行山的尽头。爷爷眺望巍巍太行山，滔滔黄河水，无限感慨，写下《出太行》的诗篇：

群峰壁立太行头，
天险黄河一望收；
两岸烽烟红似火，
此行当可慰同仇。

爷爷在西安见到从新疆过来的著名作家茅盾、理论家张仲实，与他们同行去延安。途中，他们拜谒了黄帝陵。爷爷在黄帝陵前发言了语重心长的讲话：

> 中华民族有五千年光辉的历史，然而近百年来我们这个民族却遭受了帝国主义的百般欺凌，被称作“东亚病夫”。现在，这个古老的民族觉醒了，我们这些黄帝的子孙点燃了民族解放的烽火，全国人民正进行着神圣的抗日战争。抗日战争是民族复兴的战争，我们一定要把这场战争进行到底，我们也一定能取得战争的最后胜利！现在有人想阻挠抗日战争的胜利进行，想要妥协投降，这种人是黄帝的不肖子孙！

南泥湾和爷爷的名字连在一起

> 延安解放日报的社论说："今天的南泥湾，已成了'陕北江南'。于是，'南泥湾政策'成了屯田政策的嘉名，而这个嘉名永远与朱总司令的名字连在一起。"

我十几岁的时候，挺喜欢唱《南泥湾》这首歌。有时不自觉地就哼哼几句："如呀今的南泥湾，与呀往年不一般，再不是旧模样，是陕北的好江南……"有一次，我哼哼这首歌的时候，奶奶问我："你知道爷爷和南泥湾的故事吗？"

"不知道。"我想，爷爷是总司令，管打仗的，能和南泥湾挂上边吗？就说："南泥湾不是大生产的事吗，和爷爷有什么关系？"

奶奶说："南泥湾可是你爷爷发现的，也是你爷爷领导开发的。"

于是，奶奶给我讲了爷爷和开发南泥湾的故事。

那是1940年5月，爷爷从华北前线回到延安，这次回来，中央就不再让他回华北前线去，而是让他留在延安，协助毛泽东指挥各抗日根据地的斗争。当时，由于日本侵略军加紧对抗日根据地的"扫荡"，而国民党顽固派又对根据地进行经济封锁，使各根据地面临严重的经济困难。如何克服经济困难，成了当时最严峻最尖锐的问题，它关系到能不能坚持持久抗战，能不能夺取抗日战争的最后胜利。为此，毛主席发出"自力更生""自己动手、丰衣足食"的号召，爷爷为了把这个号召落实好，主动挑起解决边区经济困难的重担。

爷爷通过调查了解到，陕甘宁边区只有一百多万人口，土地瘠薄，要负担几万干部、战士的吃穿，确实是件难事。有的部队机关得不到供给，吃不饱，穿不暖，非常非常困难。爷爷先后奔赴各地考察边区资源，与各地协商发展生产问题，并在《新华日报》《团结》等报刊上发表文章，指出："解决吃饭、穿衣、日用品和军需的事。这件事不办好，抗日战争就难于支持，抗战的胜利就没有保障。"他号召军民行动起来，把陕甘宁边区的经济建设搞成全国的模范。

1941 年年初，春节刚过，大地还是银装素裹，爷爷就带上秘书、参谋和八路军留守处的几个人，一起到延安东南八九十里的南泥湾去踏勘，那时南泥湾是延安县金盆区的一个乡，方圆数百里渺无人烟，一片荒芜，荆棘遍野，杂草丛生。

爷爷拨开荒草，一锹挖下去，发现下面是黑油油的土地。这一发现使爷爷兴奋异常，他大叫："南泥湾是个好地方！"

1941 年春，爷爷勘察南泥湾，同当地农民亲切交谈

回到延安城，爷爷找来三五九旅旅长王震，提出军垦屯田的想法。王震很赞同，但说："这么多部队到哪找开垦的土地呢？"

爷爷说："土地倒是有，而且是块大肥肉，你王胡子敢不敢去啃？"

王震长着一副连腮胡子，大家都叫他王胡子，爷爷也这么叫他。他一听把大腿一拍，说：

“有什么不敢的？只要是你老总说的地方，再硬的骨头我也把它啃下来！”

不久，三五九旅三个团先后开进了南泥湾。随后中央军委各直属单位和军委炮兵团也相继开到南泥湾或附近地区，掀起了开荒生产的热潮。

在大生产运动中，爷爷还带头参加开荒劳动，光着膀子和大家一起干。

大家怕他过度疲劳，关心地说：“我们每人多抡一镐，就把您的活带出来了。”

他笑着对大家说：“大生产是为了打败日本帝国主义，解放全中国，我们多开一分地，战胜敌人就多一分力量。你们替不得，替不得！”

尽管他日理万机，还是与其他同志一样完成了中央机关每人开三亩地的任务，为边区的军民树立了榜样。

1942 年 4 月，爷爷（右三）、贺龙（右四）在三五九旅旅长兼政委王震（右二）的陪同下视察南泥湾

1942年，爷爷邀请徐特立、谢觉哉、吴玉章、续范亭同游南泥湾，当他看到那片片稻田在阳光下熠熠闪光，田野泛起层层麦浪，山上散布着肥壮的牛羊，以及那些纺织厂、鞋厂、造纸厂时，即兴写下了一首诗，《游南泥湾》，诗中写道：

去年初到此，遍地皆荒草。
夜无宿营地，破窑亦难找。
今辟新市场，洞房满山腰。
平川种嘉禾，水田栽新稻。
屯田仅告成，战士粗温饱。
农场牛羊肥，马兰造纸俏。
小憩陶宝峪，青流在怀抱。
诸老各尽欢，养生亦养脑。
薰风拂面来，有似江南好。

爷爷提出的“南泥湾政策”取得了空前的成功，它不但推动了抗日根据地经济的发展，而且极大地改善了部队和边区人民的生活。

1942年12月12日，延安《解放日报》发表了题为《积极推行“南泥湾政策”》的社论。社论中写道：

朱总司令从前方回延后，竭力提倡边区军队进行工业、农业、运输各方面的生产工作，以丰富的劳动，投入有用的活动，以减轻人民的负担，改善部队生活，密切军民关系，帮助边区建设。朱总司令这种克服物质困难、支持长期抗战的远大打算，在三年以前，有些人曾是不了解的。为了实行这一正确主张，朱总司令不但苦口婆心，作了许多解释，并且亲自踏勘南泥湾，亲自组织南泥湾的开辟工作。当时，南泥湾是空无人烟的地方，那里鸟兽纵横，蒿蓬塞路。当朱总司令踏勘的时候，晚上只能找到一个茅棚住宿。但是经过披荆斩棘，耕耘种植，今天的南泥湾，已成了“陕北江南”。于是，“南泥湾政策”成了屯田政策的嘉名，而这个嘉名永远与朱总司令的名字连在一起。

李维汉后来回忆说：“军队实行屯田是朱德倡导的。他从前线回延安后，非常关心部队的生产，主张以强壮众多的劳动力，投入到生产中去，以减轻人民的负担，密切军民关系，同时帮助边区的建设，也改善部队本身的生活。”

胡乔木也在他的回忆文章里说：“朱总司令提出部队屯田的主张，并亲自到南泥湾踏勘，把它确定为部队的屯垦之地。”

以开发南泥湾为代表的大生产运动，落实了毛泽东关于“自己动手、丰衣足食”的号召，迅速改变了抗日根据地的困难局面，冲破了“黎明前的黑暗”，培养出光耀后世的延安精神。

陕甘宁边区在1942年渡过了难关，到1943年情况就更好了。是年11月26日，延安召开陕甘宁边区劳动英雄大会，爷爷在大会的开幕式上，号召大家努力生产，厉行节约，把发展生产和保卫边区结合起来。他把自己种的一个大冬瓜送到边区生产展览会上，受到了人们的交口称赞。有人为此还写了一首诗：

工余种菜又种花，
统帅勤劳天下夸。
愿把此风扬四海，
逢人先说大冬瓜。

当时，参加英雄大会的延安县劳动模范杨步浩听说爷爷工作那么繁忙，每年还要生产三石粮食上交，就主动提出要替代耕一石。等到收获的时候，杨步浩果然送来了一石新麦，爷爷热情地留他吃饭，带他去参观自己经营的菜园，临走时，又送给他一袋自己种的西红柿。

20多年后的1971年年底，杨步浩风尘仆仆地来到北京，在中直招待所住下后，便提出要求，想见见爷爷。当陈水泉秘书将这件事告诉了爷爷后，爷爷说："杨步浩来了？陕北的杨步浩！"

爷爷已是多年没有这样激动过了，他告诉陈水泉说：

"见！一定要见！他现在在哪？我去看看！"

陈水泉说："首长，你就在家等着吧，我这就去请他来！"

爷爷说："好，好！马上请他来！老朋友了。"

当杨步浩来到我家时，爷爷已经候在了门口。

两人一见面，两双大手便紧紧地握在了一起……

爷爷把杨步浩迎进我们家的客厅，招呼他在自己身旁坐下，亲切交谈。

交谈中，杨步浩从提包里取出一袋黄澄澄的小米递到爷爷面前，说："朱老总，这是乡亲们托我带给你的。自打你们离开延安以后，大伙儿很多年都没有见到你了，都很挂念你，要我代他们向你问好！"

爷爷手捧着小米，深深地感受到了老区人民的深情厚谊。他问杨步浩："今年的收成怎么样？老乡们的生活有没有改善？"

"我跟老总得说实话，延安这几年的工作没搞好啊……"杨步浩叹了一口气，说道。

爷爷语气沉重地说："延安人民过去为革命做出了巨大的贡献，可以说，没有延安人民的小米，就没有革命的胜利，也就没有今天的好日子。可是，如今延安解放已经20多年了，乡亲们的生活还是很苦，我心里很难过，是我们的工作没有做好啊！"

片刻，爷爷又深情地说："我很想念延安的父老乡亲们，明年你再来，来看看我。”

杨步浩说：“等冬天没活儿了，我一定再来看老总。”

临别时，爷爷紧握着杨步浩的手，叮嘱他回去一定代向延安的父老乡亲们问好。

全党庆爷爷六十大寿

> 在中国共产党的历史上，为党的领导人祝寿，只有这一次。当时正处在中国两种命运、两个前途历史大决战的关键时刻，举行这次祝寿活动的意义，正如中共中央的祝词中所说的那样：人民庆祝你的六十年生活，因为你是中国人民六十年伟大奋斗的化身……今天反动派还在进攻，你的寿辰正是战斗的号召，胜利的号召！

“文化大革命”之前，我们全家每年都给爷爷过一次生日，爷爷过生日一般都在玉泉山，我们全家加上全体工作人员一起吃一顿晚饭。有时，也由孩子们表演一两个小节目或送上自己制作的小礼物，比如背诗、唱歌或送上自己写的书法作品等。我小的时候，最喜欢给爷爷过生日，因为这一天是我们全家难得的一次团圆的机会，同时，也是我们向亲爱的爷爷汇报自己一年学习或工作的一次好机会。这一天，爷爷会很高兴地听我们的汇报、看我们的表演，也会送一些诸如笔记本、圆珠笔等一些小礼物给我们，并对我们进行鼓励。

听奶奶讲，爷爷的60岁生日的纪念活动是在延安举行的。那天，全党、全军和解放区人民为爷爷举行了热烈的祝寿活动。现在，我还保存着当时的许多历史照片，以及部分领袖们的签字。

在中国共产党的历史上，为党的领导人祝寿，只有这一次。当时正处在中国两种命运、两个前途历史大决战的关键时刻，举行这次祝寿活动的意义，正如中共中央的祝词中所说的那样：“人民庆祝你的六十年生活，因为你是中国人民六十年伟大奋斗的化身。你对民族利益和人民利益的无限忠诚，你的不怕艰难危险、不求个人名利的牺牲精神，你的联系群众、信任群众、视民如伤、爱民如子的群众观点，正在鼓舞着全党全军全民为独立和平民主而奋斗到底……”

解放日报
庆贺朱总司令六十大寿特刊（一）
周恩来同志祝词
朱总司令六十大寿
人民的光荣
毛泽东

延安《解放日报》刊发了《庆祝朱总司令六十大寿特刊》。毛泽东题词“人民的光荣”

“你的六十大寿是中国共产党的佳节，是中国人民解放军的佳节，是全解放区和全国人民的佳节。今天反动派还在进攻……你的寿辰正是战斗的号召，胜利的号召！全解放区军民，一定要用胜利的自卫战来打退和粉碎反动派的进攻，来作为替你祝寿的纪念品！”

为爷爷六十寿辰举行的整个祝寿活动，成为打败国民党反动派军事进攻、争取中国光明前途的一次动员和号召。

在延安，全城悬旗三天，党、政、军、农、工、商、学各界纷纷举行祝寿活动。《解放日报》接连三天以整版整版的篇幅刊登毛泽东、刘少奇、周恩来、彭德怀、林伯渠、刘伯承、邓小平、贺龙、聂荣臻、林彪、叶剑

毛泽东等祝贺爷爷六十大寿辰

英等的贺词、贺电、祝寿文章，报道祝寿活动。

毛泽东的题词是：“朱德同志六十大寿，是人民的光荣。”

刘少奇的题词是“朱总司令万岁”。

周恩来于11月19日率中共代表团从南京返回延安，在忙碌中赶写了一篇感情深挚的祝词：

亲爱的总司令，朱德同志：

你的六十大寿，是全党的喜事，是中国人民的光荣。

我能回到延安，亲自向你祝寿，使我万分高兴。我愿代表那反动统治区千千万万见不到你的同志、朋友、人民，这对我更是无上荣幸。

亲爱的总司令，你六十年的奋斗，已使举世人民公认，你是中华民族的救星，劳动群众的先驱，人民军队的创造者和领导者。

亲爱的总司令，你为党为人民，真是忠贞不贰。你在革命过程中，经历了艰难曲折，千辛万苦，但你永远高举着革命的火炬，照耀着光明的前途，使千千万万的人民能够跟随着你，充满了信心向前迈进。

在我们相识的二十五年当中，你是那样平易近人，但又永远坚定不移，这正是你的伟大。对人民，你是那样亲切关怀，对敌人，你又是那样憎恶仇恨，这更是你的伟大。

全党中，你首先同毛泽东同志合作，创造了中国人民的军队，建立了人民革命的根据地，为中国革命写下了新的纪录。在毛泽东同志旗帜之下，你不愧为他的亲密战友，你称得起人民领袖之一。

亲爱的总司令，你的革命历史，已成为二十世纪中国革命的里程碑。辛亥革命，云南起义，北伐战争，南昌起义，土地革命，抗日战争，生产运动，一直到现在的自卫战争，你是无役不与。你现在六十岁了，仍然这样健壮，相信你会领导中国人民达到民族解放的最后胜

1946 年 12 月 1 日，中共中央在延安庆祝爷爷六十大寿

利，亲眼看到独裁者的失败，反动力量的灭亡。

你的强健身体，你的快乐精神，象征着中国人民的必然兴旺。

人民祝你长寿！全党祝你永康！

周恩来

一九四六年十一月三十日

11 月 30 日是祝寿活动的高潮。

在延安的中央大礼堂大厅设立了贺寿堂，贺寿堂正中是毛主席的题词和中共中央的贺幛："万年长青。"周围挂满了各方送来的贺词、贺联。

下午 1 时，爷爷穿着灰布军装，身披斗篷，乘吉普车来到寿堂，接待络绎不绝的各界祝寿代表。当时在延安的一些外国友人，如美国记者安娜·路易斯·斯特朗、苏联医生米尼柯夫斯基等，也前来祝寿。

爷爷亲切地对大家说："你们不必祝贺我，我要祝贺你们，祝贺党，祝贺人民!"

晚上，在中央大礼堂举行热烈的祝寿晚会，陕甘宁边区政府主席林伯渠首先致辞。接着刘少奇上台讲话，他指出："朱总司令六十年来为中国人民所做的事业，是中国共产党和中国人民最优秀的结晶，给予党和人民极大的光荣。"

周恩来在晚会上宣读了他的祝词，他那热情洋溢、铿锵有力的声音，激起了全场一阵又一阵的掌声。

爷爷最后致了答词，他很激动，表示感谢各界代表对他的祝贺，接着，他语重心长地说：

中国人民很早就干革命，前仆后继，但屡次遇见革命伙伴，就往往不大靠得住。那些伪装革命而以升官发财为目的的人，在获得革命果实后却反转来镇压革命，致革命屡次失败，人民屡次上当。我是一个农民的儿子，所有农民的儿子都是要革命的，那时不成功是摸不到路，后来找到了、加入了中国共产党。反动派一定失败，中国人民一定胜利，我相信我可以亲眼看到中国革命获得成功。

席间，斯特朗凑到毛主席的跟前说，延安的生活使她感到很愉快，特别是参加今天的庆寿会，更使她感到异常兴奋。

毛泽东微笑着对斯特朗说："朱德总司令已在这里度过好几个寒冬，他的年龄同蒋介石一般大，而蒋介石已是鬓发俱白，朱德却只有几根灰发。"

斯特朗也笑了起来，说："朱德一直住在延安的窑洞里，生活是艰苦的。而蒋介石在南京过着养尊处优的安逸生活。"

毛泽东听罢，爽朗地笑着反诘道："我就不相信蒋介石过得那么安逸。"

斯特朗明白毛泽东此话的含义，她相信，共产党的军队是一定能够战胜蒋介石的军队的。

同延安的热烈气氛一样，各个解放区军民也以各种形式表达对爷爷六十大寿的祝贺。哈尔滨市各界代表 5 万余人集会庆祝，东北行政委员会副主席高崇民致祝词。晋绥解放区各界代表 5000 余人集会庆祝，贺龙司令员致祝词，参议会副议长、民主人士刘少白讲话，称赞爷爷"有如冬日之可爱"。晋察冀军区、华中军区也都集会庆祝，聂荣臻、粟裕分别致祝词。冀鲁豫军区举行缴获国民党军队的武器展览会，陈列出 629 门大炮、18 辆坦克等战利品，作为向爷爷祝寿的礼物。在解放区内，真可谓是"普天同庆"。

各解放区的中央局、各战略区的解放军各路大军的高级将领，也以各种方式向爷爷表示祝贺。

东北民主联军总司令兼政治委员的林彪，从遥远的东北战场向朱总发来贺电。电文中说："我们用新的捷报来庆贺你的六十寿诞。国民党一团人刚刚投降。"

刘伯承司令率领晋冀鲁豫野战军转战冀鲁豫和豫北战场。11 月份，他同邓小平一起采用猛虎掏心战术在滑县一举歼灭了敌人两个旅一个保安纵队共 1.2 万多人。战役结束后，新华社记者采访刘伯承司令员时，刘伯承在前线祝贺爷爷六十寿辰。他"以极欣喜尊敬之情"对记者说：

> 朱总司令是"中国军人的伟大导师"，"总司令为中国军人之老前辈，其光荣的历史可给予中国一切军人极有价值之启示鼓励。""志坚如铁，从无失败情绪。总司令参加革命以前，生活优裕，即不升官发财，亦足以度其舒适之一生，然当其一旦认识革命，即弃如敝屣，义无反顾。以后在任何国难之前，坦然如坐春风，尤足使人深深感动。此外总司令之顾全大局，量大如海，生活群众化，与士兵同艰苦，以及好学深思，诲人不倦之精神，已为世人所共见。"

陈毅当时担任新四军军长兼山东军区司令员。在战火间隙，他欣然挥毫，写下了《祝朱总司令六旬大庆》一诗。诗曰：

高峰泰岱万山从，
大海盛德在能容。
服务人民三十载，
七旬会见九州同。

在国民党统治区，许多共产党人、著名人士和革命团体也纷纷向爷爷表示祝贺。上海《群众》杂志编辑部发来贺信，把他们美好的祝愿带到延安。这封来自敌占区的贺信写道：

敬爱的总司令：

您把人民从敌人的铁蹄下救了出来，您领导着人民从几千年的奴役底下翻了身，过丰衣足食的生活，您帮着人民保卫住自己的田园。您真是中华民族的好儿子，您真是中国人民的再生父母，今日欣逢您六秩大庆的佳节，我们谨奉一瓣虔诚的心香。

率中共代表团坚持在南京的董必武，也寄来两首祝寿诗：

其一

虎略龙韬尽革新，
平生戎马为人民。
河山破碎劳收拾，
田土纠纷要试均。

欲挽狂澜于既倒，
不随流俗与同沦。
存雄是谓能行健，
合有春秋似大椿。

其二

革命将军老据鞍，
豺狼当道敢偷安。

骨头生若铁般硬，
胸次真如海洋宽。

要做主人不做客，
甘为民仆耻为官。
乌延黎庶欣公健，
此日江南一例欢。

爷爷读了董老此诗深为感动，一年后依原韵和诗二首：

其一

大好河山应革新，
推翻封建属人民。
乾坤锦绣欣同有，
肥沃原田患不均。

六十于今多扰攘，
期年以内望清沦。
平分广土归耕者，
栽遍神州满地春。

其二

历年征战未离鞍，
赢得边区老少欢。
耕者有田风俗美，
人民专政天地宽。

实行民主真行宪，
只见公仆不见官。
陕北齐声歌解放，
丰衣足食万家欢。

三　和爷爷奶奶同历劫难

“文革”乍起，爷爷挨批

> 谁是“现在正睡在我们身旁的赫鲁晓夫那样的人物”呢？这时彭、罗、陆、杨已经揪出来了，那是指谁呢？当时，林彪还不敢把矛头指向刘少奇、邓小平，而1959年9月，军委扩大会议的经验告诉他，可以先拿爷爷开刀说事。于是，爷爷在会上便成了彭、罗、陆、杨之外重点批判斗争的对象。

1966年5月4日，中央政治局扩大会议在北京召开。

此时，毛泽东还在南方，会议由刘少奇主持，会议的内容是对所谓彭（真）罗（瑞卿）陆（定一）杨（尚昆）“反党集团”进行批判。会议还通过了发动“文化大革命”的“五一六通知”。通知宣称：“混进党里、政府里、军队里和各种文化界的资产阶级代表人物，是一批反革命的修正主义分子……例如赫鲁晓夫那样的人物，他们现在正睡在我们的身旁……”

既然做出这样判断，人们就要思考，谁是“赫鲁晓夫那样的人物”呢？这时彭、罗、陆、杨已经揪出来了，“现在正睡在我们身旁的赫鲁晓夫”显然不是指他们，那是指谁呢？当时，林彪还不敢把矛头指向刘少奇、邓小平，而1959年9月，军委扩大会议的经验告诉他，可以先拿爷爷开刀说事。于是，爷爷在会上便成了彭、罗、陆、杨之外重点批判斗争的对象。

5月12日，爷爷在第一小组会上发言，讲自己要按照毛主席的指示认真学习马列著作时，他说：

"孔夫子讲，'朝闻道，夕死可矣'。我也有时间读书了，读毛主席指定的三十二本马列的书，非读不可，准备花一两年的时间读完。毛主席也是接受了马列主义的理论……"

爷爷的话还没有讲完，就被林彪粗暴地打断了："毛主席岂止是接受？是发展到了最高顶峰！你不要拿外国的东西吓唬（我们）!"

林彪借机提出爷爷 1965 年 12 月在上海召开的中央政治局会议上，曾讲过"不能说毛泽东思想是当代马列主义的顶峰，到了顶峰就不会发展了"这段话，继续煽动说："你们看他对毛泽东思想是怎么评价的!"他攻击爷爷是野心家，是借马克思主义来反对毛泽东。

康生也攻击爷爷："反对林总提出毛泽东思想是最高最活的马列主义，是当代马列主义的顶峰，他是反对毛主席思想的，在这方面和彭真等人是一样的。"

爷爷辩解："我不会反对毛主席的，毛主席的书要读，马列的书也要读……"

康生不容爷爷讲话，蛮横地说："我希望你学学林总的这些讲话，比你学三十二本书要好得多。我看你虽然组织上入了党，思想上还没有入党，还是党外人士。"他还诬蔑爷爷"想超过毛主席"。

在他们的鼓动下，一些人开始对爷爷大加筈伐。有人说爷爷"是党内最危险的人物"，有人说爷爷是"党内的一颗定时炸弹"。

5 月 23 日，中央政治局扩大会议在人民大会堂河北厅进行，林彪等人又在会上对爷爷的所谓"错误"展开批判。

爷爷从大局出发，坦然面对。他说："我过去的错误已经作过两次检查，第一次是在'高饶'问题发生以后，我在会上作了检讨。第二次是彭德怀问题发生后，在军委扩大会议上也作了检讨……"

还没等爷爷把话讲完，林彪就开始了他的长篇攻击。他说：

"彭德怀原来就是联合这个，联合那个，犯了这个错误又犯了那个错误，都是为了个人野心。对右倾机会主义分子必须彻底揭发斗争到底把他搞臭，否则不行。这样做对你对党都有好处，这样，你才可能改好，否则不可能。庐山会议揭发出来这个问题，解决这个问题，是一个很大的胜利。消灭党的一个最大的隐患。主席几次讲党有可能分裂，实际就指彭德怀和朱德。庐山会议也考虑到是否要彻底揭开，权衡利害，认为应该坚决揭开，消灭这一隐患，否则会继续发展，万一主席到百年之后，就会出现更大的问题。现在揭开，展开坚决斗争，保卫总路线，教育全党，巩固以毛主席为首的党中央，这是全党全军全国人民利益之所在。要揭发斗争到底，你改也好，不改也好。当然我们是希望你改的。”

林彪还说：“朱德你是有野心的，你检讨得很不够。有人当是他自己检讨的，不是的！是党中央决定让他脱裤子的，不检讨不行。你们是不知道的……他想当领袖。高岗事情，他也主张轮流，想当主席，自己本事行吗？你一天都没做过总司令……”

于是，有人随声附和，说爷爷“有野心，想黄袍加身”。

“文革”期间的游行队伍

对于这些捕风捉影的诬蔑，爷爷感到很无奈："说我是不是有野心？我八十岁了，爬坡也要人家拉，走路也不行，还说做事？事情我是管不了了，更不要说黄袍加身。"他又郑重地说："我对于我们这个班子总是爱护的，总是希望它永远支持下去。"

5 月 28 日，中共中央宣布成立中央文化革命小组，隶属于中央政治局常委领导，由陈伯达担任组长，康生任顾问，江青、张春桥等任副组长，组员有王力、关锋、戚本禹、姚文元等。

这个中央"文革"，虽然号称"小组"，权力却很大，后来实际上取代了中央政治局和中央书记处。

这年 8 月初，在北京召开了党的八届十一中全会。会前，毛泽东于 7 月 18 日回到北京，听了康生、陈伯达等人关于北京高校"文革"运动情况的汇报后，对主持中央工作的刘少奇、邓小平向学校派工作组的做法大为不满，并对他们提出了严厉的批评。

在这次全会上，刘少奇、邓小平先后作了检讨，毛泽东发表了《炮打司令部——我的一张大字报》，指责"从中央到地方的某些领导同志……颠倒是非，混淆黑白，围剿革命派，压制不同意见，实行白色恐慌，自以为得意，长资产阶级的威风，灭无产阶级的志气，又何其毒也！"

全会通过了《关于无产阶级文化大革命的决定》（即十六条），规定"这次运动的重点，是整党内那些走资本主义道路的当权派"。

全会进行了中央领导机构的补选和选举。中央政治局常委由七人增加到十一人：毛泽东、林彪、周恩来、陶铸、陈伯达、邓小平、康生、刘少奇、爷爷、李富春、陈云。林彪从原来位列第六升至第二位，被称为"林副主席"、"林副统帅"。刘少奇、周恩来、爷爷、陈云的党中央副主席职务不再提及。爷爷从原来的第四位降至第九位。

就这样，一场史无前例的长达十年之久的全国大动乱开始了。从此，爷爷的处境也随着时局的发展愈发艰难了起来。

1966 年国庆节，“文革”刚刚发动，还保持着新中国成立后年年国庆节都在天安门广场举行盛大庆祝活动的做法。爷爷当时的心情虽然很抑郁，但他参加天安门观礼时，得知张思德的妈妈从四川仪陇来京参加国庆观礼，还是把张妈妈接到了家里，还吩咐要做几个四川菜来招待张妈妈。

张思德是四川仪陇县人，和爷爷同一个家乡。

爷爷奶奶和我一起陪着张妈妈吃饭时，爷爷不断地给张妈妈夹菜，并问张妈妈：“家乡的人民还好吗？农民生活怎么样？”

张妈妈说：“还行，还比较安定。”

爷爷听了，说：“农民日子过好了，我也就放心了。”

“这些娃娃懂什么?”

爷爷看了我大串联去武汉带回来的各种小报，一边看一边摇头，说：“你们这些娃娃懂什么？”他让我去连队当兵锻炼，又让我待在家里……

“文革”的发动，出乎爷爷的意料。他看到中央和地方许多党政领导干部、许多文化名人、大学教授、中学教师被挂上“反革命修正主义分子”“反动学术权威”的牌子受到批斗、抄家，整个社会陷入混乱，心情十分沉重。在家里，我们看见他常常仰靠在沙发里，双目紧闭，若有所思。

1966 年初夏，学校还没有放假，就已经开始“停课闹革命”。红卫兵们高呼“造反有理”的口号，冲向社会，“横扫一切牛鬼蛇神”。暑假到了，爷爷把我和哥哥叫到他的身边，问我们假期有什么打算，我们一时不知道说什么好。

爷爷说：“你们现在不是小孩子了，应该过一个有意义的暑假。军队是个大学校、大熔炉，我的意见是让你们去当兵锻炼！”

听了爷爷的话，我们高兴得一下子跳了起来。

当时，在中南海里的孩子们，也不管是男孩还是女孩，没有不渴望军营的，都把当兵锻炼看作是一件荣耀和时尚的事情。

1965 年夏，刘少奇曾安排刘源等几个孩子去了中央警卫团当兵锻炼。

当时我看见他们穿一身军装和警卫战士们一起站岗值勤，那个英武风光劲儿，心里羡慕得直痒痒……

按照惯例，一到暑假，我们全家都要和爷爷奶奶他们一起到北戴河去度假。因为“文化大革命”的开始，中央暂停了领导人到北戴河休假的日程。但正是这个原因，给了我人生第一次当兵的机会。

爷爷说完话的第二天，我和哥哥朱援朝、李先念的儿子李平、谭震林的儿子谭小光四人来到中央警卫团驻万寿路“新六所”担任警卫任务的一个连队当兵锻炼。

当时我们才十四五岁，个子都不高，穿正常的军装太大，只好找来文艺兵的旧衣服穿了。但是当兵还是真当兵，我们几个除了没有办入伍手续，其他都和真正的战士一样。出操、站岗、紧急集合、打背包、叠被子这些军人要做的，一点都不能含糊，特别是晚上站岗，轮到哪一班是哪一班，并且身上带的也是真枪实弹。

那时我最怕的有两件事：一是晚上站岗，二是紧急集合。

晚上站岗是个苦差事。半夜睡得正香，到时间要爬出被窝去接岗，在黑漆漆的夜里一站就是几个小时，那时觉得时间过得太慢，夜特别特别长，还要观察周围有没有动静，发觉有什么动静还胆突突的。这时候我才知道了什么是“黎明前的黑暗”，盼着早点天亮好交班。

记得第一次紧急集合，我是被人从睡梦中叫醒的，急急忙忙打上背包，不管三七二十一就往外跑，跑出宿舍一看，全连已经整队完毕，看着我水水汤汤的样子，惹得队列里的战士们偷偷地笑……

还有一次，也是在半夜，一阵紧急集合的哨声把酣睡的战士们召到了操场。连长在队列前说：

“刚刚接到上级紧急命令，在我们这个区域发现有阶级敌人企图进行破坏活动，上级命令我们紧急赶赴出事地点进行搜捕，并消灭敌人。”

随后率全连在漆黑的路上急行军，走了一夜。

后来才知道那是一次演习。

“当兵”虽然只有暑期一个月，但军人那种雷厉风行的作风以及部队那种团结紧张、严肃活泼的气氛，给我留下了深刻的印象，并在我的心灵深处植下了一个当兵的“情结”……

“当兵”回来后，我们就把在部队学到的一切给爷爷奶奶做了一次汇报表演。

看我表演叠被子时，爷爷说：

“叠被子既要快，还要整齐、美观，长期坚持能养成严谨细致的作风。”

接着，我们又向爷爷奶奶讲述了我们怎样站岗、怎样参加紧急集合，还谈了我们这次“当兵”的体会……

爷爷看到我们皮肤黝黑了，身板壮实了，也懂得一些军事知识了，高兴地说：

“看来，你们这一个月是有收获的，这说明实践出真知，要提高自己的本领，就要多在实践中学习，不断锤炼自己、提高自己……”

我和哥哥在中央警卫团“当兵”回来后，正赶上红卫兵全国大串联，各学校都已经不再上课了。我和几个同学也免费坐上火车，到武汉“大串联”了一圈。

那时，首都红卫兵到各地神气十足，到处煽风点火，鼓动群众揭省市委“阶级斗争盖子”，或者号召某个单位群众起来“造反”，有时受到当地干部群众的抵制，双方矛盾激化，又酿成沸沸扬扬的“事件”。幸亏我那时还小，只有一旁观望的份儿。

回来后，爷爷仔细地看了我带回来的各种小报，一边看一边摇头。

他问我：“北京红卫兵在武汉都干了些什么？”

我说：“到处贴大字报，搞串联，煽风点火，主要反对的是湖北省委，发动群众揭省委阶级斗争的盖子。”

听了我的话，爷爷的表情异常冷峻，说：

“王任重、张体学这些同志我都了解，他们都是忠于党的好同志，算什么走资派！你们这些娃娃懂什么？”

爷爷默默地想了一下，又说：“学校现在也不上课了，你就待在家里吧！”

后来我才知道，我到外地串联那段时间，一些学校学生中的干部子弟，也是最早戴上红卫兵袖章的那些人，组成“联动”组织，到处抓人、打人，不久又被定为“反动组织”予以取缔，我幸亏听了爷爷的话，没惹什么乱子。

造反派冲进了我们家

第二天，爷爷听说造反派冲到家里来了，便从玉泉山赶了回来。我拉着他去看造反派贴的大字报、大标语。爷爷边看边用手中的拐杖敲打着地面，愤怒地说："除了'朱德'这两个字，剩下的简直是一派胡言！"说完，就回了房间。爷爷上楼没一会儿，我看见周总理和他的卫士高振普匆匆赶来了……

随着"文化大革命"的发展，爷爷愈来愈感到：这场运动就是要"革过去革过命的那些人的命"，自己就是这场"革命"的对象，恐怕自身难保了，应该少说为佳。但是，他终究不是那种"明哲保身"的人，对党和国家的责任感促使他不能不讲话。

1966 年 12 月 6 日，爷爷在中央政治局扩大会议上说："现在群众已经起来了，我有点怕出乱子，特别是怕生产上出乱子。"

九天后，在又一次的政治局扩大会议上，他又说："现在有一个问题，就是把你也打成反革命，把他也打成反革命。我看，只要不是反革命，错误再严重，还是可以改正的。一打成反革命就没有路可以走了，这个问题要解决。"

可是，爷爷的话是操纵这场运动的人听不进去的，他们通过 1967 年元旦社论在全国掀起"全国夺权"的风暴。"打倒一切"和"全面内战"，造成了触目惊心的社会动乱。

爷爷忍不住了，1967 年 1 月 11 日，他在中央政治局扩大会议上说：

“现在运动搞到破坏生产的程度，忘记了‘抓革命、促生产’，这是新出现的问题。我们制止武斗这么久了，可是有人还在搞武斗，甚至砸机器、烧房屋，这里有反革命分子捣乱，要特别引起注意。”

爷爷的话，引起了希望“天下大乱”、以便乱中夺权的林彪、江青一伙的极大不满，更是把爷爷视为眼中钉、肉中刺。于是，一场“打倒朱德”的阴谋活动开始了。

1967年1月12日，中央“文革”小组成员、时任中央办公厅负责人的戚本禹把中央办公厅的一些造反派头头召集到钓鱼台16号楼，煽动说：“中南海里冷冷清清，外面搞得轰轰烈烈。刘少奇、邓小平、陶铸在中南海里很舒服，你们为什么不去斗他们？”他又特别授意：“朱德也是反对毛主席的，他是大野心家、大军阀。你们可以贴大字报揭发他。康克清不是在全国妇联吗？你们也可以到妇联去点火。”

戚本禹本来是中央办公厅的一名普通工作人员，因为写了一篇批判太平天国李秀成的文章，得到赏识。“文革”开始后，他摇身一变，又成了中央“文革”小组的成员、江青的得力干将。他这番把斗争矛头指向爷爷的鼓动，正是江青指使的。

据戚本禹后来被审讯时交代：早在1966年11月下旬的一天，江青打电话把他召到钓鱼台11号楼。11号楼坐落在国宾馆的东南角，江青常住在这里办公。她同戚本禹谈起10月中央工作会议的情况时说：“刘少奇、邓小平的问题算是揭开了，会上还提到了朱德的问题。林总讲，朱德根本就不是什么总司令，一天总司令也没当过，朱毛、朱毛，那是假的。实际上朱是反毛的，他要篡权当领袖，是一个野心家。”

江青又说：“你到中办去，发动革命群众，给朱德、康克清贴大字报，一定要把他们批倒、批臭。”

戚本禹仍有顾虑，问：“这事是不是要向主席请示？”

江青有些不耐烦：“你不用管这些，我去找主席，这些事他都清楚！”

“文革”年代的大字报

于是，戚本禹便导演了一场“打倒朱德”的历史闹剧……

13 年后的 1980 年，戚本禹站在最高人民法院特别法庭的被告席上，向法庭陈述当年这一情况时，沉重地说：“我对不起朱委员长！”

戚本禹召集中南海造反派煽动搞批斗会的那天，爷爷正住在玉泉山，家里只有我、奶奶、警卫员郭计祥和阿姨肖惠珍四个人。那天晚上，我们刚刚吃完饭，郭计祥突然接到中央警卫局通知，说是今天中南海的造反派在刘少奇、邓小平、陶铸等人的家里开了批判会，可能马上就要冲到我家了，请我们做好准备。

当时我们家住的是西楼大院的乙楼，我和秘书等工作人员住在一楼，爷爷和奶奶住在二楼，三层是机要室和图书资料室，四楼是我们家的仓库。

听了郭计祥的报告后，奶奶很镇静，请郭计祥迅速把爷爷和秘书办公室的重要文件整理一下，机要室和办公室先暂时锁上。布置完后，就拍了拍我的头，说：“你待在房子里，不要出来。”

奶奶的话音刚落，造反派便冲到了我家门口。

我在房间里，虽然看不到外面的情景，但能清楚地听到造反派质问奶奶的叫喊声：

“朱德一贯反对毛主席，是老右倾，你知道不知道？”

奶奶说：“我只知道朱德处处维护党的团结，维护毛主席。”

他们又喊：“朱德最近作了检查，你为什么不同他划清界限？”

奶奶说：“在党内开展批评和自我批评是正常的，我相信党中央，相信毛主席！”

造反派一时无话可说了，就拿出了他们最后的一招，喊起了口号：“滚出中南海！你们要滚出中南海……”

此时此刻，我在屋里心都收紧了，但听到奶奶沉稳地说：“我们离不离开，只能由中央决定，你们没有这个权力！”

那天，那帮人闹到了很晚才怏怏离去，等奶奶让我出来的时候，我看见我家的院墙上已经贴满了大字报，地上也有石灰刷的“炮轰朱德”，“打倒朱德”，“朱德是黑司令”，“朱德滚出中南海”的大字……

我就问：“奶奶，这是怎么啦！”

奶奶竭力控制着自己的情绪，她说：“这些年轻人不懂历史，不了解真实情况，不要和他们计较，将来总有一天会搞清楚的。”

第二天，爷爷听说造反派冲到家里来了，便从玉泉山赶了回来。我拉着他去看造反派贴的大字报、大标语。爷爷边看边用手中的拐杖敲打着地面，愤怒地说：“除了‘朱德’这两个字，剩下的简直是一派胡言！”说完，就回了房间。

爷爷上楼没一会儿，我看见周恩来总理和他的卫士高振普匆匆赶来了。周总理向奶奶简单地询问了昨天的情况后，又到楼上看望爷爷，安慰爷爷要保重身体，劝爷爷还是到玉泉山去休息，暂时不要回中南海了……

但爷爷自从那次家里受到冲击之后，便从玉泉山搬了回来，再也不去玉泉山住了。

“凄风苦雨，众叛亲离”

> 他们把“打倒朱德”这股恶风从中南海吹向了社会。此时，家里的有些亲人也提出要和爷爷奶奶划清界限，有的把爷爷给他们的书信和题词都烧了，还提出要断绝关系……就是留下的一些工作人员，在“文革”的大气候下，对爷爷奶奶的态度也发生变化……那些日子，我可体会到“凄风苦雨，众叛亲离”是什么情景、什么滋味了……

中南海造反派冲击我家，贴大字报攻击爷爷的情况很快就报告到毛泽东那里。1月18日，毛泽东在中央军委碰头会上讲到爷爷时，说：“朱德在国际国内是有威望的，朱德还是要保的。”

但是，毛泽东的态度并没有制止住林彪、江青一伙的阴谋活动。他们继续鼓动“打倒朱德”，并把这股恶风从中南海吹向了社会。

1月21日晚，戚本禹在全国政协小礼堂对中国人民大学的红卫兵头头说：“你们要把矛头对准党内的走资本主义道路的当权派，不要以为打倒刘少奇、邓小平、陶铸就完了，还有呢！”

看到红卫兵有些不解，马上补了一句：“还有朱德！他是大野心家，是一个大军阀。他一贯反对毛主席，你们要把他揪出来，批倒批臭！”

“怎么个批法？”有人发问。

“这还用我说吗？你们人大不是有个走资派叫孙泱吗？他给朱德当过秘书，你们可以通过搞孙泱的问题，把朱德的问题搞清楚嘛！”

孙泱是孙炳文烈士的儿子，从抗日战争开始，他就在爷爷身边当秘书，新中国成立后曾任西南师范学院党委书记，后来调到中国人民大学任校党委副书记。

正是因为爷爷，这场邪火也烧到了他的身上。

人大红卫兵听了戚本禹这些话，如获至宝。返回学校，立即组织人马写大字报、贴大字块。一夜之间，从城里到城外，到处张贴了“打倒朱德”“炮轰朱德”“朱德是黑司令”的大字报。

以“第一张马列主义大字报”而名噪全国的“新北大公社”头头聂元梓听说人民大学“批朱”的消息后，唯恐落在后面，但她还不清楚这是不是上面的意思，于是打电话向她的后台康生询问：“人大红卫兵批判朱老总，是不是中央和中央文革的精神?”

老奸巨猾的康生不肯直接回答，拐弯抹角地说：“怎么说呢? 形势在发展嘛！问题也越来越清楚了。你们自己搞就搞成了，要说是我让你们搞的，就搞不成了，你们自己决定嘛，我给你们说多了不好。”

对于康生的暗示，聂元梓当然心领神会。放下电话，她便急不可待地召集手下人开会，并煽动说：“目前，阶级斗争越来越激烈、尖锐，清华大学揪出了刘少奇，在社会上打响了，我们‘新北大公社’也要搞一个大的!”

“我们搞谁呢?”有人问。

“朱德！他是混进党内的大野心家，大军阀……”

聂元梓正愁找不到“批朱”的“炮弹”，正好中国作家协会造反团来人找到“新北大公社”，说他们搜出了刘白羽新中国成立前写的《朱德将军传》复写稿，是一株大毒草。于是他们合伙炮制了《篡党篡军大野心家朱德的自供状——揭穿〈朱德将军传〉的大阴谋》《历史的伪造者反党的野心家——再揭〈朱德将军传〉的大阴谋》，两篇文章相继刊登在《新北大报》上。随后，他们又将该报加印了50万份，散发到全国各地。

作家刘白羽写的《朱德将军传》并没有出版。那是抗日战争时期，刘白羽到华北前线，当时中共北方局宣传部部长李大章委托他搜集爷爷的资料。通过采访爷爷本人，他写成了一个传记的初稿。后因爷爷1940年5月离开太行前线回到延安，刘白羽的写作也就没进行下去，便把已写好的初稿复写了两份交给了组织。其中的一份复写件曾送到美国，给美国作家史沫特莱写《伟大的道路——朱德的生平和时代》一书做参考，史沫特莱在病逝前又托人把它捎回还给了刘白羽。就是这份复写的初稿，被造反派利用来大做文章。他们将书稿印刷成书，组织人员撰写批判文章，而承担此任的人怎么也找不出书中有什么政治问题，反而从中了解了爷爷的革命经历，并对爷爷的遭遇暗自同情。

中国人民大学的造反派组织“人大三红”在校内揪斗了学校党委副书记孙泱，企图从他那里打开“倒朱”的缺口，但他们却终无所获。

这个跟随爷爷多年、忠实于革命的烈士后代，最终还是在“文革”中被迫害致死，他的妹妹、著名表演艺术家孙维世也由于江青的迫害而含恨九泉……

“人大三红”还串联北京一些单位的造反派共同成立了“首都揪朱联络站”，筹划召开万人大会，在社会上公开批判爷爷，并且还要拉上我父亲陪斗。同时，又分几路人马杀向各地搜集爷爷的“罪行”。

在爷爷的家乡——四川省仪陇县，北京跑去的造反派们到处煽风点火，召开“声讨”大会，砸烂了爷爷旧居的牌子……

打击不仅来自外面，还来自家里。

1966年的“文化大革命”开始前，爷爷身边有五位秘书，六名警卫，还有医生、护士、阿姨、厨师等。“文化大革命”开始后，中央“文革”和中南海造反派首先从这些工作人员下手，给他们开会，给他们施压：要他们贴爷爷的大字报、公开表态和爷爷划清界限……如果有人态度不好，就进行组织处理。

这伙人说到做到。1967年，他们首先把沈毓珂、曹全夫两位秘书和卫士长郭仁等送进了“学习班”，后来又转入江西进贤“五七干校”。不久，阎志远秘书被下放到了天津，警卫员邹德亭、护士郭勤英等先后被调走……

后来，爷爷的身边就只剩下了三个警卫员和一位厨师了。

此时，家里的有些亲人也提出要和爷爷奶奶划清界限，有的把爷爷给他们的书信和题词都烧了，有的还写信要跟爷爷奶奶断绝关系……就是留下的一些工作人员，在“文革”的大气候下，对爷爷奶奶的态度也发生了变化……

那些日子，我可体会到“凄风苦雨，众叛亲离”是什么情景、什么滋味了……

可是，我看见80岁的爷爷仍然像往常一样镇定自若，毕竟一辈子经历过太多的危难，他似乎不把不断袭来的恶浪当回事。他安慰奶奶和我说：“历史是公正的，主席和恩来是了解我的。”

当造反派策划揪斗爷爷的消息传到了周恩来那里时，周恩来马上就将此事向毛泽东做了汇报，在征求了毛泽东的意见后，立即打了电话给戚本禹，勒令他立即取消“批斗朱德大会”。

由于周恩来总理的干预，批斗爷爷和我父亲的大会才没有开成。

那些日子，不谙世事的我一直很恐慌。也许是爷爷看出了我的担心，他像安慰又像叮咛地对我说：

“孩子，你记住：历史就是历史！历史是任何人都篡改不了的……”

可是在那个动乱年代，养花被当作资产阶级情调，爷爷养的兰花同样遭到厄运。当时，中南海有人拿着“令箭”，不准爷爷养花，说养花是革命意志消沉的表现，“必出修正主义”，硬要爷爷交出所有的兰花。爷爷无可奈何，眼巴巴地看着自己苦心经营了十多年的兰花全部被拿走了。

连爷爷种养兰花，也有人在中南海贴大字报，说这是“资产阶级情调”。爷爷看到后，只是很平静地对奶奶说：“种兰草有这个事。”“种兰草一可以美化环境；二可以调剂老人的业余生活；三可以出口为国家挣外汇。这有什么错?”

父母亲也遭绑架

> 机动三轮车在寒夜里颠簸，连个篷子都没有，寒风刺骨。我母亲被四个人夹在中间，不知被拉到哪里去。她直挺挺地坐着，一夜没有合眼。

就在周恩来总理没有出面干预“批朱大会”的那段时间，“人大三红揪朱兵团”来到天津，闯进我母亲所在的医院，在医院里贴满了“打倒黑司令朱德、儿媳妇赵力平”大字报。他们煽动群众，大肆诬蔑“朱德是黑司令，不会打仗，没打过仗，是个大军阀”。

那时我母亲的行政职务已被剥夺了，就连人身自由也受到了限制。她被勒令每天晚上“交代问题”，直到深夜一两点钟才能回到家里。

当时，我母亲曾问斗她的人：“你们家有三个烈士吗？我们家为革命牺牲了三个人，你们懂不懂？你们去调查去吧，我们家没有问题。”

我母亲赵力平的老家在河北定县大定村。战争年代家中有五人参加革命队伍，三人为革命献出了生命。我姥爷赵鸿儒和他的弟弟是那一带最早参加八路军的。受家庭的影响，我大舅赵士珍、二舅赵士斌都参加了革命。我大舅在左权部队当过副营长，1943 年在战斗中牺牲了。我二舅在部队积劳成疾也死在了前线，我母亲的叔叔也是在部队牺牲的，当时组织上都给他们发了烈士证。因为这些烈士证是贺龙签发的，贺龙在“文革”中被打倒，烈士证被当成罪证抄走。直到“文革”结束，烈士证才又返还。

1972 年 5 月 1 日，我与父亲、母亲在北京万寿路

这些人听了我母亲的质问，还真的跑了一趟我母亲的老家，一看找不到他们想要的东西，就找歪理，他们说：“你们家不是贫农，你们家乡还有一个小毛驴，四条腿，你们家算有一条腿，你们家不能算贫农。”

原来，我母亲的老家人因为太穷，一家买不起一头驴，就四家合买了一头，各家轮流用。这在造反派的眼里，这就被看作是一家有一条驴腿的财产了。

我母亲听了这话，又好气又好笑，她说：“你们去看规定吧，你看看当时规定什么是富农，什么是贫农。”

一计不成，一计又生。“人大三红”密谋绑架了我母亲。

当时我母亲住在她们医院的宿舍里。那天夜里 12 点多，有人对看门的老师傅说，要找赵院长，要抢救病人，必须要她去，否则病人死了她要负全责。

这个老师傅赶忙找到我母亲说：“赵院长，你可别出来，我看这些人不善，不像是好人，你千万别出来！”

我母亲想：不去不行啊，真有病人不去抢救，这不是又给造反派一个口实吗？再说病人出了事怎么办？

那时候我妹妹还小，我姥爷、姥姥跟我母亲住在一块照看她。我母亲也没敢惊动他们，就急急忙忙出来，还没到门口，一帮人就“呼啦”一下子围了上来，把她拽上了停在门口的一辆带发动机的三轮板车里……

我母亲质问他们说：“你们要干什么，你们有什么权力抓人，你们简直成了土匪了！”

他们也不吭声，开车就走。

机动三轮车在寒夜里颠簸，连个篷子都没有，寒风刺骨。我母亲被四个人夹在中间，不知被拉到哪里去。她直挺挺地坐着，一夜没有合眼。

直到第二天早晨6点多钟，我母亲被拉到了中国人民大学，被带进一个昏暗的小屋。待了一会儿，有人偷偷地对她说：“他们绑架你来是要开批斗会，是敦促你交代朱德的问题。”

后来知道，当时人民大学的造反派其实分成了两派，一派说要我母亲揭发爷爷，不揭发就开她的批斗会；另一派则不同意，说人家是天津人，“人大”没有权力开人家批斗会。

在关押我母亲期间，他们反复威逼我母亲“交代问题”。

他们问：“你上过中南海多少次？对朱德的反革命罪行你掌握多少？”

我母亲说：“我去的次数多了，我们是一家人为什么不能去？我不知道什么是反革命，每次去，爹爹都教育我们好好学习，好好工作，全心全意为人民服务。”

他们说：“我们不要你说这个。”

我母亲说：“你们要我说什么？”

“要你说，朱德是怎么搞反革命活动的。”

我母亲说：“没有就是没有，我不能瞎编乱造！”

就这样，我母亲被造反派关了半个多月。

就在我母亲被带走的第二天，传达室的那位老师傅告诉我妹妹：“昨天晚上你妈妈被一伙人给带走了。那一帮看起来不是好人。”

听了这个消息，我妹妹赶忙跑到我父亲的单位。到了那里才知道，我父亲也“失踪”了……

最后还是通过北京铁路局找到北京造反派的头头，才知道我的父亲母亲都被他们绑架到了北京。

知道了这个消息后，天津铁路局找他们谈判，说：“你们是北京造反派到外地去抓人批斗，这不合原则吧。”

又加上周恩来总理的干预，“人大三红”这才把我的父母放了回来。

母亲回到自己的医院，又来了“支左”的军人，还是逼我母亲交代爷爷的“反革命罪行”。

我母亲说：“我爹爹的情况我了解，但反革命罪行我不知道！”

那个“支左”的军人说：“老赵哇，我们这是对你的关心，你是老干部、老同志，你要明白地划清界限，中央已经下了通知，朱德是三反分子，他是反对毛主席的，是要被打倒的对象。”

我母亲说：“既然是中央的通知，你就去问中央好了。你要是问我，我还是那句话，我们一家都是革命的！”

那个军人当时才有26岁，姓翟。我母亲又对他说：“老翟同志，我参加革命的时候还没有你呢。”

我母亲知道一些“支左”的年轻人不大了解历史，就继续问他：“你才20多岁，你说总司令是反革命，他怎么反法？你说中央有文件，你拿给我看看！”

他说：“我们内部传达了。”

他们又问我母亲：“你说井冈山会师是谁吧？”

我母亲说：“井冈山会师时，我不在场。但是过去学历史，说的是朱总司令和毛主席井冈山会师。可现在你们说是林彪和毛主席会师，我也没有证据，我只能尊重历史！”

听着我母亲义正词严的回答，这伙人也无可奈何。

奶奶在大卡车上挨批斗

> 一天，我从学校回家，走到中南海门口时，看见迎面开来几辆装着高音喇叭的大卡车，车上竟站着我的奶奶。她的头上顶着一个高高的纸帽子，上面还写着“走资派”三个字。我把头埋在路旁围观的人群里，偷偷地流泪……

“批朱大会”虽然没有开成，但在当时“揪斗”狂潮的推动下，造反派们的情绪被煽动得极端狂热，哪能就此善罢甘休。

有一次爷爷问奶奶：“你们妇联的情况怎么样啊？”

奶奶说：“两派斗争得很厉害，他们都把我当作靶子，批斗我。”

说到这里，奶奶的满脸都是委屈。是啊，奶奶当时在全国妇联不是主要负责人，又是苦出身，为什么造反派偏偏把斗争矛头对准了她！

奶奶满腹忧虑地说：“现在你成了黑司令，我成了走资派，往后还不知会怎么样呢！”

听了奶奶的话，爷爷沉思良久。他心里十分清楚，造反派的所作所为，矛头主要是冲着他来的。

爷爷不紧不慢地安慰奶奶：“你不要怕，走资派多了也好。都成走资派了，就都不是走资派了。形势不会总是这样下去的。”然后，他又说，“你还记得我们度过的那段最艰难的日子吧！”

奶奶听后，略微顿了一下，说：“记得，那怎么会忘记呢？”

爷爷说的“最艰难的日子”，是指长征中红一、四方面军在草地分离后的那段岁月。

当时，毛泽东率右路中的一、三军团北上了，爷爷和刘伯承率红军总部随张国焘控制的左路军行动，不得不跟随部队南下，以至于多走了一年的长征路。

张国焘十分狂妄霸道，自恃人多枪多，有八万之众，不把党中央和中央军委放在眼里。他拒绝北上，坚持南下，公然宣布“另立中央”，公开分裂党、分裂中央。

爷爷和刘伯承坚决反对张国焘的分裂行径、坚决维护党和红军的团结统一，这使张国焘气急败坏，他在大会、小会上煽动一些不明真相的人斗争爷爷和刘伯承。

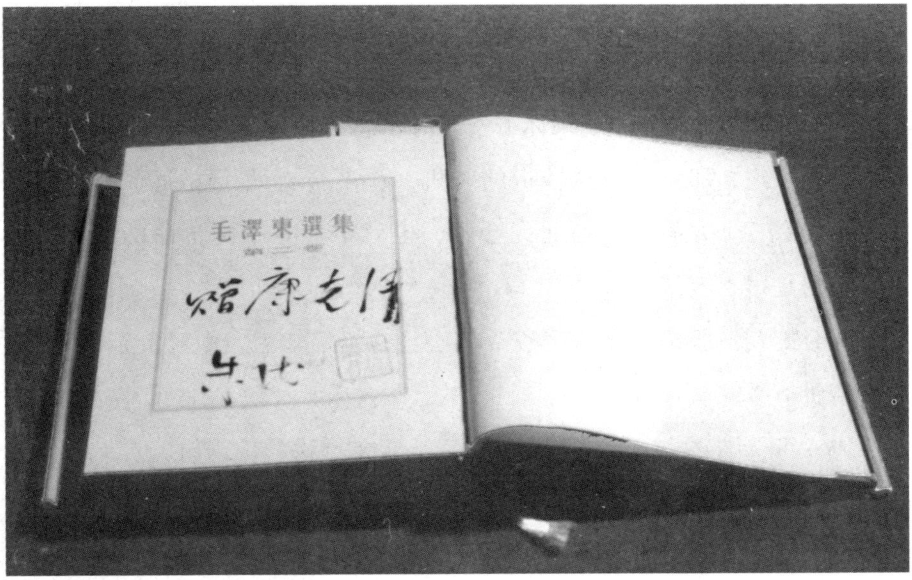

爷爷送给奶奶的《毛泽东选集》

张国焘撤了刘伯承的红军总参谋长职务，把他和爷爷分开，让他去当红军大学的校长；为了使爷爷屈服，在一段时间里，张国焘采取各种卑鄙的手段刁难和排挤爷爷：不让他听消息，不让他看文件，不让他参加会议，不让他过问事务，甚至连行动都受到限制。一些受蒙蔽的战士还杀掉了爷爷的大青骡子，并且还到爷爷的住处无理取闹……

当时，奶奶看到这些，心中倍加忧虑，她担心张国焘会加害他们。当她向爷爷提出这种担忧时，爷爷总是报之一笑，劝她放宽心，不要害怕。

那时奶奶也受到了张国焘的监视，甚至提出要给她另行分配工作，想将她从爷爷身边调离。奶奶气愤不过，跟爷爷说，自己要北上去找党中央汇报。爷爷耐心地劝她说："如果单独行动，正是张国焘所希望的，给他以口实，他就会借机陷害你。现在你和战士们在一起，他就不敢随便动手。我们必须跟大部队行动，不能把这八万红军丢给张国焘。事情总会有转机的，要忍耐。"

作为与爷爷共同生活了近 40 年的妻子和战友，奶奶总能在风风雨雨中，特别是在艰难危厄的关头体会到爷爷那博大的胸怀、那坚忍的意志和深邃的见地。

奶奶后来对我说："如果你爷爷当时不忍耐，采取与张国焘决裂的方式，一走了之，那就等不到转折的时机，就不会有两个方面军的甘孜会师，不会有三个方面军的西北大会师，也就不会有中国革命的胜利。但是，忍耐是很不容易做到的。"

此时此刻，奶奶十分清楚爷爷的心境。奶奶知道，面对复杂的形势，她能给予爷爷的最有力支持就是自己的忍耐、乐观和信心。

1967 年 2 月的一天，我从学校回家，走到中南海门口时，看见迎面开来几辆装着高音喇叭的大卡车，车上竟站着我的奶奶。她的头上顶着一个高高的纸帽子，上面还写着"走资派"三个大字。

随着那卡车越来越近，我怕奶奶看到我更加难过，就把头埋在路旁围观的人群里，偷偷地流泪……

回到家里，我不敢把我所看到的一切告诉爷爷和其他工作人员，只是悄悄地和肖阿姨说了几句，并且嘱咐她不要说出去，不要让爷爷知道。

肖阿姨跟随我家很多年了，是一个善良朴实的农村妇女。

我和肖阿姨正商量着等奶奶回来后怎么安慰她的时候，奶奶已经进了家门，进门的第一句话就说：“我今天可算是经风雨见世面了！”

她说得那么坦然，就好像是从战场上归来那么豪迈。奶奶啊，她在家人面前，在爷爷面前，把在寒冷的大街上、在众目睽睽之下受到的侮辱全都放在了内心的深处藏了起来……

然后，她又跟爷爷和其他秘书讲述了游街的路线等情况。

奶奶对爷爷说：“妇联的造反派很多都是年轻人，大部分都是刚从学校进机关的，她们根本就不懂得历史！”

爷爷安慰奶奶说：“群众是通情达理的，你要每天到机关去，和群众在一起，他们就不会天天斗你了。将来总有一天能搞清楚的！”

“文化大革命”结束后，奶奶曾多次给我讲过这样的话：“你爷爷说过，他这一生，有两段最艰难的日子，一段是长征时期跟张国焘斗争的那段日子，一段就是‘文革’我们挨批斗的日子。”

“要能忍耐才对”

> 爷爷对江渭清说：“你要能忍耐才对。俗话说得好，忍得一时之气，免得百日之忧。不忍不耐，小事成大啊！”

爷爷奶奶虽然身处逆境，但他们仍然关心着其他人的处境和遭遇。

1967 年 2 月 17 日，被周恩来总理安排到北京保护起来的江苏省委第一书记江渭清给爷爷打来电话，意思是说，听到了爷爷也受到围攻的消息后，很为他老人家担心，想来看望一下。

第二天，江渭清就来到了我家。

江渭清紧紧握住爷爷的手，热泪盈眶。一时不知该说什么是好。他望着已经年届八旬还在备受折磨的总司令，想起了 19 年前的 1948 年 5 月。那时他在华东野战军第六纵队任政委，部队驻在黄河岸边的濮阳，爷爷在陈毅、粟裕的陪同下，从河北阜平县城南庄出发，行程千里，到濮阳看望华野指战员。爷爷一行 30 多人，乘坐一辆吉普车和一辆大卡车，中间要穿越几百里的敌占区，十分危险。一天夜里，竟然在路上遇上了国民党军的队伍，后面又有几辆国民党军的军车跟进。爷爷在这危险关头镇定自若，履险如夷，指挥车队从国民党军队一旁开过，敌兵避让汽车时怎么也没想到，车上坐的竟是解放军的总司令。就是那一次，他和爷爷第一次握手，他听了爷爷给华野指战员讲用“钓大鱼”的办法对付国民党的主力兵团才能打大歼灭战，半年后就打了赢了淮海战役。

见面后，爷爷亲切地询问了他的身体和安全情况，说："今天既然来了，我们就好好谈一谈。"

江渭清向爷爷讲述了江苏省"文革"运动的情况，说那里是"专抓革命，不搞生产，田里的稻谷没人收，工厂停工不生产"，爷爷听了，说："停产闹革命并不是主席的意见，也不是中央的意见，这些都是造反派搞的！而且他们整人也整得很厉害。"

爷爷要江渭清把江苏的情况反映到毛主席那里。

谈话后，爷爷又留江渭清和我们全家一起吃饭。

江渭清担心地问："我是江苏'最大的走资派'，在这里吃饭，会不会牵连到您?"

爷爷说："你这样的老同志，我是了解的，如果说吃顿饭就会受到牵连的话，我不知被牵连多少回了!"

吃饭的时候，爷爷又对江渭清说："渭清同志啊，你要能忍耐才对。俗话说得好，忍得一时之气，免得百日之忧。不忍不耐，小事成大啊!"

"文化大革命"期间，受爷爷关心过的老同志究竟有多少，现在是很难说清了。我们家现在还保存着一个本子，上面记录着爷爷在"文革"中处理一些关于为老干部们澄清事实的情况。其中有这样一段记录：

"1967 年 11 月 15 日，接局（中央警卫局）政治处转来炮直无产阶级革命派调查炮兵副政委欧阳毅在四方面军的表现一信。收到此信，当天转朱德同志阅，16 日朱德给陈林口述，陈林整理一个草稿，由朱德提意见修改后，17 日将二稿送朱德同志同意签字连同原信一并发送局党委。"

信的内容是（二稿）：

炮直无产阶级革命派批刘邓委员会的同志们：

来信所提"关于欧阳毅在四方面军的表现问题"，现根据我的记忆，介绍如下：

一、欧阳毅在四方面军工作的整个过程，是站在拥护以毛主席为首的党中央一边，反对张国焘路线的。

二、张国焘为控制五军团，派其亲信黄超夺了原五军团保卫局长欧阳毅的权。夺权后，欧被安排什么工作，我记不清楚了。后来总司令部（当时兼四方面军司令部）一局缺人，我们把欧调一局工作。

三、欧和胡底同志是站在同一条路线上的。胡底同志被害（南下中，于阿坝以南的路上）是在欧被夺权（于阿坝）离开五军团以后。

四、张国焘是个卑鄙的机会主义者。他常以“叛变”加罪于拥护毛主席党中央的同志，以“失踪”来掩盖杀害好同志的罪行，此外还挑动某些士兵之间的武斗。欧阳毅所举三件事均属实，第三件是我亲自处理的。

五、一九四一年关于欧的决定是根据上述事实和他的表现做出的。

此致

敬礼

朱德

（1967）十一月十七日

收到了爷爷的回信后，欧阳毅才从造反派的手中解脱了出来……

那时候，爷爷奶奶的行动也受到了限制，与很多老同志间的消息都隔绝了。因为我和哥哥有许多同学是高干子女，我们孩子之间常常沟通各家家长的情况，谁谁家出了什么事马上就传开，所以爷爷奶奶还不时地向我问起一些老同志的情况。我记得爷爷奶奶不止一次地问过刘少奇、邓小平、彭真、谭震林、杨尚昆、李富春、林枫等人家里的情况，我就把我所知道的，尽量详细地向他们报告。

每次在我讲述时，爷爷奶奶总是听得认真，问得详细。每当他听到这些老同志的遭遇时，心情都显得很沉重，老半天坐在那里默默无语。有时听我讲完，他还嘱咐我说：“以后有机会，你可以带他们的子女到我们家里来玩！”

中南海不让我进了

> 离开了中南海，离开了爷爷奶奶，我实际上就没有可去的地方了，像流浪者一样到处漂泊……许多离开中南海的孩子和我差不多。

1967 年“一月夺权风暴”之后，接着就又出现了“二月逆流”。

所谓“二月逆流”，就是老一辈革命家谭震林、陈毅、叶剑英、李富春、徐向前、李先念、聂荣臻等中央政治局委员们看到党和国家被“文革”搞得危机四伏，勇敢地站了出来，对文革派们胡作非为的行径提出了强烈的批评。但毛泽东却不能容忍他们批评“文革”，他们的正义抗争反而被诬陷为“二月逆流”受到了压制和打击。

爷爷虽然没有参加那几次会议，但从此以后直到党的九大召开之前，中央政治局的会议就不再举行了，中央文革小组实际上取代了政治局的职权。此时，爷爷和陈云等人也被林彪、江青一伙打入所谓“二月逆流”。他们停发了爷爷的文件，调走了他的保健医生，就连行动也受到了种种限制。

那年 3 月的一天，担任爷爷卫士长的郭仁叔叔找我谈话，他说已经接到了上面的通知：你们这些子女，不得再进入中南海了。

那时，爷爷奶奶身边本来就只有我一个孩子了，我是他们唯一的安慰。我不但能常常帮他们了解一些外界的情况，并且一有空，就去厨房里帮厨，从生活上照顾他们。

听到这话时，我就想，这是对爷爷的进一步迫害，他们不让我回来，其实就是要从精神上进一步折磨爷爷和奶奶。

临离开中南海的那天晚上，爷爷奶奶专门找我谈了一次话。

爷爷叮嘱我："你出去一定要小心，千万不要参加什么组织。"

想到再也不能和疼爱自己的爷爷奶奶朝夕相处了，想到当年那个热热闹闹的大家庭，现在只剩下两个孤零零的老人了，我忍不住就流下了眼泪。

奶奶掏出手绢给我擦泪。从来不给我零花钱的奶奶，第一次将40元钱塞到我的手里，说："现在外面很乱，一定要记住爷爷的话，千万不要参加什么组织，生活上也要靠你自己了……"

奶奶说着，就把脸背了过去……

郭仁叔叔在一旁安慰我说："如果真的没了地方去，就到我家去吧。"

但没过多久，他也离开了爷爷去了"五七干校"。

离开了中南海，离开了爷爷奶奶，我实际上就没有可去的地方了，有时住在学校，有时住在亲属或同学家。我的两个在哈军工上学的哥哥放假回到北京后，也是无家可归，只好寄宿在陈赓的家里。

当时在中南海，许多首长的家庭都和我家的情况差不多。谭震林的儿子谭小光和我是中学同学，自"二月逆流"之后，他们家也接到了通知，他们也不能再回中南海了。他们被安排在北京兵马司胡同的中直招待所里栖身。那是一座60年代建造的三层小楼，开始时，只在一楼给了他们一间房子，中央警卫局每月只发给每个孩子25元生活费，其他什么都不管了。因为他们家有六个孩子，住在一起实在太挤，几经交涉，才又给他们调了一间。至于刘少奇、邓小平等其他家里的孩子们，那惨劲就甭提了……

到了1968年，中央"文革"以我们"这一群孩子还是不放心"为借口，在立水桥的少年管教所专门设立了一个所谓的"可教育好子女学习班"，并由谢富治担任班长。这个班共收容了65个孩子，这其中有叶剑英、薄一波、彭真、谭震林等一大批无产阶级革命家的后代……

当时，我虽没有被那个残酷的“学习班”收容进去，可谓万幸。但是我在外面，虽然有“人身自由”，但生活上，也如他们一样艰难。

这期间，人民大学的造反派不断地到我所在的中学来找我。因为他们把我们的家信都抄走了，但看到信上全是一些爷爷奶奶教子女儿孙学马列主义、学毛选，努力改造世界观、鼓励后代走与工农相结合的道路的内容后，觉得没有得到他们认为有价值的可利用的东西，就打起我的主意来了。

他们问我：“你爷爷奶奶平时给你们都说了些什么？有没有流露过对毛主席不满的言论？”

我说：“我没听说过这样的言论！”

他们又说：“你爷爷是个大军阀，我们就不信他不说反动言论？”

我说：“反正我没有听到过！”

他们见我态度坚决，知道在我的嘴里也掏不出什么，就在校园里贴了一些诽谤爷爷和父亲的大字报后，这才离开了我们学校……

直到现在，我的家里还有一些当时的大字报，虽然它的内容荒唐可笑，但作为对特殊时代的见证，我仍然保留着……

爷爷的藏书印章

学蒸馒头慰亲人

> 我去天津和姥姥学会了蒸馒头，回到北京，我就到亲戚的家里蒸了一屉馒头，然后送到全国妇联交给奶奶，让奶奶带回去给爷爷吃……

中南海不让进了，我若想见爷爷奶奶，只能先约好在中南海的接待室里见面。再后来，就只能到全国妇联去见奶奶，爷爷就很难见到了。从奶奶的口中得知，爷爷这段时间，正不断地受到林彪、江青一伙的陷害和围攻，度日艰难。

1968 年 10 月在北京召开的中央八届十二中全会，宣布把刘少奇打成“叛徒、内奸、工贼”，“永远开除出党”，但也没有放过对爷爷等老一辈革命家的攻击。

一天，爷爷在小组会上见一些人猛烈攻击所谓“二月逆流”问题时，就说：

“一切问题都要弄清楚，怎么处理，主席有一整套政策，批评从严，处理要按主席的路线。谭震林，还有这些老帅，是否真的在反毛主席？我们还没有证据……”

不等爷爷把话说完，主持会议的吴法宪就打断了他的话，粗暴地说：“朱总司令，你在井冈山上是怎样反对毛主席的？说给我听一听。你当了一辈子总司令，实际上指挥打仗的都是毛主席。你是黑司令，不是红司令。”

吴法宪当时是空军司令员，1955年授衔的中将，靠追随林彪而飞黄腾达。他讲的话和林彪在1959年军委扩大会对爷爷的攻击如出一辙。

吴法宪的话音刚落，林彪的又一个打手、当时的总参谋长黄永胜又开腔了：“历史的经验告诉我们，谁反对毛主席，谁就会成为人民的敌人。有些人不服气，就看刘少奇的下场吧。在党的历史上，真正跟着毛主席走的，只有林副主席……”

张春桥也攻击爷爷“一贯反对毛主席”，“有野心，想黄袍加身”。

时任公安部部长的谢富治也在小组会上煽动说：

“朱德同志从上井冈山第一天起就反对毛主席，陈毅同志是朱德同志的参谋长，这些人都该受到批判！”

他还说：“刘邓、朱德都是搞修正主义，‘二月逆流’这些人心不死，还要为他们服务！”

面对“左派”的轮番围攻，82岁的爷爷始终泰然处之。

有人质问他：“你说，你和刘少奇是怎么划清界限的？”

爷爷答：“审查报告上写的事，我从来没听说过，不晓得。听说他是内奸、叛徒，让人想不到。”

“你有什么要揭发的？”

“我没有和他总在一起，不晓得。我知道的，毛主席都知道。我揭发不出啥子！”

“你和彭、罗、陆、杨是什么关系？你到底抱什么态度？”

爷爷不紧不慢地说：“说我有包袱，我是有包袱。说我不是总司令，总司令是毛主席，我同意，这包袱不就卸下来了。现在我不顾这些了，有什么用呢？说我过去一贯反对毛主席，我过去就有几份检查了，我没法再作解释了。刘少奇当国家主席，不是哪一个人受骗，大家都是受骗了嘛！彭真、罗瑞卿、陆定一、杨尚昆谁不沾边呢？一起工作了几十年了嘛！”

爷爷还针对“左派”攻击他“老顽固”、“一贯反对毛泽东思想”的一派胡言，缓缓地说道：

“辩证法没学通啊，主席天天讲，我也学不通。但是，我从来不同别人搞鬼。”

这些昧着良心向当年的总司令乱泼污水的“左派”听了爷爷的话，哑口无言了。

爷爷回到家中，奶奶关切地问：“怎么样啊？”

爷爷摇摇头，不想说什么，靠在沙发上闭起眼睛。突然，他问奶奶：

“你认识吴法宪吗？”

“不认识。”

“他是一方面军的嘛，邱会作你认识吗？”

“不认识。”

“李作鹏呢？”

“他不是做过你的警卫员吗？你提这些人是什么意思？”奶奶问。

“唉，这些人，‘左’得不可收拾哟！”

后来萧克对爷爷这段时间的表现有这样的一段描述：“在党内生活十分不正常的情况下，他也作过检讨，只从自己主观上找原因，不用浮夸的言辞哗众取宠……他的度量之大，胸襟之宽阔，无不令人钦佩。”

听了奶奶告诉我的这些情况，我便更加想念爷爷了。

有一次，我问奶奶：“爷爷每天在家做些什么？”

奶奶告诉我说，爷爷每天除了写写毛笔字，就是翻阅自己历年来的讲话稿，他说这样可以认真回顾一下以往工作的得与失。他每看完一篇文稿就在篇首注明阅毕的日期，有的文稿还不只看上一遍，有时一看就是一夜。

我想：爷爷身边的工作人员都撤走了，爷爷在中南海怎么吃饭？他那么大年纪了，吃不好可不行。这时我想到我姥姥是北方人，馒头蒸得特别好，如果跟姥姥学会了蒸馒头，就可以让爷爷奶奶吃上我蒸的馒头了。

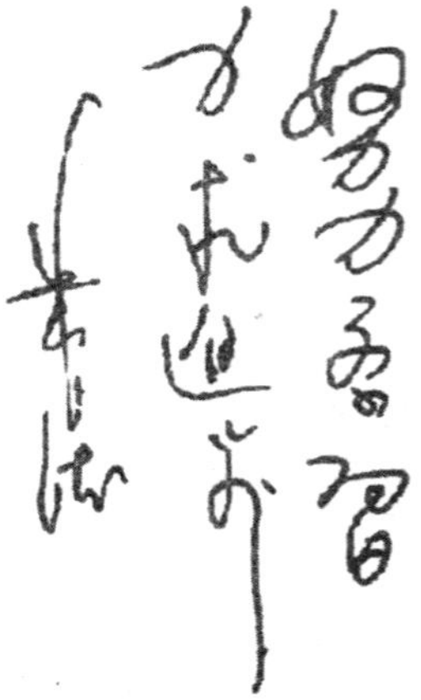

爷爷的手迹

我拿定主意后，就到天津去找姥姥，让她教我蒸馒头。

姥姥听说我要蒸馒头给爷爷奶奶吃，非常高兴，所以从发面、和面、揉面到火候等每一个细节，她都教得特别仔细。回到北京，我就到亲戚的家里蒸了一屉馒头，然后送到全国妇联交给奶奶，让奶奶带回去给爷爷吃……

那时候，我还是十几岁的孩子，并且是第一次做这活儿，虽然费了很大劲儿，可蒸出的馒头还是把碱放大了，光是发黄不说，上面还裂了许多小口子……

但当我把馒头送给奶奶的时候，奶奶还是冲着我的脸亲了又亲……

第二次，我蒸的馒头就好多了，又给奶奶送去时，我问奶奶："我蒸的馒头爷爷喜欢吃吗？"

奶奶说："喜欢，喜欢！你爷爷听说那馒头是你蒸的，就开心地笑了，吃得特别香！"

从那以后的很长一段时间，我就经常把我蒸的馒头送给爷爷奶奶。

直到奶奶的晚年，她还常常讲起这件事。

我想，也许正是我那小小的馒头给爷爷奶奶带去了一种快慰，才使他们暂时忘却了与子女隔离的孤寂和险恶的政治环境给他们带来的烦恼吧！

1974 年在北京，全家福

受爷爷连累当不了兵

> 招兵的干部私下里对我说："你家老爷子是黑司令，他（陈云儿子陈方）父亲是走资派，你们属于家庭有问题的人，部队哪敢要你们呀！"当时，我们都对陈赓的儿子能进入部队而羡慕不已，同时又为自己的遭遇感到十分地不解和无奈，心里充满了的失落……

在党的九大之前，林彪和江青两个反党集团是一伙的。他们要篡夺党和国家的最高权力，就要把老一辈革命家都整垮。

用张春桥的话说："这次无产阶级文化大革命，就是要把那些老家伙通通打下去，一个也不留。""他们没有一个好东西。"

所以，在八届十二中全会宣布把刘少奇永远开除出党之后，他们继续把矛头对准我的爷爷和一大批老同志。

1968 年 12 月，张春桥在南京军区党委扩大会议上，别有用心地说："朱德有两本很厚的《朱德传》，自己吹自己。1922 年，他到上海去找当时的总书记陈独秀，要求入党，连陈独秀这个机会主义者都觉得朱德是个军阀。"

后来听奶奶讲，张春桥讲这话，不是出于对历史的无知，而是想加害爷爷。

奶奶说，张春桥作为长期从事意识形态工作的人，不会不懂马克思的唯物论。在20世纪初，中国的社会历史条件还不可能产生中国共产党。当时的仁人志士和爱国者必然聚集在孙中山的民主革命旗帜下，进行推翻清王朝的革命斗争。爷爷就是在那时弃笔从戎，并参加了同盟会，参加了辛亥革命的云南起义。然后，又为保卫辛亥革命成果参加了反对袁世凯复辟帝制的护国斗争，参加了孙中山号召的护法战争。当爷爷发现他的民主共和理想在民族资产阶级领导下不可能实现、而只能被军阀利用的时候，他在苦闷中看到了俄国十月革命的榜样，因此他毅然抛弃高官厚禄去寻找共产党。这种为了国家民族前途而弃旧图新的行为确实是惊人的，甚至连陈独秀那样敢于向旧世界挑战的人都一时难以相信。因此，陈独秀对找到他提出入党要求的爷爷说：要参加共产党的话，必须以工人阶级的事业为自己的事业，并且准备为它献出生命。对于像爷爷这样的旧军人来说，需要长时间的学习和真诚的申请。陈独秀出于对党负责，对爷爷这样说也是有道理的。而爷爷完全经受住了党的考验，并以一生的奋斗证明他是真正的共产党人，而不是带着个人野心投机革命的人。

至于张春桥说的两本《朱德传》，一本是指刘白羽抗日战争时期写的《朱德将军传》，我在本书前文中已经提到，当时还只是未成书的复写稿；另一本是指美国作家史沫特莱写的《伟大的道路——朱德的生平和时代》，这本书是1950年5月作者去世前完稿的，但当时美国反共的麦卡锡主义猖狂，英文版没能出版，倒是日译本在1955年最先问世，随后，有了英、德、俄、法、西班牙、孟加拉、丹麦、意大利等语种的译本出版，在世界产生了广泛的影响。但是，在张春桥讲这番话时，还一直没有中文译本出版，还没有在中国产生什么影响，这本来是件遗憾而奇怪的事，但却被张春桥用来作为诋毁爷爷的口实。

林彪、“四人帮”先后覆灭后，《伟大的道路》于1977年出版了。它发行了几十万册。广大读者可从中发现那是爷爷“吹”自己的书吗？

为了把爷爷等老一辈革命家“一个也不留”地“通通打下去”，当时的公安部部长谢富治还制造出一起耸人听闻的假案来陷害我的爷爷和一批老同志。

1967 年 10 月，北京的一些单位曾收到一封署名为“中共中央非常委员会”的传单，公安机关立即立案侦查，同年 11 月在天津破案，证明此案系天津某煤球厂工人沈剑云等人所为。但林彪、“四人帮”要利用此事做文章，在 1968 年 4 月，陈伯达、谢富治、吴法宪在人民大会堂接见专案组，对专案人员说：“老板在后台，后台不是一般人，一般人是干不出来的。不是仅仅一个人搞的，可能有一个组织。反革命传单是资本主义复辟的宣言书，是反革命纲领。”

四个月后，陈伯达、谢富治等再次接见专案组，说：“这个案子的关键是根子没有找到，根子就是刘、邓黑司令部的人，那些叛徒、特务、反革命修正主义分子……”“要很严肃、很认真地穷追，追到哪个就是哪个！总而言之，不管三七二十一，搞到谁就是谁！”

1968 年 12 月下旬，专案组终于从公安机关正在审查的一个所谓“五一六分子”那里找到了他们需要的东西。

当时中国科学院社会科学部经济研究所一个实习女研究员周慈敖，因所谓“五一六问题”被收容审查。在谢富治的指使下，办案人员对她实施刑讯逼供，并加以诱供，迫使她编造说爷爷、陈毅等中央及地方领导人组成了一个“中国共产党（马列）”的组织，并且具体描述了这个组织在中直礼堂召开代表大会的情况。

办案人员拿到这个假口供后，如获至宝，立即上报到谢富治那里。

于是，陈伯达、谢富治等炮制出一个“中国共产党（马列）”的假案。他们诬陷爷爷是这个组织的“中央书记”，陈毅是“副书记兼国防部长”，李富春是“总理”，“常委”有陈毅、李富春、徐向前、叶剑英、贺龙、廖承志、杨成武等九人，“委员”有王震、萧华、余秋里、伍修权等十余人。这些人曾于 1967 年 7 月举行秘密会议，爷爷主持会议并讲话，陈毅作了形势与任务的报告，与会代表有200多人。会议还收到苏联、蒙古等“修正主义”国家首脑发来的贺电。同时，会议还向蒋介石发去电报，要求联合起来，挽救中华民族的命运。会后，还成立了“中国共产党（马列）起义委员会”，通过陈再道，首先夺取军事重镇武汉……

这种离奇的子虚乌有的事情，却被林彪、“四人帮”一伙认为“宁肯信其有，不肯信其无，既有其说，必有其事”。这是他们政治斗争的需要。于是，爷爷等人被扣上了“要搞政变”“里通外国”的帽子，被正式立案侦查。

1969年春节后，正在筹备开九大，谢富治对办案人员说：“有的目前找不到证据，下决心斗争，案犯口供也算数。”

一天，奶奶从妇联下班回来，看见爷爷正在翻看一张传单，她走近一看，看到传单上面散布爷爷等人组织“中国共产党（马列）”，云云。

就问：“你从哪里弄来的?”

她知道爷爷是不可能自己去外面搞到这份传单的。

“是孩子们拿回来的。”爷爷笑着说完，随手把传单抛在一旁，轻蔑地说，“你看写得多离奇，根本就没有那么一回事，这是造谣嘛!”

“可是传播到社会上，老百姓哪里知道事情的真相，还以为真有这回事。”

爷爷说：“假的就是假的，蒙过一时，是骗不了一世的!”

在1969年4月召开的中共九大会上，爷爷又一次遭到林彪、“四人帮”的围攻诬蔑，他们信口雌黄，攻击爷爷是“老军阀”，是“民主派”，是“黑司令”，是“反党、反社会主义、反毛泽东思想的三反分子”。爷爷在会上义正词严地答道：我和毛主席在一起40多年，几乎天天在一起，说我是“三反分子”是不符合实际的。

在大会选举时，尽管林彪、“四人帮”一伙百般阻挠，由于毛泽东的表态，爷爷等人还是被选进了中央委员会。在九届一中全会上，爷爷继续当选为中央政治局委员。然而，像陈云、李富春、陈毅、徐向前、聂荣臻这些老同志均被排挤出中央政治局，而林彪、“四人帮”集团的亲信和骨干在中央政治局里却占了半数以上……

1969年年初，我初中毕业，看到同学中有很多人都去报名参军，我就和陈云的儿子陈方、陈赓的儿子陈知庶一起去报名。陈方的眼睛近视，为了能当兵，他把眼镜偷偷地摘了下来，结果，什么也看不清。我的身体可是什么毛病都没有，但是部队也不要。招兵的干部私下里对我说：

“你家老爷子是黑司令，陈方他父亲是走资派，你们属于家庭有问题的人，部队哪敢要你们呀！”

陈赓同志已去世多年，所以在“文化大革命”中没有受到什么影响。因此，陈知庶便顺利地参了军。

当时，我们都对陈知庶能进入部队而羡慕不已，同时又为自己的遭遇感到十分的不解和无奈，心里充满了无尽的失落……

好在天无绝人之路，一家工厂把我招去当了工人。

爷爷被“放逐”广东从化

> 奶奶回忆说：从化是一个风景优美的疗养地，但这次来可不像往次，可以自由行动，做些调查。我们被通知，不准到附近工厂、农村，更不用说到广州市区了。我和你爷爷实际上是被软禁了。

1969年春，发生了苏联军队多次入侵我国东北边境珍宝岛引起武装冲突的事件。由于当时对发生战争的危险性作了过分的估计，所以在全国范围内进行了备战。

1969年10月17日晚，爷爷应邀和周恩来、董必武、叶剑英、李富春等在北京工人体育馆观看体育表演。表演结束后，老同志被通知来到休息室，周恩来宣布说：“根据当前形势，决定在京的一些老同志20日或稍后疏散到外地去，主席指定了每个人的去处。主要是在京广铁路沿线。朱总（我爷爷）、董老（董必武）到广州，徐帅（徐向前）到石家庄……”

第二天，总参谋长黄永胜传达了《林副统帅一号命令》，命令全军各部队进入一级战备状态，大有战争马上就要打响之势。

打了一辈子仗的爷爷却觉察到这里有“鬼”。他对奶奶说：“现在毫无战争迹象，战争不是小孩子打架，凭空就能打起来的，打仗之前会有很多预兆、迹象。‘醉翁之意不在酒啊’！”

在“加强战备、疏散人口”的借口下，许多被视为有这样那样问题的人被赶出了北京。

爷爷被指定到广东从化。

爷爷当时已经八十多岁了，怎么能一个人行动呢?！便提出要奶奶和他一起去。

奶奶为难地说："我在妇联被监督劳动，怎么能去呢?"

"这是中央的决定嘛！"爷爷说。

"那也得请示妇联的军代表呀！没有他们的批准，我不能随便离开的。"奶奶说。

"那只好打电话给恩来，让恩来去跟他们说了。"爷爷拿起电话拨通了周恩来办公室。

广东从化温泉宾馆松园七号

由于周恩来过问，奶奶这才得到妇联军代表的允准，收拾行装，准备同爷爷一起离开北京。

爷爷奶奶准备外出，家里人一点儿也不知道。出于无奈，他们又专门请示中央办公厅，让我父亲回了一趟中南海。

得知爷爷奶奶要离开北京，我的心里感到空荡荡的。当我赶到中南海的西门，一见到等在那里的奶奶，就急切地问："你们到底是去哪里？具体是在什么地方？"

奶奶说："我也不知道，等我们安顿好后，就给你们写信！"

可能是出于保密，奶奶并没有说他们这次是去广州的从化。

10月20日，爷爷和董必武、李富春、滕代远、张鼎丞、张云逸、陈奇涵分乘两架飞机离开北京，三个小时后飞抵广州白云机场。

后来，奶奶回忆说："从化是一个风景优美的疗养地区，有温泉，有疗养设施。这次来可不像往次，可以自由行动，做些调查。我们被通知，不准到附近工厂、农村，更不用说到广州市区了。我和你爷爷实际上是被软禁了。"

当时的广州军区司令员丁盛是林彪的追随者，他似乎负有监管爷爷的任务，他多次在军区会议上诬蔑爷爷"是一个老军阀""从井冈山起，就是反对毛主席的"。被他派到爷爷身边来的警卫人员也都以敌视的态度对待爷爷。

面对这种待遇，奶奶忍不住了，她对爷爷发牢骚说："你还是全国人大常委会委员长呢，他们怎能这样无法无天地对待你！"

爷爷笑了笑，缓缓地说："平常我们工作忙，难得有机会休息一下。不进城，也是一样生活。这次休息好了，准备回去更好地工作。"

过了不久，爷爷奶奶发现一起来的其他同志每家都带了一个子女，所以也就有了把我也带到广东的想法。

接到了爷爷奶奶的来信后，我马上就去征求爸爸妈妈的意见。可他们说我已经有工作了，暂时还算稳定，最好能让我妹妹新华去。

爷爷奶奶考虑到当时的学校已经停课，新华在家里也无事可做，便同意让我妹妹到了他们的身边。

我妹妹朱新华在一篇回忆文章里详细讲述了爷爷奶奶在那段日子里的

境况以及自己在爷爷奶奶身边所受到的教益：

……春节过后，我便离开了北京，乘上了南下的火车。临行前，爸爸和二哥和平到北京站送我，再三嘱咐我路上要注意安全，要听爷爷、奶奶的话，照顾好他们的身体。眼中还不断地流露出依依不舍的神情。毕竟那时我还不满16岁，又是一个人第一次出远门。

一路上，我的心情难以平静。既高兴又担心，高兴的是又可以见到日思夜想的爷爷、奶奶了。担心的是爸爸、妈妈被造反派罢了官，工作还没有落实，姥爷、姥姥身体不好，身边也需要有人照顾。这种矛盾的心情，使我一路上两头牵挂，忐忑不安。

火车经过两天一夜的奔波，第三天早上到达了广州。列车缓缓地驶入站台，老远我就看见一个熟悉的身影向着车厢内急切地张望。这就是我的奶奶康克清。一下车我们便紧紧地拥抱在一起。此时此刻的拥抱，包含着千言万语，燃烧着无限激情。这一瞬间，永远在我的记忆中定格。在广州，我们只做了短暂的停留，于当晚赶回了从化。因为爷爷知道我今天要来，一直在那里等候。

在从化，我和奶奶同住一屋。奶奶告诉我，早上不可睡懒觉，起床后要帮助工作人员搞卫生、打开水、扫院子。第二天，我按照奶奶的吩咐做完了一切，便和爷爷、奶奶一起到院子里散步。

这里是从化温泉疗养院，是专供军区首长和省委领导休息和疗养的地方，又称松园。一座座别墅散落在绿树林荫之间，我家住的松园七号临近河边。这条河是由山上的泉水汇集成的，叫流溪河。房子的北面是一座高山，树木茂盛，气候宜人，环境十分优雅。我被这美丽清秀的景色深深地吸引着。心想，这回住在这里可以游山玩水，可以尽情享受大自然的风光。可是一回到家，奶奶就非常严肃地告诉我：这里不能随便走动，讲话要小心，出门散步不能越过桥头的哨兵，我们只能在规定的范围内活动，也不能随便到任何人的家里去。这时我才明白，爷爷、奶奶是被软禁在这里了。早上起来的好心情，一下子消失得无影无踪。

和爷爷同机到达广州的还有董必武、李富春、张云逸、张鼎丞、陈奇涵、滕代远等。他们都住在松园。松园一号是一座比较大的房子，原来是为毛泽东来南方疗养时准备的住所。爷爷考虑到董老年纪大，又是国家副主席，执意让董老住大房子。董老说："你是总司令，还是你住吧。"他们一位是全国人民代表大会委员长，一位是国家副主席，他们二人在漫长的革命岁月中结下了深厚的情谊，日常交往甚密。其实两位老人当时都已年逾八旬，身处困境，还互相谦让，真是情长谊深，难能可贵。相互推来让去，谁也没有住进松园一号，最后分别住在了五号和七号。

在这里，由于活动受到了限制，虽然住得很近，但是不能随便来往。只能靠在路上散步时，碰到了相互打个招呼。简短的几句问候，却包含了深深的同志情、战友情。

对家属的限制相对宽松一些，所以奶奶经常约董老的夫人何莲芝奶奶一同散步，利用爬山、采蘑菇的机会来转达爷爷的问候和对国家局势的关心。

到了从化，虽然和爷爷、奶奶住在一起，但是，为了不搞特殊化，为了和群众打成一片，他们坚持让我每天和工作人员一起到食堂去吃饭。在从化，我总共和爷爷、奶奶吃过两顿饭。第一顿饭，是我到从化的第一天，为了欢迎我，奶奶还让厨师多做了两个菜。第二顿饭，是我要离开从化去当兵前的一天，这顿饭吃的时间比较长，爷爷说了很多话，教我独立做人的道理；告诫我，在部队要树立坚定的政治信仰，要有吃苦耐劳的精神，虚心学习，好好做人。

即使在这样恶劣的政治环境中，爷爷奶奶仍然乐观地生活着，他们心胸坦荡，坚信毛主席，坚信共产党，坚信人民群众，坚信历史一定会还他们一个公正。

在陪伴爷爷、奶奶的日子里，除了劳动还有一项重要的任务，就是给爷爷读书、读报。当时令我极为惊奇的是，表面上爷爷虽然仍身居党内外要职，但实际上一切待遇变化很大，身边仅有的几个工作人员，实际上是接受了上级的任务来监控爷爷的行动的，日常应该看的文件都被无端地取消了，只能从公开的报刊中了解和判断国内外的事情。每天下午，是我给爷爷读书和读报纸的时间。参考消息是每天必读的报纸，由于没有“大字版”的，爷爷要看报纸只好由工作人员代读。我在他们身边的这段日子，读报的任务就有我来完成……爷爷喜欢读书，他读得最多的书中包括马克思的《共产党宣言》和毛泽东的《实践论》。《共产党宣言》我只读过两遍，当时并不太懂，爷爷边读边给我讲解。他说：“这本书道理非常深奥，共产党员都要读这本书，只有不断地学习，才能深刻地理解。”爷爷是这样说的也是这样做的。直到他的晚年仍在学习《共产党宣言》。他真正做到了活到老，学到老。是我们终身学习的楷模。

时间一天天地过去，我们过得很充实，暂时忘掉了烦恼。在空暇的时间里，我们还在一起聊天。有几次我们谈到了有关“文化大革命”的一些事情。

……到从化不久，我参军了，在广州军区总医院当了一名卫生员。70 年代初，这个医院条件比较差，病房里，伤病员喝水、吃饭都要靠我们用肩一担一担地挑上去。我所在的科室是二楼，虽然路途不是很遥远，但每天挑着滚烫的开水上楼，也不是一件容易的事。对于在城里长大的我，更是一个从未遇到的难事。我想到临行前，爷爷对我的教诲："当兵要从普通一兵做起，要和群众打成一片，要在艰苦的环境中磨炼自己。"在工作中我虚心向老同志学习，不怕苦，不怕脏，不怕累。把干好工作当作培养坚强意志的过程。有一次，奶奶利用看病的机会，专程到医院来看望我。我事先并不知道她来广州，当我挑着两桶开水上到二楼的时候，正好看到奶奶在病房等我。她上前拎了拎两桶水的重量，然后露出了满意的笑容："没想到我的孙女已经锻炼得像一个劳动人民了！"

回到从化，奶奶把我的情况告诉了爷爷，很快，我接到了他们的回信，爷爷教育我："要克服骄娇二气，争取更大的进步……"

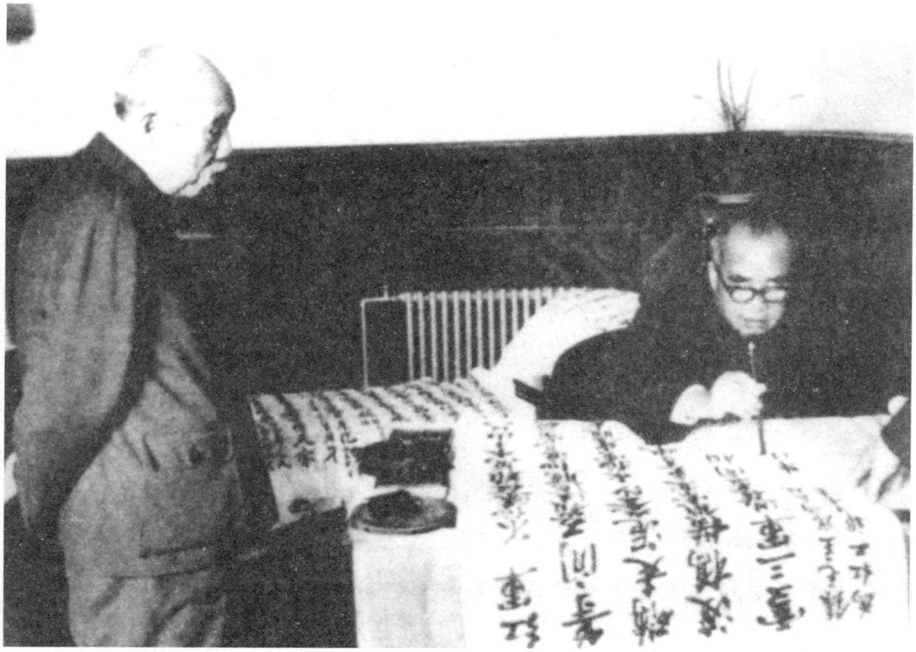

书法和诗词是爷爷和董必武的共同爱好。1965 年，董必武在看爷爷挥毫

听奶奶讲，在从化期间，接待办公室曾组织过爷爷、董必武等到广州市参观一次秋季商品交易会，顺便又参观了农民运动讲习所。

虽然林彪、“四人帮”之流为了达到他们篡党夺权的目的，利用一切机会诽谤和诋毁爷爷等老一辈无产阶级革命家，但是，老一辈无产阶级革命家为革命事业所建立起来的功勋，人民群众是不会忘记的。当爷爷和董必武等一出现，立即引起了人们热烈而真挚的掌声，人们自觉地让出一条路来，让他们走在最前面。

在“星火燎原”馆，爷爷和董必武在一幅“井冈山会师”的油画前停住了脚步：油画上当年爷爷和毛泽东握手的场面被改成了毛泽东和林彪在一起。

“总司令，这个画得不对吧?”董必武一手拄着手杖，一手指着油画说。

“历史就是历史嘛!”爷爷不屑地说。

“他们怎么能这样画呢?”董必武还是有些气不过。

“历史是改变不了的，随他画去!”爷爷用手杖在地上跺了一下。

爷爷和奶奶在广州虽然备受冷遇，但他们对党的事业和中国的前途始终是充满信心的。他们把对我们的挂念和担心，都表现为嘱咐我们学会自立、刻苦学习、努力工作，做一个对社会有用的人。其间，爷爷给我父母的一封信是这样写的：

朱琦、赵力平两同志：

你们的来信收到了，我们很高兴，你们跟上了毛主席思想的正确路线，没有迷失方向，坚持了工作岗位，改造了旧思想，树立了新思想。工作下放了这是件好事，今后在各人的工作岗位上全心全意为人民服务。在毛主席抓革命、促生产、促工作、促战备、一不怕苦、二不怕死的口号下，努力奋斗。

你们在家庭中应组织毛泽东思想学习班，老小在一起学习，最好以最小的全华为组长。他已经十二岁，会写信了，没有旧思想，最纯洁，你们可以试办。

我们身体都很好，住在乡里，接近农民生活，我们过去在的老家就是农民家庭，现已初步改变生活方式，这里是过得愉快、少生病的好去处。

朱德

1970 年 5 月 19 日

我家搬出中南海

1970 年庐山会议上，毛泽东直斥陈伯达是“政治骗子”，十几年来春风得意、飞黄腾达的林彪开始感到从巅峰跌落的危机。爷爷从庐山回来心情好多了，我家从中南海搬到了“新六所”，我结束了无家可归的生活。

1970 年 7 月，我突然收到了奶奶的一封信，信非常短，只写道：

“我们已回到北京，住在你当兵锻炼的地方，速来！”

接到了奶奶的这封信后，我又惊又喜，立即赶到了“新六所”。

“新六所”在北京西郊的万寿路，新中国成立前，曾是傅作义将军在北平的指挥所。新中国成立后，中央又在小楼的南面盖了六栋小楼，其中五幢是新中国成立初期为毛泽东、爷爷、刘少奇、周恩来、任弼时五位中央书记处书记建造的，后来他们都住进了中南海（任弼时 1950 年 10 月逝世），这里就逐渐变成了中央开会和临时接待贵宾的场所了。

又见到了我日夜想念的爷爷奶奶，我不知该有多么高兴。

爷爷奶奶让我站在他们面前，对着我看了又看，瞧了又瞧，好像要从我的身上找到我孩童时的稚气和顽皮，找回那份爱意和亲情似的……

看了半天，爷爷和奶奶都笑了，他们不住地说：

“长高了，长成大人了！”

是啊，从 1967 年 3 月，我从中南海离开他们到现在，我不在他们身边已经三年多了，已经从一个中学生变成了一个在社会上独立了的工人了。三年多的政治风雨，三年多的世态炎凉，确实使我成熟了许多。

奶奶对我说：“这次回来就不去广东了，也不回中南海了，咱们就在这里安家了，你也可以回家住了。”

听到这里，我的眼泪一下子就流了出来。不是因为我们不回中南海了，那正经历着“文革”风雨的中南海，已没有了昔日的欢声笑语，不再让我留恋，我是为我终于结束了无家可归的日子，又能生活在爷爷奶奶的身边而激动……

爷爷和奶奶在“新六所”的办公室

奶奶一边为我抹着眼泪，一边给我说着这次回京的原因：

原来，爷爷奶奶这次回来，是接到了周恩来总理电话，说是为了筹备召开第四届全国人民代表大会，要他们即刻返京。

爷爷奶奶虽然回到了北京，但仍受着林彪、“四人帮”一伙的监视。

记得我母亲第一次来“新六所”看他们时，我母亲说：“听新华讲你们在广东那边的情况后，我和朱琦非常……”

话还没说完，奶奶马上就向我母亲递眼色，给我母亲摆手，然后又指了指桌子椅子下面，贴在我母亲的耳边低声地说：“别说这些……”她的意思是怕屋里安了窃听器。

其实，房子里并没有什么窃听器，但在那个政治环境异常诡谲的年代里，爷爷和奶奶在自己的家里也不敢随便说话，更怕我们说话“走板”，招惹灾祸。

我母亲明白了，就把要说的话压住了。

一家人在一起团聚了没几天，8 月 22 日，爷爷和奶奶就到庐山参加中共九届二中全会去了。

这次庐山会议距 1959 年夏天的庐山会议正好是 11 年。林彪这个大“左派”就是从那时开始以大骂彭德怀、攻击爷爷而青云直上的，这次，他将如何表演，等待他的是什么命运呢?

这次庐山会议议题之一是为准备召开第四届全国人大而讨论修改宪法问题，这其中又涉及设不设国家主席的问题。

会议的第一天，林彪抢先发表了一通颂扬毛泽东的讲话：“说毛主席是天才，我还是坚持这个观点。”

第二天下午，陈伯达、叶群、吴法宪、李作鹏、邱会作等根据林彪 23 日的讲话，分别在华北组、中南组、西南组、西北组大肆鼓噪。

他们叫嚷：党内有股风，是什么风?是反马列主义的风，是反毛主席的风，是反林副主席的风；警惕和防止有人利用毛主席的伟大谦虚来贬低伟大的毛泽东思想；林彪同志在很多会议上都讲了毛主席是最伟大的天才。说毛主席比马克思、列宁知道得多、懂得多。难道这些都要收回吗?坚决不收回，刀搁在脖子上也不收回；有的反革命分子听说毛主席不当国家主席，欢喜得跳起来了。云云。

他们抓住“设国家主席”和“称天才”两个问题大做文章，还把陈伯达选编的《恩格斯、列宁、毛主席关于称天才的几段语录》材料印发宣讲。

原来，林彪、江青这伙阴谋家、野心家这时已分成了两个集团，林彪集团不顾毛泽东多次说“不设国家主席、我不担任国家主席”的意见，仍然坚持要设国家主席，其真实的意图如叶群所说：“如果不设国家主席，林彪怎么办，往哪里摆?”

九届二中全会期间，爷爷和叶剑英、聂荣臻在庐山

林彪集团大肆鼓吹天才论也是把矛头指向江青集团，因为康生、张春桥在审定宪法修改草案时曾不赞成写进“天才地、全面地、创造性地”三个副词。

敏锐的毛泽东岂能容忍林彪等人争夺个人权力的宗派活动。他在8月25日决定立即停止讨论林彪的讲话，收回鼓噪天才论的华北组第二号简报，责令陈伯达检讨。

8月31日，毛泽东写了《我的一点意见》，严厉批评陈伯达“采取突然袭击，煽风点火，唯恐天下不乱，大有炸平庐山，停止地球转动之势”。告诫人们“决不能跟随陈伯达的谣言和诡辩混在一起”，“不要上号称懂得马克思、而实际上根本不懂马克思那样一些人的当。”

毛泽东直斥陈伯达为“政治骗子”，是向林彪集团投去的一颗炸弹，黄、吴、叶、李、邱几员大将顿时乱了阵脚，在会上纷纷检讨。

11年来一直春风得意、飞黄腾达的林彪开始感到从巅峰跌落的危机。

9月11日，爷爷从庐山回来后，心情就显得好多了，他那久违了的爽朗笑声，时不时地给我们这个冷清了多年的家，陡添了无限的温馨和生机。

当天晚上，我陪爷爷散步时，爷爷对我说：“这次庐山会议解决了陈伯达的问题，很好！他不是什么理论家，是造反派，是政治骗子。”

1970年，爷爷在庐山

我当时听了这话，不由得心里一惊，连忙问道：“陈伯达不是党的理论家吗？这是大家都知道的！况且，他是政治局的常委、文革小组的负责人……”

爷爷说：“是不是真正的革命者，不仅要看他说了什么，更要看他做了什么……”

爷爷还说：“我们要认真学习马列主义，否则，就分不出真假来了！”

过了几天，又赶上我们的厂里公休，爷爷就让我和警卫员郭计祥分别到中南海和玉泉山，把我们原来家里的东西都搬过来。

当时，奶奶还对我说：“去和老房子告个别吧，毕竟是生活那么多年了！”

清理完中南海家中要带走的东西后，我又在我们的房前屋后转了几圈，许多少年时代的故事又在眼前浮现……

童年是单纯幼稚的，无拘无束的，因而，童年的记忆也是美好难忘的。当我坐在搬家的车上离开中南海的那一刻，我的心里还是泛起了一丝丝的酸楚：我知道，今生今世，我们将永远不会再住回来了……

四 带着爷爷奶奶的期望

“爷爷，我要当兵”

> 当我拿着入伍通知兴高采烈地回到家里时，爷爷并没有高兴，我发现，他的脸上好像掠过一丝失落。他又批评我是“见异思迁”，还说：“你做好吃苦的准备了吗？当兵可不能凭一时冲动。没有较高的文化知识，就是让你当了官儿，也不能胜任。”

随着我一天天地长大，我渐渐知道了我的爷爷曾经是红军总司令，八路军总司令，人民解放军总司令，是中华人民共和国位列第一的元帅，他的生命与事业是和人民军队熔铸在一起的。

同时，我也知道了奶奶也曾经是一名老兵，是在井冈山时跨入人民军队行列的。我的父亲、母亲，都是在人民军队中锻炼成长的。

参军，是我从小的梦想。

我中学毕业的时候，因爷爷和父亲的“问题”，我与军营失之交臂。这次，与爷爷奶奶团聚后，我又萌发了参军的想法。

可是，当我把我的想法说给爷爷后，戎马倥偬了大半生的爷爷竟没有同意。爷爷说：“当工人有什么不好，建设祖国，搞现代化建设，首先是工业现代化。好好的工作你不做，不想着怎样把眼前的事做好，总是想着去当兵，我看你是想当官吧！”

因为当时当兵的愿望特别强烈，我不管爷爷态度如何，还是多次向他提出这个要求，可是爷爷始终没有答应。

有一天，我找到了奶奶，我拉着她的胳膊央求说：

“奶奶，您和爷爷的心思我都懂，你们是想让我学一门技术，将来能自立，好成为一个对社会有用的人。可是现在的工厂确实不像你们所想象的那样能学到技术，工厂也在天天闹革命，我们这些学徒工就更没有人管了，什么也学不到。再说，军队也是个大学校，我的好多同学在部队不是干得也挺好？”

多次央求，总算是把奶奶给说通了。

奶奶说：“从你爷爷的思想上来说，他想的是我们国家今后主要是进行经济建设，国家要强大首先工业要现代化，将来需要很多有专业技术的年轻工人，也需要很多专家型的领导者。你要理解他的意思。但是，你有这个当兵志向也很好，我给你爷爷说说试试。”

眼看着就要到年底了，奶奶还是没有给我回话，我一着急，就自己跑到北京市宣武区武装部报了名。

没想到，一切竟是那么的顺利。一个多月过去后，我就收到了武装部“同意入伍”的通知书。

当我拿着入伍通知兴高采烈地回到家里时，爷爷并没有高兴，我发现，他的脸上好像掠过一丝失落。他又批评我是“见异思迁”，还说：“你做好吃苦的准备了吗？当兵可不能凭一时冲动。没有较高的文化知识，就是让你当了官儿，也不能胜任。”

说心里话，听了爷爷的这些话时，我还真是有些想不通：这是我自己报名参的军，又没有利用任何关系，你怎么就老是说不行？

看出了我的心思后，奶奶又关切地对我说：

“家里的孩子都出去了，你留在北京，我们都很高兴。现在的大学、中学都不好好上课，当工人在实践上、理论上都有学习的机会，这多好呀！我和你爷爷觉得，像你这样的年纪应该以学习为主，只有学好了文化知识，将来干什么才有了扎实的根底。”

在谈这话时，奶奶还和我谈了她在长期的革命斗争中一直没有学习的机会，直到到了延安才有了机会去“抗大”学习，但那时的年纪已经大了，所以文化水平一直没有赶上，给她后来的工作带来了很多困难……

后来，我把这事告诉我母亲的时候，我母亲说：

“两个老人的年纪都大了，希望身边能有一个孩子。你跟他们在一起生活的时间最长，在这些孩子们当中，他们最喜欢你，他们是希望你能待在他们的身边……”

听母亲这么一说，我忽然就有些责怪自己了，真想就那么永远地守候在他们的身边，但通知已经下来了，也不可能再退回去。于是，我就给我父母商量，让我弟弟全华来到了爷爷奶奶的身边，陪伴他们两位老人……

去部队报到前，爷爷找我谈了一次话。

让我没想到的是，那天爷爷的态度却非常和蔼，他慈爱地看着我，像是打量着他那将要开赴前线的士兵一样，满眼是关切和信任。他说：

“我和你爸爸都是当兵的，你可以说是兵家出身了。你们现在的年轻人都想当兵，想到军队里锻炼，这很好。你从小生活在这样的家庭，过着无忧无虑的生活，应该去连队锻炼锻炼，体会一下一个普通士兵生活的滋味。”

我说：“爷爷，您放心，您的孙子不会给您丢脸的！”

听我这么一说，爷爷又说：

“我希望你能继承我献身革命的思想，而不希望你追求有我这么高的地位。我希望你们每一个人都有一个专业，有门技术。比如你原来在工厂，就是一个很好的环境，在那里有技术，接触社会多，学习的条件也好，可你偏要去当兵，我看这里多少有些其他因素……不要只想着当官，要像一个普通工人、农民、士兵那样，做一个干实事、对社会有实际贡献的人。”

我说：“爷爷，我理解您的心情，我一定会从一个普通的士兵做起，踏踏实实地做好我的本职工作!”

爷爷听我这么说，才有些高兴，说：

“将来的官也不好当了，要有广博的知识、丰富的经验、坚韧不拔的革命意志和脚踏实地的工作精神。随着社会的发展，官兵之间的差别要缩小。在政治上、在社会地位上，都是平等的，这样我们的社会才能发展，我们事业才能胜利。”

在我临走前的几天，奶奶一有时间就跟我聊天，给我讲了很多爷爷与普通士兵之间的故事。

在井冈山和中央革命根据地时，爷爷与红军战士同吃一锅饭，同喝一锅汤，和大家一样过着每天“五分钱菜金”的艰苦生活。有时部队缺粮食，弄到一点米，只好分成若干等份，放在小布包里蒸着吃，这叫作“包子饭”，爷爷和战士们一样分吃一包。在艰苦的行军途中，爷爷常把他自己的战马让给伤病员们骑，自己则和战士一起长途跋涉。有一次，爷爷看到一位老炊事员挑着油桶和行军锅吃力地走着，赶上前去一把夺过担子，说：“我来挑一会儿。”当那位老炊事员知道了爷爷的身份后，感动得半天说不出话来……

我心里明白，奶奶之所以给我讲这些，是要我记着爷爷的好传统、好作风，到部队后别搞特殊化，惹爷爷生气。她是在反复强调爷爷所讲的意思：让我当好普通一兵。

临走的那天，我想到爷爷奶奶的年龄大了，说好在家里告别就行了。但在我将要登上火车时，发现奶奶还是赶到北京站送行来了。

奶奶走到我跟前时，来为我送行的同学和朋友们都非常惊讶，纷纷围上来说：

“北京站这么乱，天气又这么冷，奶奶您怎么亲自来啦!”

奶奶笑着说：

“这几年，我天天坐公共汽车上班，都习惯了。你爷爷要不是怕惊动的人太多，他也要来。‘儿行千里母担忧’，孙子出去了，爷爷奶奶也一样挂心啊！”

火车临开前，奶奶又对我说：

“和平，今后你就是大人了，自己的路要自己走好……”

火车开动了，望着奶奶被寒风吹起的白发，想着两位老人把我一步一步培养成人，想着“文革”岁月里被迫分离，现在一家人刚刚团聚，我却又要离开他们，我的眼泪禁不住就流了下来……

看着站台上渐渐地远去了的奶奶，我暗暗地下了决心，一定要在部队好好干，让家里的亲人放心！

我们在北戴河的家

> 在北戴河，只有我家的小楼里，才会不断传出热闹的欢笑声，一下子就同附近毛泽东、刘少奇、陈云等（周恩来住处在国务院部门的区域）院子里的宁静，形成了鲜明的对照。

新中国成立后，除了北京外，爷爷奶奶生活时间最长的地方就算是北戴河了。

在北戴河有一幢被称为“西山第一楼”的小楼，这是爷爷带家里人来北戴河时住的地方。

这幢楼共有三层，是一座木石结构的德式建筑。因为是建在海滨，为了防潮，一层设计是不住人的。所以，这栋别墅的北、南、西三侧各有一个用花岗岩做成的楼梯，直接通向别墅的二层。在楼顶的最高处，还有一个金属制成的风标，上面刻着“1919”几个大字，表示这幢楼的修建日期。据说，此楼是由德国工程师卫提西设计的。因为原先的楼主叫吴鼎昌，所以曾被叫作“吴家楼”。吴鼎昌曾当过大清银行的总务局局长，民国以后当过盐业银行总经理，国民党政府实业部部长，1948 年还出任过蒋介石的总统府秘书长。传说他挥金如土，当年常和北洋权贵们在海滨聚赌，这座吴家楼就是他用四圈麻将所赢的三万块大洋营造的。

这幢别墅既舒适实用又美观典雅，在二层的主客厅外，有一个宽大的阳台，可凭栏眺海，碧水蓝天，尽收眼底。楼前楼后都被茂密的森林包

1971 年 8 月，我在北戴河吴家楼

围，风景优美，空气清新。我猜想，中央办公厅当初之所以把爷爷安排在这里工作和休息，可能是考虑到他有早年在德国留学那段经历，对德式建筑有了情结。正如毛泽东在北戴河的住房一样，虽说也是别墅，但只有一层，因为他不喜欢住楼房。

爷爷在中央常委中，是第一个到北戴河度夏的。此后，在我的记忆里，除了 1964 年夏天爷爷去了东北视察和“文革”开始后的几年，他差不多每年都来这里避暑办公，住上一两个月。

像在任何地方任何时候一样，爷爷在北戴河的作息时间也很有规律，除了气候不允许或工作原因外，他始终坚持着上午下一次海，下午下一次海，这是绝不会变的。

不下海的时候，爷爷喜欢在别墅一层那宽大的围廊里下棋。棋盘一摆，便围满了观战的人，连邻院的孩子也跑过来。观战者里面没一个守规矩的，这个喊“拱卒”，那个喊“跳马”，还有的嚷嚷“出车”，全都嗷嗷叫着支招，更有甚者，还把手都伸到了棋盘上，就差替下棋的人动子了。可爷爷和他的对手置嘈杂的喊声于不顾，还是静静地按照自己的棋路挪动

1972 年，爷爷、奶奶在北戴河吴家楼（左起第二人为我）

着棋子。

在北戴河，只有我家的小楼里，才会不断传出这种热闹的欢笑，同附近毛泽东、刘少奇、陈云等（周恩来住处在国务院部门的区域）院子里的宁静，形成了鲜明的对照。

小时候在北戴河，我并不总是跟着爷爷行动。我喜欢和一些小朋友到处乱窜。虽说我家距离五浴场最近，按规定是要在五浴场游泳，但我们不像大人那样还要工作，有时间限制，我们自由自在，无拘无束，往往是从这个浴场下海，玩够了的时候，已经说不准是窜到了哪个浴场了。

有人把爷爷的爱山和毛泽东的恋水相联系，并套用了一句古话："仁者乐山，智者乐水。"其实，爷爷一生除了喜欢爬山，也十分爱好游泳。他从小就喜欢戏水。在四川仪陇老家屋前，就有一个很大的水塘，爷爷幼年的时候，时不时地在那水塘里钻来钻去，捕鱼捞虾什么的。

在以后长期的行军和作战中，爷爷经常游渡江河。爷爷说过："过去红军、八路军，不光会爬山越岭，也得会游渡江河，打仗时遇到江河游不过去，就会发生危险。”

爷爷在大海中游泳

爷爷认为游泳是锻炼意志的一种好方法，所以，他十分注意培养我们学游泳。在我六七岁的时候，爷爷就开始教我在北戴河的大海里游泳。记得我第一次下水时，很紧张，死活不敢往水里下，爷爷耐心地说：“大胆些，不要怕，你看爷爷不是已在水里了嘛！来，下来，爷爷扶你！”

1965 年夏，爷爷带着我们一群孩子又一次来到北戴河。海湾虽然风平浪静，但对于年近八旬的爷爷来说，下海游泳同样有着诸多不便。可他不甘心在海边漂悠，总是不顾工作人员的劝阻，搏击风浪，向远海奋游，不游到防鲨网是不回来的。

有一次，爷爷正准备下海。突然天上乌云密布，狂风陡起，海浪滚滚，气温骤降，眼看一场暴雨即将来临。这时，正在游泳的人们纷纷上岸，准备下海的年轻人也都撤回更衣室。而爷爷却从容地带领我们，迎着风浪游向大海……

随行人员都担心他受不了，就劝阻他：“首长，您年纪这样大，身体又不好，不要游了吧！”

他却笑着说：“正因为年纪大，身体不好，才越需要锻炼。不然，思想上不想动了，人也就趴下了。”

爷爷还说：“大风大浪是锻炼意志的最好场所。风浪不可怕，怕的是畏缩不前。刚下水时冷一点，游一会儿就好了。”

这一次，爷爷硬是坚持游了20分钟，直到雨如瓢泼，这才领着我们上了岸。

在北戴河的那些日子，爷爷每天早晨一起床，先是读书，到了10点钟以后，就带着我们下海游泳……

中午休息起床后，爷爷就在海边散步，奶奶带着我们到附近的林子里去采蘑菇。

爷爷在海边拾贝壳

在中央首长的夫人中，奶奶采蘑菇的本领就像爷爷种兰花的本领一样，是十分有名的。我们知道，蘑菇的种类非常多，大多可以食用，但其中也有一些“毒菇”，如果一不小心被人吃了，轻者上吐下泻，重则夺人性命。虽然有很多介绍蘑菇的书籍，但要在实际生活中识别蘑菇是否有毒，光靠书本上的知识是远远不够的。比如，书上介绍说“一般越漂亮的蘑菇就越有毒”，但是北戴河的许多蘑菇看似很朴素，其实特别“毒”，很多人都因此“上了当”。但这些毒蘑逃不过奶奶的眼睛，她不用嗅也不用摸，一眼就看得出来。

北戴河的蘑菇最有价值的是松蘑，个大肉厚不说，炖出的味道更是鲜美。只要天一下雨，我们就全家出动采蘑菇，然后把捡到的蘑菇串成串，晒干后带回北京，足够全家人吃上一年了。

十分凑巧的是，我参军后部队的驻地，离我们家在北戴河住的地方只有七八公里的路程，每到暑期，爷爷奶奶来北戴河住，我就可以很方便地回家看看，所以说，北戴河成了我的第二故乡。

1971 年 8 月，就在我当兵到北戴河半年多后，爷爷奶奶又来到北戴河度夏。从“文革”开始，他们已有五年时间没来北戴河了。这次还是住在原来的房子里。他们一到，马上就写信通知了我。因为当时部队在周末可以请假外出，所以爷爷奶奶在北戴河休养期间，每个周末我都陪在两位老人的身边。

爷爷这次到北戴河来，心情之好，是“文革”五年来难得见到的。这可能与国内政治局势的变化有关。林彪反党集团从去年 8 月庐山会议开始暴露，毛泽东采取“甩石头”（发表《我的一点意见》）、“挖墙脚”（改组北京军区）、“掺沙子”（派负责同志参加军委办事组）等办法，并责令林彪的几员干将黄（永胜）吴（法宪）叶（群）李（作鹏）邱（会作）检查交代问题。毛泽东指出：“我党多年来不读马列，不突出马列，竟让一些骗子骗了多年，使很多人甚至不知道什么是唯物论，什么是唯心论，在庐山闹出大笑话，这几年应当特别注意宣传马列。”党和毛泽东主席终于对林彪的阴谋家本质有所识别并展开斗争，这可能是爷爷心里释然、心情宽松的原因吧。

有一次，我还看见到他面对翻腾的大海，用他那浓重的四川口音吟咏道：

“老骥伏枥，志在千里，烈士暮年，壮心不已。”

爷爷把他早年养成的游泳爱好，一直坚持到了他晚年的最后岁月。

在北戴河五浴场管理人员小屋的墙上，至今仍然挂着一块醒目的小黑板，上面端端正正地写着：“1975 年 8 月 25 日，水温：26℃。”这是爷爷最后一次在北戴河游泳那天的水温记录。为了永远纪念他老人家，纪念爷爷 89 岁高龄还下海游泳的这一天，工作人员一直把这块小黑板照原样挂在那里，昭示后人。

“我军的传统不能丢”

> 爷爷对我的首长说：“和平在你们部队当兵，你们一定要严格管理，可不能因为他是我的孙子就放松对他的要求，那不利于他的成长！”

1972 年 8 月，爷爷奶奶又一次来到北戴河的时候，我们团的政委周达官找我谈话，他让我向爷爷奶奶转达全团官兵对老一辈无产阶级革命家的崇敬之情，并说团里的领导们很想去看望一下爷爷。

当我把团首长这个意思转告给爷爷奶奶后，他们愉快地答应了。

爷爷说：“我理解他们的心情。这也是我接触部队基层的一个机会。过去我经常下部队，跟基层接触，这才能真正了解情况，才能真正做到官兵一致。”

8 月 27 日上午，我们团周政委和在家的两位副团长来到了爷爷在北戴河的住处。开始，他们显得有点紧张，但看到爷爷奶奶非常和气地让他们喝水，像聊家常一样地询问部队的情况时，就慢慢地放松下来。

当知道这几位团领导都是解放战争时期入伍，有的还参加过抗美援朝的战斗时，爷爷非常高兴，说：“你们也都是老兵了，要把我军的传统一代一代传下去。”

爷爷还说：“和平在你们部队当兵，你们一定要严格管理，可不能因为他是我的孙子就放松对他的要求，那不利于他的成长！”

说着，爷爷就把目光转向我，说："和平，你在我的身边这么多年了，我没少给你讲部队传统，你要在发扬光荣传统上做表率。你要记住，我军的传统不能丢！"

周政委等几位首长走的时候，爷爷亲自把他们送到大门口。

团首长回去后，专门派司令部的给养员拉了一车我们部队自己种的玉米、红薯等农副产品，送到了我家。爷爷听说我们部队又来人了，非常高兴，亲自接见了这个战士。

听说这些农副产品都是战士们自己种的，爷爷高兴地说："好，这样就好，自己动手，丰衣足食，这也是我们的传统。"但转而又说："部队的训练任务重，伙食也不富裕。收部队的东西，一定要给钱，我也要执行'三大纪律八项注意'。"

可在秘书给钱的时候，这个战士说什么也不拿，扭头就跑了。爷爷又让秘书把钱交给我，让我回去把钱交给部队。

我回部队之后，把交钱的事向团首长做了汇报，但首长们说什么也不收。回家之后，我对爷爷说："我们领导说了，'三大纪律八项注意'说的是不拿群众的一针一线，您是总司令，我们是您手下的战士，不是群众，咱们是一家人，所以他们不收这钱！"

但是爷爷奶奶还是坚持，非要给钱不行，后来，还是秘书出了个主意，用这笔钱给我们部队买了一批学习书籍，送给了我所在的连队俱乐部，爷爷奶奶这才算是了了一桩心事！

“将来的战争是科学家的战争”

> 爷爷向我讲他见刘伯承的情况时，有些伤感。稍停了一会儿，爷爷对我说：“刘帅在军事上有实践经验，又有理论水平，这全得益于他爱学习，过去无论战争多么紧张，他学习没有放松过。这是你们年轻人应该好好学习的榜样。”

我当兵所在的这个团的大部队当时在首钢的迁安矿区支工，在北戴河的是部队的一个留守处，除几个团首长外，只有我们一两个连队。我们这个连队是个指挥连，经常性的工作是看守营房、种地、军事训练和政治学习等。因此，我有大量的时间可以用来读书、学习。

我当兵之后，按照爷爷奶奶的要求，定期给他们写信，汇报我在部队的工作和学习情况。

爷爷在1970年九届二中全会以后开始工作了，一忙起来，除了给主席、总理等中央领导同志的书信是由他亲笔书写外，家信就很少动笔了。每次给我回信，都是由他口述或讲个大致意思，让秘书或家里的孩子们代笔。有一次，他让我弟弟全华代笔给我回信说：“你现在已经走上社会了，你还年轻，特别是经历了‘文革’，缺少系统的学习，需要补的知识还很多，要学政治，学马列，同时也要学科学文化知识。”

当爷爷奶奶知道我这里文化学习资料较少时，就派秘书专门给我寄来了一套高中教材，让我抓紧时间补习。

为了不让爷爷奶奶失望，我学习抓得很紧。当时部队里高中以上学历的人很少，但只要我能找上的，都拜为师，虚心求教。到了 1973 年下半年，我基本上补完了高中的课程。那年，大学已经开始招生了，我哥哥和妹妹都是这一年考上大学的。

那时，爷爷奶奶曾写信问我："你在部队有没有上大学的机会？"

我回信说："我们是野战部队，虽然没有上地方大学的机会，但可以上军事指挥院校。"

实际上，我们部队的首长一直很关心我的成长，都鼓励我上部队的指挥院校，然后按营长、团长的路子发展。但是，爷爷奶奶都愿意让我学技术，一再说，以后的战争肯定是技术性战争，是科学家的战争，没有很深的科学知识和技术技能，是打不了仗的。所以他们一再强调要打牢基础，先学习科学技术知识，不要急于上指挥院校。

1952 年 4 月，爷爷和刘伯承（右）在北京香山

爷爷说："你一个小排长，让你研究军一级的指挥，能行吗？你必须首先成为技术专家，必须先上学习科学技术的大学，要补自然科学这门课。上军事指挥院校那是以后的事！"

有了爷爷的这句话，所以，我在北戴河当兵一直当到爷爷去世，就没有进过指挥院校，一直在基层一边工作一边学习自然科学知识。直到爷爷去世后，我才有机会考入了北京理工大学。

这年夏天我回家时，爷爷奶奶还谈到刘伯承元帅的情况。

这时我才知道，爷爷刚刚看过刘帅。

刘伯承元帅家是刚搬到"新六所"的，住进了 2 号楼。他的眼睛已经看不到东西，身体也十分虚弱，大多时间是躺在床上休息。

爷爷来到 2 号楼，先见到刘伯承的夫人汪荣华，爷爷询问一下刘帅的身体情况，便由汪荣华领着去看望刘伯承。

"朱老总看你来了。"汪荣华进门就说。刘伯承由警卫扶着，在床上坐起身。他看不见，但是能听到，朝着发出声音的方向双手抱拳，作揖说："朱老总啊，林彪把你害苦了。"

爷爷忙走上前，双手握住刘伯承的手："刘帅呀，你也吃苦了。"

"朱老总啊，你现在身体还好吧？"刘伯承问。

"还好，每天围院子转，上午一圈，下午一圈，下雨就打一把伞。"爷爷说。

"好，这就好，我身体不如你喽……"刘伯承不无感伤。

"养好，多保重。"爷爷看一眼汪荣华，"刘帅头脑清醒。"

"唉，只是爱讲长征时候的事。"汪荣华说，"就是长征时候的事记得清。"

爷爷怕影响刘伯承休息，不敢坐工夫长了，告辞出来。

我知道，在十大元帅中，数爷爷和刘伯承的年龄最大，都是四川籍，辛亥革命后，爷爷在滇军，刘伯承在川军，都参加了护国战争和护法战争，两人在军阀混战时期既联合过，也在战场上交过手。以后，他们又都参加了革命队伍、共同领导了南昌起义……因此，他们之间的关系颇为密切。

爷爷向我讲他见刘伯承的情况时，有些伤感。稍停了一会儿，爷爷对我说：“刘帅在军事上有实践经验，又有理论水平，这全得益于他爱学习，过去无论战争多么紧张，他学习没有放松过。这是你们年轻人应该好好学习的榜样。”

1974 年我们部队换装，装备由原来 122 苏式榴弹炮改装成 152 国产加榴炮。我当时在这个团一营任指挥排长。换装后，我深感原来的指挥手段已不能适应新装备的要求，就萌生了改进的想法。我把这个想法给领导一说，领导很支持。于是，我军旅生涯的第一次科研活动就这样开始了。我联合了营里几个对这个事情感兴趣的战友，进行论证、设计、制作，经过较长一段时间反复试验，我们终于研制出了一个“炮兵群射击指挥器”。我们的这个小发明，经过团里实弹射击验证认为：它把图板、计算尺、计算盘、射击诸元素等炮兵指挥所现有的指挥作业器材融为一体，方便实用，适合机动作战指挥需要，能提高炮兵作战指挥效能。

1952 年，爷爷检阅解放军炮兵部队

当我激动地把这个情况告诉爷爷时，爷爷听得很认真，问得很具体。之后他说："你能从部队实战的需要出发，来搞革新，路子走得正，很好！但你搞的那个只是一个小发明，虽然比原来有改进，但实际上还是手工操作，你要继续努力，搞出现代化的东西来。"

本以为爷爷会好好夸夸我，爷爷却说："那只是小发明！"

我说："小发明怎么啦，不是一样有用嘛！"

爷爷走到我跟前，用他那厚重的大手拍了拍我的肩膀，语重心长地说：

"和平，不是爷爷给你浇冷水，这指挥作战可不是一件简单的事，要当个首长的好参谋也不是简单的事。我国的军事装备虽然有了发展，但在使用现代化武器方面，我们不如苏联、美国，我们的原子弹、巡洋舰、核潜艇都不行，有的还没有，如航空母舰……你应该看到，压在你们年青一代军人肩上的担子是很重的。你要多研究一些合成军作战的问题，如'步坦'、'步空'的配合，还有一些尖端的科学技术，在这方面要下很大的力气研究才行……"

听着爷爷的话，一种愧疚之情在我的心头升了起来，深深地为自己知识的浅薄而不安，当天晚上，我就把爷爷的这些话都写在了我的日记中，并暗下决心：一定要好好学习科学技术，为我军的军事科技做出贡献……

“红军为什么能打胜仗?”

> 爷爷说：红军能打胜仗，除了我们人民军队的性质这个根本因素之外，还有两条不可忽视：一是先进的军事思想，再一个就是掌握先进的军事技术。没有这两条，红军是不可能胜利的。

有一次我回家，在我们家见到了时任解放军副总参谋长、总参四部部长兼四机部部长的王诤。王诤是军队里最早的、少有的技术型干部，深得爷爷喜爱，因此，不管是“文革”前，还是“文革”中，常往我家跑，有时是不请自到，来得多了，我和他也熟悉了，就喜欢和他聊天。有一次，王诤给我讲述他参加红军的经历：

1930 年 12 月 30 日，红军第一方面军在江西龙冈战斗中全歼国民党第十八师师部和两个旅，并活捉了敌前敌总指挥、十八师师长张辉瓒。毛泽东那首著名的诗词《渔家傲·反第一次大围剿》，写的就是这次战斗。龙冈战斗不仅歼敌近 1 万人、缴获各种武器 9000 余件，而且还缴获了敌人的一部电台。其实，这部电台在缴获时发报机被搞坏了，只能收，不能发，严格地讲，只能说是“半部电台”。当时担任电台报务员的就是王诤和刘寅等人。

他说，他是随着这台电台一起加入了红军队伍的，并成为我军第一批报务员。

他还说，他在参加红军之前当过国民党部队的电台台长，当时有人说他是国民党特务，要枪毙他，爷爷说："这可是个人才，毙不得的！"硬是把他从枪口下保了下来。

后来王诤就成了我军无线电部队的创始人，为我军后来几次反"围剿"及红军长征取得胜利做出了重要的贡献。

有一次，王诤走后，爷爷对我说："他可是一个比较典型的专家型领导。人民军队要现代化，必须培养大批这样的领导干部。"

也许是老部下的到来，触动了爷爷对红军长征那段艰苦卓绝的斗争历程的回忆。他问我："红军打胜仗靠的是什么？"

我想了想说："因为红军是人民的军队，有党的领导，受到了人民的拥护。"

爷爷听了我的回答，说："除了我们人民军队的性质这个根本因素之外，我们不能忽视的还有两条：一是先进的军事思想，再一个就是掌握先进的军事技术。没有这两条，红军是不可能胜利的。"

爷爷看着我不解的样子，又耐心地说："红军时期我们就有了打游击战的'十六字'方针，这在当时是非常先进的军事思想，没有这个，红军是打不了胜仗的。德国人李德后来丢掉了这个，就使红军受到了很大损失。另一方面，红军虽然武器装备比敌人落后，但很重视学习掌握当时最先进的军事技术。红军万里长征时，消息能那么灵通、指挥能那么快捷，主要是靠掌握了先进的通讯技术。"

提到"十六字"方针，我忽然问爷爷："这个'十六字'方针，到底是谁最先提出的？"

爷爷看着我，没有回答我，只是说："你们学习，不要纠缠于细枝末节。只要是对中国革命有益，谁提出来的都是一样！"

后来我想，就爷爷的为人和他对毛泽东一贯维护的态度来分析，如果是毛泽东提出来的，他肯定会明确说出来。可当时，他既不能歪曲历史，也不能伤害他的战友。

对这个问题，后来有许多人写了文章进行考察。最近看了杨丰文章《朱德滇南剿匪与游击战术“十六字诀”》，觉得更翔实可信，文章说：

早在20世纪80年代，开始盛世编史修志的时候，有一天，我陪同来建水访问的云南大学历史系教授李为衡去考察朱德故居，末了，他提出一个问题说：“朱老总早年在滇南剿匪时，因土匪有法帝国主义支持，气焰嚣张，便采用游击战的方法对付大股土匪，这与后来红军的游击战术“十六字诀”（敌进我退，敌驻我扰，敌疲我打，敌退我追）有因缘，但是有人认为“十六字诀”是毛泽东同志提出的，朱总从来不谈他自己的贡献，问起此事，他只是说：“只要对革命有利，谁提的都一样。”

听了这话，我下定决心，既要设法弄清滇军营长朱德在临安剿匪的实情，也要破解“十六字诀”源头之谜，把这作为党史资料征集的重要课题。

然而，我很快就陷入了迷惘之中，几乎放弃了对“十六字诀”问题的关注，因为扑面而来的材料得出的都是相反的结论。1930年10月，在江西中央苏区反第一次“围剿”而召开的誓师大会上，毛泽东写了一副对联：敌进我退，敌驻我扰，敌疲我打，敌退我追，游击战里操胜算；大步进退，诱敌深入，集中兵力，各个击破，运动战中歼敌人。”

后来，又得知“十六字诀”公布于世的最早记载，是毛泽东起草的井冈山前委1929年4月5日给中央的信（未收入《毛泽东选集》内?），显然，这就是长期以来普遍认为“十六字诀”是毛泽东同志提出的主要依据。

然而，原苏联共产党将存放于莫斯科的中共有关档案移交给我国后，又出现了新的说法。《军史资料》1986年第4期刊载王阿寿《关于红军游击战术“十六字诀”的提出》一文说：“十六字诀”最早比较完整的提出者，不是毛泽东或朱德，而是张世熙，张世熙曾任中共万安县委书记、中共江西省委书记、党的六大代表，1930 年牺牲于南昌。1927 年 11 月至 1928 年 1 月，爆发了震动全国的万安暴动，成立了江西第一个县级苏维埃政权，但在敌人围攻下，暴动失败了。不久，暴动主要领导人之一张世熙赴莫斯科参加党的第六次全国代表大会。六大闭幕后，张世熙于 1929 年 7 月 12 日，在列宁格勒向共产国际作了关于万安暴动的报告，报告中提出与敌人搏战的策略是：“坚壁清野，敌来我退，敌走我追，敌驻我扰，敌少我攻。”这与“十六字诀”的含义是一致的，仅有四个字不同，而且时间更早。暴动期间，毛泽东还听取过万安县委的汇报，并指示他们要很好地运用这一游击战术。因而，作者断言是张世熙最早提出“十六字诀”。这事似乎一时已成定论。中国社会出版社出版的《中华第一词典》，就持这一说法。

但是，后来随着笔者掌握的资料越来越多，对这一问题的看法又有了转变。

著名的美国记者埃德加·斯诺 1937 年著的《西行漫记》一书第十章中，有《关于朱德》一节，转述了朱德亲口对美国女作者韦尔斯说的一段话：“刘湘所以关心我的位置，因为我的特殊战术已为人们所共知、所害怕。我用以攻击敌军而获得绝大胜利的战术，是流动的游击战术，这种战术是我从驻在中、法边界时跟蛮子和匪徒作战的经验得来的。我从跟匪兵的流动集群作战的艰苦经验中获得的战术，是特别有价值的战术。我把这种游击经验同从书本和学校得到的学识配合起来。”这里所说的“驻在中、法边界”，就是 1913 年秋至 1915 年年底驻在滇南的蒙自、开远、个旧、建水一带。接着，斯诺还引用了韦尔斯女士的话说：“朱德在中国第一个新式军官学校里受过赫赫有名的民主派将军蔡锷的训练。他接着又学得特殊的游击战术，这使他在中、法交界的戍地上和在四川、云南的山堡上给予绝大的贡献。”这游击战术是否与“十六字诀”有关呢？

1944年，身为八路军总司令的朱德《在编写红军第一军团史座谈会上的讲话》中说道：“关于游击战争，我还有点旧的经验。过去从1911年辛亥革命开始，在川、滇同北洋军阀等打仗，打了十年，总是以少胜众。在军事上的主要经验，就是采取了游击战争的战法。记得在莫斯科学习军事时，教官测验我，问我回国后怎样打仗，我回答：战法是‘打得赢就打，打不赢就走，必要时拖队伍上山。’当时还受到批评。其实，这就是游击战争的思想。所以，在这一点上，我起了一点带头作用。”（《朱德选集》第126页）

1986年第4期《文献与研究》中刊登的《朱德和流动游击战术》一文中称：“据一位老同志回忆，朱、毛井冈会师不久，在1928年5月中旬，他亲耳听宛希先（宛氏当时是红四军第十师党代表，师长由朱德兼任）说，朱德军长有打游击战的十六字诀。”是他亲耳聆听朱德军长说的，在此之前，未曾听任何人说过，亦未见书面登载过。（见湖北科技出版社1989年出版的《军事小百科》）

黄华、陈友群1984年12月4日在《人民日报》发表的《实事求是，不断创新》一文中说：“南昌起义后，朱德带领保存下来的革命队伍上井冈山与毛泽东会师后，为了有效地对付敌人的‘进剿’和‘围剿’，制定了作战方针。朱德同志这时提出了有名的‘敌进我退，敌退我追，敌疲我打，敌驻我扰’的十六字诀，得到了毛泽东同志的肯定。”

1986年12月，朱德诞生100周年，聂荣臻元帅在《红旗》杂志上撰写的一篇纪念文章中，对这一说法再次作了肯定：“在井冈山时期，为了有效地对付敌人的‘进剿’和‘围剿’，朱德同志通过实践，摸索出了一套有效的打法，然后上升到理论，提出了有名的‘敌进我退，敌驻我扰，敌疲我打，敌退我追’的十六字诀，得到了毛泽东同志的肯定。”

最后，在中共中央文献研究室编、人民出版社出版的《朱德年谱》中，于1928年内有明确记载：“5月，和毛泽东等总结出中国革命游击战争的基本原则：‘敌进我退，敌驻我扰，敌疲我打，敌退我追’十六字诀。”

笔者撰写此文的本意，除了证明“十六字诀”是朱德最早提出的以外，还在于阐明产生这“十六字诀”的源头，就在青年朱德任滇军营长和团副长期间，驻兵滇南蒙自、开远、个旧、建水一带的剿匪实践。这在前述韦尔斯的著作中已有明证，朱德亲口讲述这种流动的游击战术，“是我从驻在中、法边界时跟蛮子和匪徒作战的经验得来的”。又在延安编写红军第一军团史座谈会上讲，是“从1911年辛亥革命开始，在川、滇同北洋军阀等打仗”，就采取了游击战争的战法。这清楚表明，这种游击战法是从1911年辛亥革命到1916年护国战争中酝酿的，这段时间内一是驻兵滇南剿匪，一是在四川纳溪与北洋军阀打仗，运用的战法就是“打得赢就打，打不赢就走”以及夜战、白刃战、迂回侧击等，虽然还不是完整的“十六字诀”，但是已经有“敌进我退，敌疲我打”的雏形。这种特殊战术，当时“已为人们所共知，所害怕”。因而，到两股红军在井冈山会师后，便与毛泽东等总结成战无不胜的“十六字诀”，对毛泽东军事思想做出不可磨灭的贡献。至于在滇南剿匪的时间和驻地，经考证：1913 年秋至 1914 年春末，朱德营驻防蒙自、开远一带，1914 年初夏至 1915 年冬初移防建水，1915 年 12 月率部由蒙自出发，参加护国起义。因而驻建水时间最长，有档案可查的战绩也在建水冷水沟和松岭岗等地。关于这段时间的剿匪游击战，在《朱德自述》里，朱德是这样讲的："我们练兵过了几个月，在临安（今建水）、蒙自、个旧一带云南边境上，打那些造反的野蛮强悍的蛮子。那一带瘴气很大，土匪多，从这中间练了些本事……只这两个营，天天打，又是乌烟瘴气，天天到处都是枪声。在打枪上蛮子凶得很。营盘墙垒得高高的，步哨不敢放在门外头，出去就会被杀掉。一面说服，一面打，经过了两年……把土匪也搞平息了——真的做了些事情。那地方是那样宽广，包括了几个府，十几个县，两个营都把它拿下来了。这时我由营长当了团副、团长，而带着这两个营，做了两年长期的游击战。"（《朱德自述》第 55 页，中央文献研究室编，解放军文艺出版社出版）

“要立志成为技术型、专家型军人”

> 爷爷一生谦虚，即使对我们也是这样，他极少让我们学习他的著作。当他听说我在学习他的文章时，就对我说：“你要立志成为技术型、专家型的军人，要学习现代科学技术知识和毛主席的军事思想，我的这些东西，只能对你全面领会毛主席的军事思想提供参考。”

我当兵走了之后，我弟弟全华在爷爷奶奶的身边也慢慢地长大了。

1972 年 5 月，海军司令员萧劲光大将到我们家做客。爷爷和萧劲光是并肩开创中央革命根据地的战友，感情很深，只是在林彪兴风作浪的年代里来往少了。林彪的阴谋败露后，一些部队的老首长都愿意来我家，和当年的总司令谈谈心。

在谈话中间，爷爷把我弟弟全华拉到萧司令面前说：

“我这个孙子，这么大了，也没什么事干，老在我身边也不是个事，你看能不能到你海军当个兵？”

萧司令一听就说：“行！”

那一年因受林彪事件的影响，全国的部队都不征兵，但在萧司令员的关怀下，我弟弟被海军特批入伍了，到了北海舰队驱逐大队当了一名航海操舵手。

1974 年 8 月，爷爷在北戴河休养。萧劲光司令员听说爷爷在北戴河，就提出请爷爷就近去秦皇岛海军基地视察并检阅海军舰艇部队。爷爷一口答应下来。虽然他年事已高，并已经多年没到部队基层视察了，但是他一直心系部队基层的情况，特别是军队现代化建设的情况。对秦皇岛的这个军事要塞，爷爷是很熟悉的。早在新中国成立前夕的1949年6月，爷爷就在聂荣臻陪同下来过这里，对海上的防卫作出部署。新中国成立后，也几次来过这里视察。

行前，爷爷把我从部队也叫了回来，说是要带我去看看海军的现代化装备。奶奶向我交代说："你去还有两个任务，一是担任摄影，二是照顾一下爷爷的行动，爷爷毕竟是88岁的老人了。"

8月19日上午8时，爷爷在海军司令员萧劲光和副司令员刘道生的陪同下来到军港码头，我看见担任旗舰的、我国自行研制的223号新型导弹驱逐舰挂满旗帜（这是海军的最高礼节）迎接爷爷的检阅。军舰的甲板上，身着上白下蓝的海军军装的水兵们，列队整齐，气宇轩昂。舰长、政委跑步来到爷爷的面前，立正、敬礼、报告，并代表全体指战员对爷爷的到来表示热烈欢迎。

1974年爷爷、奶奶在秦皇岛视察海军

爷爷向水兵们频频招手致意，从中甲板走到前甲板，又从前甲板绕过炮塔，跨过两层75度陡立的梯口，进入1号房间。

舰队缓缓地驶出港口，驶向浩瀚无垠的大海，向预定的操演海区进发。爷爷坐在指挥室的席位上，从口袋里掏出老花镜，一边端详着铺在桌上的海图，一边倾听着海军领导介绍港湾的情况以及这次受阅部队的编成和行进路线。

到达指定的海域后，只见接受检阅的舰艇按一路纵队依次从 223 号舰的右舷驶过，每个军舰的全体官兵均在右舷列队行注目礼。据海军的同志介绍，这是海军艇队接受检阅的礼仪。检阅结束后，又开始按预定的科目进行汇报表演。

当爷爷听说身下所乘的 223 号舰和参加操演的舰艇都是我国自己设计、自己制造的时候，十分高兴。此时，一艘核潜艇风驰电掣般地从眼前的海面上掠过，爷爷马上就问道："这也是我们自己制造的吗？"

萧劲光回答："是。没有一个零件是进口的！"

1947 年 8 月，爷爷在秦皇岛检阅海军，与海军战士握手

“好，好啊！谢谢同志们，为建设一支强大的海军做出了成绩！现在，我们不仅有了强大的陆军、空军，还有强大的海军，这是我们人民军队的光荣啊！”爷爷兴奋地说道。

“我们海军能有今天的成果，依靠的是党中央的正确领导，您也为海军的建设做出了巨大的贡献。”萧劲光在一旁说。

萧劲光还记得：1949 年 4 月最初成立华东军区海军时，仅有几艘铁甲船，所谓的舰队，主要是以木船组成的。解放舟山群岛时，使用的还是木帆船。当时，作为中国人民解放军总司令的爷爷就提出要建立一支强大的海军部队。1950 年 4 月 14 日，海军司令部正式成立。爷爷在为海军题词中写道：“建立一支足以抵御强敌的人民海军。”

“我们年岁大了，还要靠你们继续努力，一定要把我们的海军建设成强大的、现代化的海军。”爷爷笑着对萧劲光和刘道生说。

“朱老总，您过去是我们的总司令，现在仍然是我们的总司令。我们会努力按照您的指示办！”刘道生动情地说。

“过去战争年代的时候，我这个总司令只算是个陆军总司令，后来有了海军、空军，我才成为真正的总司令！”爷爷一边开着玩笑，一边举起望远镜，向远处正在进行汇报表演的艇队望去。

分别时，爷爷看着列队为他送行的年轻水兵，兴奋地和水兵们一一握手。当他走上舰桥时，一个战士上去扶了他一把，他马上和他握手，表示谢意。这个战士激动得不知道怎样才好，就行了个军礼，爷爷马上也还了一个标准的军礼。

爷爷回来不久，在给海军的题词中写道：“增强革命团结，加速人民海军建设。”

陪爷爷从北海舰队视察回来，我的心里也非常激动。特别是看见了我人民海军的现代化装备，更使我深受鼓舞的同时，也体会到了老一辈对我们的殷切期望。

1954 年视察空军部队

回来后，我找出了一些爷爷以前写的关于军队建设的文章，其中有一篇是《建设一支强大的人民空军》，至今对我的工作都有指导意义。这是 1950 年 3 月 10 日，爷爷在空军政治工作会议上作的报告。他指出："我们建设空军，要完成什么样的任务呢？首先，要配合其他军种完成解放台湾、海南岛的任务，做到在一定领海和领空上取得制空权。然后，逐渐地在这个基础上建成一支完全新式的强大的人民空军，这支空军，要在我们的所有领海和领空上完全取得制空权，能够击退任何侵略者的进攻。空军里的每一个人员，都要清楚地了解这个任务，并想种种办法、尽一切力量去完成这个任务。"

爷爷在文章中特别强调了技术的重要，他说："空军能不能建设好，掌握技术是个关键。在一定意义上，技术决定一切。如果我们别的都好，就是技术不好，那也不能完成任务。空军作战的胜负，有时往往是一分钟一秒钟的事情。只有掌握了技术，才能战胜敌人，不然就要为敌人所打败。因此所有的人员都应当学会技术。"

爷爷荣获的一级八一勋章（上）、一级独立自由勋章（下左）和一级解放勋章（下右）

爷爷一生谦虚，即使对我们也是这样，他极少让我们学习他的著作。当他听说我在学习他的文章时，就对我说：

“你要立志成为技术型、专家型的军人，要学习现代科学技术知识和毛主席的军事思想，我的这些东西，只能对你全面领会毛主席的军事思想提供参考。”

经过30多年的努力学习和工作，我在军事科技和军事理论领域取得了一些成绩。我始终牢记爷爷“要立志成为技术型、专家型的军人”的嘱咐，特别是最近这些年，我紧盯世界现代高科技的发展和军事需求的变化，深入部队第一线，勇于实践，刻苦攻关，为我军武器装备跨越式发展提供了坚实的技术支撑，做出了自己应有的贡献。

现在，我可以告慰爷爷：“您亲手缔造的人民军队在向着现代化突飞猛进，您的孙子也正在科技强军的道路上实践着您‘当专家型军人’的嘱咐。”

五　感受爷爷奶奶的悲喜与忧虑

陈毅来到北戴河

> 爷爷神情凝重地一字一句地说："我们这些人，为革命干了一辈子。现在，为了顾全大局，做出这样那样的容忍和牺牲，这在国际共产主义运动史上也是少有的。将来，许多问题都会搞清楚的！"他怕在场的人听不明白，把这话又重复了一遍，像是安慰陈毅，也似在安慰自己。

1971 年夏天在北戴河，令爷爷最高兴的一件事，就是他在这里见到了他的老战友陈毅元帅。

前面说过，早在 1926 年的北伐战争时期，爷爷就在四川万县与陈毅认识了，两人结下了深厚的友谊。

南昌起义后，爷爷所带的部队在南下的途中又与追寻起义军的陈毅相遇。起义军的主力失败后，爷爷率起义军的余部 2000 余人转战粤、赣、湘边界，因为处境太危险艰苦，许多人离队，师团职干部仅剩陈毅一人。这时，陈毅协助爷爷整编仅剩七八百人的队伍，又在 1928 年年初发动了声势浩大的湘南起义，随后一起率起义队伍万余人上了井冈山与毛泽东会师。陈毅在革命最艰难的时刻，亲身体会到爷爷那坚如磐石的革命意志。

事隔多年，陈毅回忆起这段难忘的经历时，还清清楚楚地记得爷爷当时"要革命的跟我走……"的登高一呼。陈毅深情地说："朱总司令在最黑暗的日子里，在群众情绪低到零度、灰心丧气的时候，指出光明的前途，增加群众的革命信念，这是总司令的伟大，没有马列主义的远见是不可能的……总司令之所以能够成为人民军队的领袖，是自然的，绝不是偶然的，是在革命斗争中考验出来的。”

红军初创时期，爷爷任红四军军长，陈毅任政治部主任。在井冈山斗争中和开辟中央苏区的战斗中，他们两人率部队艰苦转战，屡挫强敌。在抗击国民党军的大规模“围剿”中，爷爷任总司令统率红军主力，陈毅则任江西军区总指挥，常以地方武装配合主力部队作战。

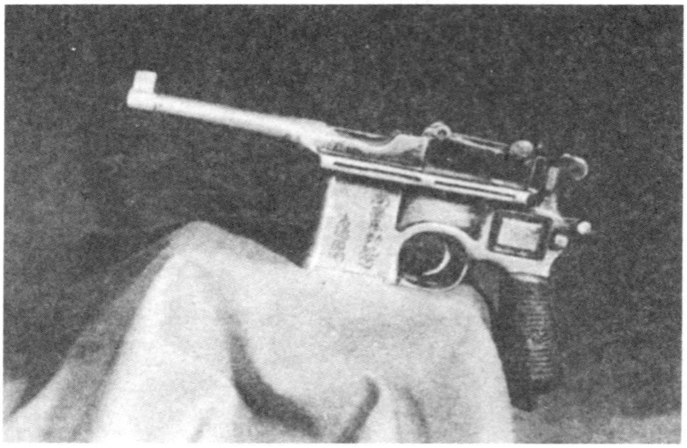

爷爷在南昌起义时使用的驳壳枪

红军长征前夕，陈毅在高兴圩战斗中身负重伤。伤还没养好，他怕自己编不进长征部队，让一副担架抬了他几十里，来到在银坑的红军司令部，直接进入总部的作战室，找到爷爷说：“我请求跟红军一块走。总司令，我正式向你提出，请求跟红军主力一块突围。我的伤很快就会好，我还要继续指挥作战，请不要把我留下。”

他是被炮弹炸伤的，伤在屁股和大腿上，流了不少血。经过手术，取出几块碎片，打上石膏绷带，医生说不久就能恢复行走。

“总司令，我怕做了决定再说，就晚了。所以叫担架抬到这里，这样做不算过分吧？”

爷爷看他那么急切的样子，半天没说话。他又不能不对老战友说实话：“突围已势在必行，可是中央又迟迟不做决定，也不知博古和李德是怎么想的。你的请求，我无法回答，但我可以转告他们，并表示我个人赞同你的意见。”

爷爷停了一下又说：“你现在的任务是安心养伤，争取更快一点恢复健康！”

“放心吧，总司令。用不了几天，我就能站起来了，照样指挥打仗！”陈毅伸出手来和爷爷握手告别。

在一旁的奶奶看到爷爷的眼里含着泪水。

奶奶后来回忆说：“看到一个统率十几万红军的总司令，竟然成了一个有力使不上的人，多么叫人难受啊！”

陈毅最终还是没有跟红军主力长征，被留在中央苏区坚持游击战争。这样，爷爷与陈毅一别就是十年。但是，两个战友的心是一直连在一起的。

1941 年皖南事变后，陈毅被任命为新四军代军长不久，即果断地指挥了讨逆（李长江）之役和陈道口之役，为创建和巩固华中根据地做出了重大贡献。捷报传到延安，爷爷喜不自胜，欣然吟成七律一首《我为陈毅将军而作》：

江南转战又江东，
大将年年建大功。
家国危亡看子弟，
河山欲碎见英雄。
尽收勇士归麾下，
压倒倭儿入笼中。
救世奇勋谁与识，
鸿沟再划古今同。

爷爷还将此诗抄示于延安的“怀安诗社”同仁，让战友们共享新四军胜利的喜悦。

50 年代中期，陈毅从上海调到中央，家也住在中南海。他的几个孩子与我们家的孩子们都非常熟悉，两家大人也经常见面，所以我对陈毅元帅的印象就非常深：他性格开朗，为人直爽，风趣幽默，就像年轻人一样，浑身上下都充满着活力。

1965 年 4 月 23 日，爷爷和陈毅同志在云南视察空军某部

在“文革”发动后，爷爷被诬蔑为“大军阀”“黑司令”，陈毅仗义执言，怒斥林彪之流对爷爷的诬蔑，对造反派说：“朱德同志怎么成了大军阀？这不是给我们党脸上抹黑？一揪就是祖宗三代，人家会说，你们共产党怎么连 80 岁的老人都容不下！”

过了不久，陈毅也自身难保，被扣上“二月逆流黑干将”的罪名而遭到迫害。

这次，两位老人在北戴河相聚，都有一种劫后余生的感觉。

这时陈毅元帅已是古稀之年，一头银白色的短发，面颌的肌肉已微现松弛。他依然神采奕奕，依然保持着当年的豪爽、豁达、乐观、诙谐。使人无法想到，他此时正经受着癌痛的折磨。

“陈老总，你好啊!”爷爷走出房门，把手伸向陈毅。

“朱老总，你好！你好!”陈毅连连问候。

两个老朋友，久别重逢，格外亲切，两双手紧紧地握在一起，对视了好半天。

“陈老总，你的身体怎么样啊?”爷爷一坐下便关切地问起陈毅的病情。

“没啥子了不起的。你看我现在心宽体胖，气色还不错吧?”陈毅拍拍自己的腹部，笑着说道。

“陈老总，红卫兵贴了你那么多大字报和打倒你的大标语，你就不怕吗?”奶奶见陈毅还是那么乐观，关切地说。

“怕啥子嘛！大不了就是我这一百五六十斤。我已经死过好几次了，是马克思他老人家不接受我。现在，我随时准备到他老人家那里去报到。可是让我背叛真理，那是永远做不到的!”陈毅说完，便开怀大笑。

爽朗的笑声，在客厅里回荡不息，感染着在场的每一个人。

陈毅说：“这次我来北戴河，是受了总理之托来看望你们的。总理本想亲自来看望你们，但他现在出国去了，来不了啦，他让我代他向老总您问好，希望你们多多保重!”

听了陈毅的话，爷爷和奶奶都很感动。他们深知周总理特意让陈毅带来的问候分量有多重，那里包含着多少感情和话语，那是无法用语言说清的，更是一般人无法理解的。

爷爷沉默良久，然后，神情凝重地一字一句地说：“我们这些人，为革命干了一辈子。现在，为了顾全大局，做出这样那样的容忍和牺牲，这在国际共产主义运动史上也是少有的。将来，许多问题都会搞清楚的!”

爷爷怕在场的人听不明白，把这话又重复了一遍，像是安慰陈毅，也似在安慰自己。

今天，我想起爷爷的这句话，才知道它的含义是相当丰富、相当深刻的。它是历史的回响，也是历史的昭示。

在北戴河的日子里，爷爷和陈毅常常徜徉在大海边、松林中，他们有说不完的话题，诉不尽的回忆，道不尽的感慨和期待……

令爷爷没想到是，这是他们在一起的最后时光。

就在他们见面后的不几天，就发生了“九一三事件”。林彪折戟沉沙，身败名裂，终于让爷爷和陈毅看到了这个阴谋家、野心家的可耻下场，这也是对重病中的陈毅最大的安慰。陈毅放声说：“南昌暴动，上井冈山，林彪起过什么作用？他根本是个逃跑分子！”

四个月后，1972 年 1 月 6 日，陈毅因患癌症不治，在北京逝世，享年 71 岁。

正在解放军三〇一医院病休的爷爷得知这一噩耗，十分悲痛，不顾 86 岁的高龄和正发着高烧的病体，立即赶到灵堂，向陈毅的遗体告别。在陈毅的遗体前，爷爷热泪盈眶，为失去这样一位豪爽耿直、才华横溢的战友哀恸难禁。他缓缓地抬起右手，行军礼为他这位共事 40 余年的老战友送行。

追悼会上，爷爷泪眼蒙眬，握着张茜的手安慰她：“你的责任重大，要保重身体，教育好孩子，好接班！”

张茜知道，爷爷的身体也不好，而且年事已高，所以强忍住悲痛，反倒安慰爷爷说：“陈毅同志已故，他先走了，您老人家不要太悲伤，要多多保重。您身体好了，全国人民都高兴。”

爷爷已多年没有写诗了，这一次，他为陈毅写了四句：

一生为革命，盖棺方论定。

重道又亲师，路线根端正。

陈毅和张茜先后离世，爷爷奶奶把他们的子女当作自己的孩子一样看待，谁干什么啦，谁找对象啦，人品怎么样，都不断过问，想起谁，就让我们去请他们到家里来……

林彪逃离北戴河

> 林彪在北戴河的96号楼，是一幢特殊的青砖混凝土结构的建筑，远离海边和其他的别墅区，孤零零地伫立在半山腰上……整个建筑窗子很少，外墙还是双层的。主要的光源，是从建筑的顶部的那个特大的玻璃天窗上照射进来，给人一种极其神秘的感觉。林彪就是在这怪怪的房子里，策划了他们最后的反革命活动……

1971年的暑期，我在北戴河还看到了林彪和叶群一家。他们本来也应当在第五浴场游泳，但林彪怕水，不喜欢游泳，所以很难见到他。我是一天傍晚陪爷爷在园林里散步，不期在一条小路上碰上了林彪和叶群，他们都主动地向爷爷问好，表面上是客气的。

林彪和叶群一家住在北戴河莲蓬山的96号楼。

我在北戴河时，曾去过这96号楼，一接近它，就发现这是一幢非常特殊的建筑。北戴河其他的别墅除了风景优美、离海很近的特点外，大多是木石结构的建筑，唯独这座96号楼，是青砖混凝土结构的，远离海边和其他的别墅区，孤零零地伫立在半山腰上……并且整个建筑窗子很少，外墙还是双层的。主要的光源，是从建筑顶部的那个特大的玻璃天窗上照射进来，给人一种极其神秘的感觉。

听人讲，林彪体弱，生活习惯也怪，不但怕水，还怕风、怕光，喜欢阴暗阴凉，所以就把房子改造成了这个样子。当时，他们就是在这所怪怪的房子里，策划了他们最后的反革命活动……

1970年庐山会议后，林彪反党集团预感大势不好，开始了最后的挣扎。林彪25岁的儿子林立果，利用他担任空军司令部办公室副主任兼作战部副部长的职权，秘密组织培训武装政变的骨干，代号为“联合舰队”。

1971年3月，林立果和“联合舰队”的主要成员在上海密谋，制订武装政变的计划，称之为《“571工程”纪要》。

正当林彪通过“联合舰队”准备采取罪恶行动的时候，1971年8月中旬，毛泽东南巡来到武汉、长沙和南昌，先后召见了湖北、河南、湖南、江西、广西、广东、江苏、福建等省的党政军负责人，作了多次谈话，着重谈了九届二中全会上的斗争，指名批评了林彪和黄、吴、叶、李、邱等人。他指出：“有人看到我年纪老了，快要上天了，他们急于想当主席，要分裂党，急于夺权。”“这次庐山会议，是两个司令部的斗争。”“庐山这件事还没有完，还没有解决。”

当时住在北戴河的林彪、叶群通过他们的亲信得知毛泽东南巡谈话的内容后，极度恐慌。

9月7日，林立果向“联合舰队”下达了“一级战备”命令。

9月8日，林彪下达了批准采取行动的手令。当晚，林立果又召集“联合舰队”的骨干商议，制定了谋害毛泽东于南巡途中的三个方案：一是采用火焰喷射器、四〇火箭筒袭击毛泽东乘坐的火车；二是用100毫米改装的高射炮平射火车；三是让南京军区空军政委王维国利用毛泽东离开的机会，带枪上车寻机刺杀毛泽东。

毛泽东于9月3日从南昌到达杭州，他敏锐地察觉到了一些可疑的迹象，9月10日下午，突然决定立即离开杭州，前往上海。第二天下午，便乘坐专列离开上海，风驰电掣般地驶向北京。

9月12日，毛泽东提前返回北京，使“联合舰队”的罪恶计划破产。

毛泽东回到北京的消息传到了北戴河，林彪一家感到灭顶之灾就要降临，顿时乱作一团。

9 月 12 日晚，林立果乘一架三叉戟飞机从北京飞到山海关，准备携林彪、叶群等南逃广州，另立中央。

但这个消息马上就被中央警卫局报告给了周恩来。周恩来立即下令，追查擅自调动飞机的事，并命令飞机马上飞回北京。

林氏父子看到南逃阴谋已难得逞，决定不顾一切，外逃叛国。

9 月 13 日零时 32 分，“256”号三叉戟飞机呼啸着冲向漆黑的夜空。

结果，他们选择的是死路一条，折戟沉沙在蒙古的温都尔汗的荒漠……

9 月 14 日，爷爷离开北戴河，回到北京。他很快得到了林彪集团被粉碎的消息。

10 月 22 日，爷爷写信给党中央和毛泽东，表示拥护中央对林彪集团所采取的措施。他在信中写道：

> ……当从文件中看到林彪及其一伙妄图谋害毛主席时，更使我异常愤慨，林彪真是恶贯满盈，十恶不赦。由于主席洞察一切，及时识破了他们的阴谋，他只好仓皇出逃，自取灭亡，罪有应得，死有余辜……

爷爷对我谈起林彪灭亡的事时说：“这是历史规律，也叫作善有善报、恶有恶报……”

对林彪，爷爷是早有识别的。

爷爷对林彪的看法，不仅来自南昌起义军失败后林彪曾离队逃跑，知道他不是一个在任何情况下都毫不动摇的坚定革命者，还有在长期共事中对他个性特点乃至思想品质的了解。

爷爷和奶奶都对我谈起过他们对林彪的印象，说他这个人不像别的老帅那样坦诚、好合作。他生性孤僻，工于心计。他爱读书，能沉下心来想问题，把问题想得很深，并能表达出一套见解，有自己的语言，但他的思想方法常常是“唯意老论”的。他带兵打仗的特点是雷厉风行、坚决果断，只要是看准了的就狠抓狠打，不惜代价。但他不善于与兄弟部队配合，关键时刻不顾大局，总是以自我为主，把他和他所辖的部队的利益保护得好好的。他抗战八年只在华北待了半年就负伤养病，新中国成立初期，对抗美援朝态度消极，又养病多年。但由于他有投机性，善于窥测政治方向，看风使舵，又善于伪装，讲假话，所以骗得了毛泽东的信任。他这个人还好要手腕，整人不择手段，发展成了阴谋家、野心家不是偶然的。

爷爷发问：为什么会出现林彪事件？

> “文革”开始后这几年，爷爷一直没有像今天这样和我谈这么多话，这可能是因为林彪集团的暴露和垮台，党和国家除掉了一个隐患，拂去了爷爷心上的阴影；也可能是爷爷看我长大了，已经是一名军人了，该引导我学会独立地思考问题了。

1972年5月27日，爷爷参加了中共中央在北京召开的批林整风汇报会。会上，他看到很多重新出来工作的老部下时，非常高兴。他说：“我已经好多年没有和军队的同志一起开会了，现在我还能看到大家，看到我们的军队还是好军队，心情很愉快，很高兴！”

那时，我正好在家，看爷爷每天忙于会议和公务，也就没有过多地去打扰他。

有一天上午，他却主动地把我叫到了他的房间，很温和地问我：

“我们的工作都很忙，和你谈一次话也不容易，你回家了，也不主动找我，有问题也不问，是不是认为自己学习得不错了？”

我说：“我是看到您工作忙，怕占用了您的时间！”

爷爷又说：“现在，我问你一些问题，你谈谈？”

爷爷接着就问我：

“为什么会出现林彪事件？在林彪事件发生前你对林彪的问题有没有感觉？当时又是怎样想的？”

我稍微想了一下，说：

“在林彪事件以前，一些学校、工厂和机关单位里都出现过反林彪的言论，他们主要是反对林彪胡乱吹捧，讲天才，讲绝对真理等，但这些人都被打成了反革命。可我觉得这些人的观点是有道理的！”

爷爷听我说完，微微点了一下头后，又说：

“这些问题（指林彪的天才论等）为什么会引起人们的反应；你想想，虽然社会上相当一些人有浓厚的奴隶主义思想，即上面怎么说，我就怎么信。可总有一些人能够独立思考，能对事物做出比较正确的认识。他们当时可能受到一些挫折，受到一些打击，但是他们正确的思想早晚是要被实践证实，被群众接受的，就像哥白尼提出的太阳中心学说一样……”

接下来，爷爷还举了很多类似的例子，来阐述他的论点：

“所以说，你应当学会独立思考，学会正确地分析和判断事物，应当有自己的奋斗目标，为了达到这个目标，可以不吝惜眼前损失的一切东西，应该像马克思、列宁、毛主席那样，在任何艰难困苦的情况下，都坚定不移地走为人类解放而谋求真理的道路。”

那天，爷爷跟我谈了很长时间，一直到工作人员三番五次地叫他吃饭时，他这才和我一起走向饭桌。吃饭时，爷爷又对我说：

“我考虑过，为什么我嘱咐你努力学习，努力工作，可你总是听不进去，总是想玩、想吃，缺乏革命思想，这恐怕是由于社会的影响。在社会上，你应该多交一些有上进心、忠诚、正直的朋友，在学习上互相交流，在政治上互相帮助。不要找酒肉朋友，那样的朋友是靠不住的。今天他得到了你的好处，赞扬你，而明天可能得到你的敌人的好处，他又会去赞扬你的敌人，并且攻击你，背叛你们的友谊，这样的人是要提防的。”

爷爷又嘱咐我：“你一人在外，也不要老是想着家里，我们由组织上照顾。你应该安心工作，你在工作上出了成绩，就是对我最大的安慰。部队生活艰苦，这是正常的现象，一定要下决心在艰苦的斗争中磨炼自己的意志。”

“文革”开始后这几年，爷爷一直没有像今天这样和我谈这么多话，这可能是因为林彪集团的暴露和垮台，党和国家除掉了一个隐患，拂去了爷爷心上的阴影；也可能是爷爷看我长大了，已经是一名军人了，该引导我学会独立地思考问题了。

1972 年，爷爷、奶奶在北京万寿路

家里的客人又多了

林彪集团覆灭后，爷爷的处境好多了，他开始关心解放老干部的这件事。他知道，在林彪集团猖獗的时候，一大批老同志蒙冤，深受其害。现在，是解放这些受迫害同志、让他们重新出来工作的时候了。

我家从中南海搬到“新六所”之后，尤其是林彪集团败露之后，家里的客人又多了。老干部们都知道爷爷的人品宽厚，德高望重，这些年却受到林彪的攻击诬陷，受了不少委屈，都想到我们家里来看看爷爷。

1972 年除夕，王震约了王稼祥、廖承志，带着各自的夫人来到了我家。

自从“文化大革命”以后，爷爷的这些老战友音信全无，爷爷再也没有和他们见过面。但爷爷知道，这些和他共事多年的老战友也一定吃了不少苦头，只是因为林彪集团的垮台，他们的境遇才开始有了转机。

对于王震，老一点的人都习惯称他“王胡子”，他为人直率、豪爽，说话办事干脆利落。爷爷和王震是 1936 年 6 月在川西的甘孜认识的。当时王震是红六军团的政委，他和军团长萧克率红六军团，在贺龙、任弼时、关向应的指挥下，与红二军团分两路到达甘孜。红二、六军团是在爷爷的坚决主张下，才转战万里来到甘孜，与第四方面军会师的。当时陕北曾有人来电反对红二、六军团北上，但爷爷没有听这个错误的意见。爷爷之所以这么主张，是为了增强抵制张国焘的力量，以便实现共同北上，与红一方面军会师。为了实现甘孜会师，爷爷要四方面军在西康高原异常艰难的环境中苦苦等了三个多月，同时要排除张国焘的分裂活动，谈何容易。爷爷和王震以及贺龙、任弼时、关向应、萧克等在那样的时刻、那样的环境里见面，其欣喜和激动是可想而知的。爷爷同他们彻夜长谈，特别严肃地澄清张国焘一伙人散布的攻击中央和毛泽东的言论，讲解党中央北上方针的正确性。从那时起，爷爷和王震就很熟悉了。“文化大革命”之初，曾有人找到王震，要他揭发爷爷的“罪行”，让他骂了个狗血淋头，并挥舞手杖，将来人赶走。后来，他自己也受到冲击，被批斗和关押，吃了不少的苦头。

王震一见到爷爷，便关切地问：“朱老总，你这几年的身体还好吗?”

爷爷看到劫后余生的老同志们来看他，非常高兴，连声说道：“好，好，欢迎你们来看我。”

爷爷听了王震他们叙述“文革”以来各自的遭遇后，笑着说：“林彪弄出来了，天又翻过来了，毛主席没有忘记你们大家，你们都是有功劳的好同志，很快就会给你们重新分配工作的。”

王震指着王稼祥说：“我们只有几个小功劳，稼祥同志是在关键时刻立过大功的，又是杰出的理论家。”

王稼祥谦逊地摆摆手，说：“哪里，哪里。”

王稼祥，爷爷当然了解他。在中央苏区，1931 年第三次反“围剿”胜利后，中央召开了中华苏维埃第一次代表大会，成立了中华苏维埃临时中央政府，爷爷被任命为中革军委主席，王稼祥、彭德怀为副主席，王稼祥还兼任了红军总政治部主任。他年轻，有理论，虽然也是从莫斯科回来的，但他不像王明、博古那样自以为是、盛气凌人，对爷爷和毛泽东这样从实际斗争中出来的红军领袖很尊重，特别是在遵义会议前后，支持毛泽东的正确主张，全党都知道他是有大功的。但在 1945 年党的七大，曾是中央政治局委员的王稼祥，连正式中央委员也没选上，爷爷怕他难过，曾和彭德怀、李富春、杨尚昆先后到王家坪王稼祥的住所去看望安慰他。1949年2月，王稼祥和夫人朱仲丽从东北到西柏坡出席七届二中全会，爷爷奶奶特意把他们夫妻安排在自己的屋子里住，让出大床，热情接待。可是1962年后，主持党的对外联络工作的王稼祥，被作为“三和一少”（即所谓“对帝国主义和气一点，对反动派和气一点，对修正主义和气一点，少援助被压迫民族）的“修正主义分子”加以批判。

1987年，奶奶与我和刘少奇同志之子刘源

爷爷若有所思地对在场的人说：“我们在一起干革命都有四五十年了，你们那时候都很年轻，只有20多岁就身负重职了。我们在一起几十年，互相间都是很了解的。”爷爷停顿了一下，又感慨地说，“时间过得很快啊，如今我们的头发都白了。”

王震笑着说：“朱老总，你是红军的创始人，德高望重啊。”又摸着自己的头发说，“你们看我的头发，比你们白得都快些。”

廖承志对王震说：“你是白发童颜啊！”

听了廖承志的调侃，大家都开心地笑了起来。

廖承志是民主革命元老廖仲恺和何香凝的儿子，在白色恐怖的年代里坚决跟随共产党，起了一般党员起不到的作用。但在长征的路上，竟被张国焘怀疑、监禁，甚至还要杀掉，多亏爷爷站出来阻止，才使廖承志幸免死于张国焘的毒手。直到长征结束，他才被周恩来特别关照，解放出来。这些革命战争年代出生入死、九死一生的人，在“文化大革命”中又都遭到残酷迫害。

爷爷对大家说：“夏天，你们可以到北戴河去避暑了，去散散心。”他又对王稼祥说，“稼祥，你在北戴河的房子留着呢！大家不要有什么顾虑，尽管去就是了。”

林彪集团覆灭后，爷爷的处境好多了，他开始关心解放老干部这件事。他知道，在林彪集团猖獗的时候，一大批老同志蒙冤，深受其害。现在，是解放这些受迫害同志、让他们重新出来工作的时候了。

因为经常有些老干部主动来家里看望爷爷，爷爷就利用这个机会和他们谈心，了解情况，有时还请来人留下吃饭。

我小学时有个同学叫程海峰，他爸爸程子华曾是红十五军团政委，七大的中央委员，“文革”前曾经任商业部长、中共西南局书记。“文革”开始后被林彪一伙打成了“走资派”，就失去了工作的机会。林彪摔死之后，虽然对他的问题有所松动，但那时还没有完全“解放”，为以后的工作，他想跟爷爷谈谈想法。我回去给爷爷一说，爷爷很痛快地就答应了：

“行，让他来吧！”

见面后，爷爷亲切地握着程子华的手问：“现在生活怎么样？”

程子华就说：“肯定我们都没事了嘛！林彪一死，我们的历史问题自然就清楚了。为什么还不给我分配工作？”

爷爷说：“你别着急，党和人民是了解你的，你的工作也会有的。”

那天，爷爷还留程子华在家里吃了一顿饭。

这在当时，请一位没有“解放”的“走资派”吃饭是很少见的，但爷爷并不在乎。那时候，我们家里还请过杨尚昆、彭真等许多老同志。当时他们还都没有平反，背着沉重的政治包袱。爷爷奶奶对他们的热情接待，给了他们温暖和希望。

那个时候，我们家每个星期六都要放一场电影。在那个文化匮乏的年代，这是十分令人羡慕的。许多老干部和家属，也被请来一起看。刚开始就在“六所”一号楼的电影厅，能容纳几十个人，后来发现不行，人太多，坐不下，爷爷就让秘书把我们家对面中联部的礼堂借来了，就这个礼堂也都坐得满满的。我记得邓小平家的子女、陈云家的子女，任弼时家、刘伯承家、李井泉家、王震家、王诤家等，凡是能找到我们的，爷爷都把他们请来看电影。其实，爷爷不是很爱看电影，而且他的作息

1972 年，爷爷、奶奶在北京万寿路家中

时间非常严格，除非极特殊的情况，晚上10点之前，一定上床休息。所以，他看电影一般都是电影开头的时候来坐一下，电影开始不一会儿他就走了。

当时，我不太明白爷爷为什么那么热心请老干部们吃饭、看电影，在爷爷去世之后，有一次我和奶奶讲起这些事时，奶奶说：

“当时林彪虽然垮了，但‘四人帮’一伙还很猖狂，解放大批老干部的工作困难重重，爷爷之所以这么做，就是要给老干部们一些安慰，并造成一个影响，为解放老干部们营造一种政治氛围……”

1974年秋天，被林彪、“四人帮”一伙关押了7年半之久的原解放军总政治部主任萧华一获得自由，便来看望爷爷。

一见到爷爷，萧华便紧握着爷爷的手，百感交集。

萧华后来回忆说：

> 数年不见，他明显苍老了，皱纹也多了，脸上的寿斑也更明显了。然而，他戴着老花镜，仍是那么慈祥，那么和善，那么可亲，他热情地抓住我的手，一句连一句地询问我的身体，我的家庭，我的生活，我满肚子的话在嗓子眼里哽着，一句也说不上来。只有悲愤，只有热泪。坐下来后，他老人家仿佛慈父摸准了儿女的心思似的，给我留下许多肺腑之言。
>
> 他说：“萧华呀，你还年轻么，在部队，还可以工作几十年的。要振作精神呀，共产党员受点委屈不算什么。瑞金、井冈山、二万五千里长征，那么多困难，那么多的挫折，我们都踏着熬过来了，现在这点磨难，就能让我们丧失信心吗?！我们不能灰心呀，萧华同志!”
>
> 当我用愤慨的心情诉说林彪一伙肆意篡改历史的卑劣行径时，朱总司令显得严肃了，他沉默了片刻，摘了老花镜，语调深

沉而缓慢：“在井冈山的时候，他林彪才是一个营长哪，怎么能说井冈山会师是他林彪和毛主席的会师呢！历史就是历史，他们胡闹是不行的。长征时，李作鹏是个小机要员，邱会作呢？是个挑担子的挑夫……后来官做大了，与我不来往了，见了我连理都不理了！他们的架子大得很了，连我都不认识了……”

朱总司令说到这里，不屑地摇了摇头，明确地表示了对这伙丑类的蔑视。

接着，他语重心长地勉励我：“我们要相信党，相信毛主席！这些年，不过是历史的一段插曲，革命总是曲折的，但总是向前发展的。”“总司令，您说的对，我会记住的。”我坚定地回答道。

再会《续西行漫记》作者

威尔斯说第一次见到爷爷给她的印象是“慈祥、和善，说话沉静，特别是他的谦恭，简直到了抹杀自我的地步”，“他在心地上是中国少有的人物，一个人道主义者；他是那样的一个军人，认为战争并不是一种功业，而是结束苦难的一种手段，这在中国更属少见。他无疑地是一个宽宏大量的多情的人”。

1972年12月14日，爷爷在人民大会堂会见了一位老朋友，她就是美国女作家、《续西行漫记》一书的作者尼姆·威尔斯。她原名为海伦·斯诺，是美国著名作家埃得加·斯诺的前夫人。由于这年2月21日美国总统尼克松来我国访问，中美两国在对抗了20多年后，开始走向关系正常化，美国友好人士才得以到中国来访问。

爷爷和尼姆·威尔斯一起回忆30多年前在延安见面的情景：

那是1937年4月，尼姆·威尔斯由黄敬护送从北京来到西安，她是要经西安到延安去采访，但当时西安的国民党警察禁止新闻记者到陕北苏区去，她只好藏在一辆卡车的小米包之间，想偷偷溜出城去，结果还是被警察发现了，将她拘留在西京宾馆，由六个警察轮流看管。威尔斯不顾危险，女扮男装，半夜从窗户中跳出，混出重兵把守的西京宾馆大门，终于溜出西安城外，于4月30日到达三原附近的云阳镇彭德怀的红军前敌总指挥部。

威尔斯一到延安，爷爷就去看她。威尔斯说第一次见面，给她的印象是“慈祥、和善，说话沉静，特别是他的谦恭，简直到了抹杀自我的地步”，“我当时对他的印象是这样的：他在心地上是中国少有的人物，一个人道主义者；他是那样的一个军人，认为战争并不是一种功业，而是结束苦难的一种手段，这在中国更属少见。他无疑地是一个宽宏大量的多情的人”。

1937 年 5 月，爷爷和美国记者威尔斯在延安

爷爷和威尔斯有过多次谈话，从自己的生平，谈到红军的发展。

有一次谈话时，威尔斯问：“谁是最好的将军？”

爷爷回答：“我很佩服两个德国人——兴登堡和麦开森。后者是运动战专家。现在，苏联的红军司令官们当然是很有经验的一等将军，例如加仑。拿破仑在旧式将军中也是很不错的一个。我小时候很喜欢拿破仑和华盛顿。美国革命中农民志愿军的成功史，大大刺激了我，我知道中国农民也有一天会同样为着自由独立斗争。”

当威尔斯问他：“中国士兵的质量比之外国士兵如何？”

爷爷回答说："中国士兵只缺少政治训练。如果中国士兵接受了适当的训练，他们将成为全世界最优秀的战士，因为他们能忍住任何困难，能在精神和肉体两方面最困难的条件（此种条件会粉碎任何其他民族的战斗力）下保持士气——正如中国的苦力在忍苦耐劳方面无敌于世界一样。"

1937 年 6 月，爷爷、毛泽东（左一）和美国作家艾格尼丝·史末特莱（右一）在延安

威尔斯在延安待了四个多月，几乎天天同中共领袖、红军将领、女革命家、文学家、艺术家、红军战士谈天，汇集大量第一手资料，拍摄了许多珍贵的照片后，1937 年 9 月 7 日离开延安。在身患严重痢疾的情况下，她将十几本采访笔记和照相胶片缝成救生带的样子，围在外衣的腰上，避开国民党警察的检查，通过了国民党的重重哨卡，经西安、徐州、济南、青岛、天津，最后到达上海。根据这次采访的素材，海伦不久写成《红色中国内幕》，中文译名《续西行漫记》，其中有这样的记述：

我问朱德司令中国红军和苏维埃十年苦斗的主要成就是什么。他答：

“我认为我们十年来的主要收获有下述各点：

“一、我们现在有自己的红军，我们在开始武装斗争以前是没有这样武装队伍的。

“二、十年前，共产党没有现在这样强固，因为我们的同志们现在有了长期的宝贵经验，都成为革命的干部。

“三、苏维埃法制的成功已给予中国工农群众深刻的印象。

“四、我们的斗争本身给予了国内外工农很大的政治影响。

“五、我们依旧有几个苏区和游击区。

“六、由于上述的因素，我们目前的处境对于统一战线的实现很有帮助，虽然这统一战线跟一九二五年的统一战线不同。

“七、从整个看，我们共产党和中国群众在十年斗争中获得了一种宝贵的集体教育和经验。”

我接着又问朱德中国红军胜利的主要原因在哪里。他答：

“最重要的原因是：红军受共产党的领导，党员做了全体战士的模范。

“第二，红军一直获得群众的支持。

“第三，红军是一个集体，团结得如同一个人一样。

“第四，红军的战士作战非常英勇，因为他们出身于被压迫阶级。

“第五，红军在作战上很有才干，因为我们的战术和战略是根据长期艰苦的战斗经验得来的。

“第六，因为人民大众帮助红军，给予我们详细确实的报告，我们对于乡村的地形，对于白军的移动，都很清楚，而白军是盲目的，得不到此种自愿的帮助。

“第七，红军所有战士都是为着同一目标而作战，所以他们像一个人一样地服从命令，遵守纪律。所以他们不单在军事上，同时在政治上，也是自觉的模范战士。

“第八，我们在白军里的宣传给我们很大的帮助。我们对待俘虏很客气，他们回去都说我们的好话。一般地说，白军士兵在打红军的时候，都不大起劲的，因为他们受长官们的压迫。

“红军所以能在中国发展的一个基本原因当然是中国需要土地革命。另一个原因是中国社会的矛盾引起许多内战，宜于红军的发展。中国统治阶级是薄弱的，对于某些区域，无法加以统治。再加上交通不发达、地形复杂等条件，使红军易于维持自己的生命。”

我又问中国共产党在长期斗争中获得了什么教训。

他想了一会儿，说：

“一，在半殖民地的反帝斗争中，必须强调民主政治，实现民族统一战线。

“二，必须实现初步民主政治，以摧毁封建社会。工农必须首先粉碎封建社会的锁链，加入革命斗争。

“三，这样的革命必须有武装力最，这种军队必须属于人民。我们在一九二五—一九二七年所犯的错误，就是取消了自己的独立，跟着资产阶级跑。因此当资产阶级背叛革命的时候，我们就感到自己处境的困难。一九二七年以后……盲动政策是错误的……群众总是比红军更为急进，比红军更易杀人。虽然红军来自群众，但因为受过严格的教育，他们并不反映农民的复仇观念。

“但我们所获得的最大教训恐怕是下述的一件事：民众可以用任何固有的武器战胜敌人。群众只要有斗争的决心，可以得到他们的枪炮。可以用突击和夜袭去夺取敌人的武器……”

威尔斯的丈夫埃得加·斯诺1936年夏天来陕北采访时，爷爷还在长征过草地的艰难跋涉中，无缘见到，但斯诺从对毛泽东和众多红军将士的采访中了解了这位中外闻名的红军总司令。威尔斯比她丈夫幸运，在延安采访到了爷爷。她的笔记更充实了斯诺对爷爷的认识。斯诺在《西行漫记》一书中对爷爷作了这样的评价：

60 年代爷爷奶奶在中南海西楼大院

在南方的这些年月里，朱德指挥全军，打了几百次小仗，几十次大仗，经历了敌人的五次大“围剿”……不论如何估计他的胜败，必须承认，就战术的独创性、部队的机动性和作战的多样性而言，他再三证明自己胜过派来打他的任何一个将领，而且无疑建立了中国革命化军队在游击战中的不可轻侮的战斗力。

从纯粹军事战略和战术上处理一支大军撤退来说，中国没有见到过任何可以与朱德统率长征的杰出领导相比的情况……他部下的军队在西藏（康）的冰天雪地之中，经受了整整一个严冬的围困和艰难，除了牦牛肉以外没有别的吃的，而仍能保持万众一心，这必须归因于纯属领导人物的个人魅力，还有那鼓舞部下具有为一个事业英勇牺牲的忠贞不贰精神的罕见人品。……朱德的那种难能可贵的个性几乎能立刻博得人人的爱戴。看来产生这种个性的由来是他的谦虚，而这种谦虚也许又是渊源于他个人诚实可靠的品质。

毛主席说：你是红司令啊！

> 毛泽东吸着烟，环顾四周，若有所思地对爷爷说："朱老总，有人说你是黑司令，我不高兴，我总是批评他们，我说是红司令，红司令，还不是红了吗！"又以他特有的幽默接着说："'朱毛'啊，你是'朱（猪）'，我是'朱（猪）'身上的'毛'啊！'皮之不存，毛将焉附'，没有朱，哪有毛啊。朱毛，朱毛，朱在先嘛！"

1966年"文化大革命"发动后，爷爷和毛泽东很少见面。但是，爷爷心中对毛泽东的崇敬和信赖之情一直没有变。这种感情，是在长期共同为中国人民的解放事业而奋斗的过程中凝聚起来的，尽管有林彪、四人帮一伙的干扰破坏，两位历史伟人的心还是连在一起的。

1973年1月5日，中直党委副书记李健同志的夫人李培英去看望毛泽东。当毛泽东听说李培英还要到我家看望爷爷、奶奶时，专门请她捎上口信："你去朱德同志那里一定替我向他问好，叫他注意保养，放手工作。天气冷了，年纪大了要注意……"

1973年12月21日下午5时许，毛泽东在他的住所接见参加中央军委会议的人员，爷爷也应邀前往，参加了这次接见。当时在毛泽东身边工作的张玉凤后来回忆说：

当我送朱老总到会议室的时候，毛主席一下就看见了这位许久未见面的老战友，要站起来迎接。还没等他起身，朱老总已来到他的面前。

“毛主席微欠着身体，拍着身边的沙发请朱老总挨着自己坐下。此时，毛主席很动情，他对朱老总说：‘红司令，红司令你可好吗？’”

“主席啊，你好吗？”朱老总走到毛主席的面前，把手杖挂在左臂上，伸出右手和毛主席握手问候。

1949 年 3 月，爷爷在西柏坡召开的中共七届二中全会上发言（右为毛泽东）

朱老总落座后，毛主席转过身子，向朱老总问道：“总司令，现在没有人骂你了吧？”

“没有了。”朱老总微微地点头回答。

“那好！”毛主席说罢，顺手从小茶几上拿起一支雪茄烟，指着朱老总对与会的人说：“这位同志，我们一起几十年了。”

“四十多年了。”朱老总补充道。

“对，四十多年了。”毛主席点着头，划着一根火柴，把雪茄烟点燃。

此时，会议室里鸦雀无声，与会者等待着毛主席继续说下去。

毛主席吸着烟，环顾四周，若有所思地对朱老总说：“朱老总，有人说你是黑司令，我不高兴，我总是批评他们，我说是红司令，红司令，还不是红了吗!”

毛主席念叨着，又以他特有的幽默接着说：“‘朱毛’啊，你是‘朱(猪)’，我是‘朱（猪)’身上的‘毛’啊！‘皮之不存，毛将焉附’，没有朱，哪有毛啊。朱毛，朱毛，朱在先嘛!”

在座的人听到毛主席的一番话，都欣然笑了起来。

参加接见的老同志们都记得，在革命战争年代，爷爷和毛泽东的名字是连在一起的，“朱毛红军”成了中国革命军队的代名词，“朱毛”成为鼓舞中国人民同内外反动派进行战斗的胜利的旗帜。听到毛泽东说这样一番话，大家感到，这些年被林彪颠倒的历史，又正回来了，这是令人欣慰的。

在这次谈话中，毛泽东对“文化大革命”中处理贺龙、罗瑞卿、杨成武、余立金、傅崇碧等人的问题，做了自我批评。他说：“我看贺龙同志搞错了，我要负责呢。当时我对他讲了：你呢，不同，你是一个方面军的旗帜，要保护你。总理也保护他（贺龙）呢，不过这个人身上经常有武器……”

这时，在场的周恩来插话说：“一支小手枪，后来交了。”

毛泽东接着说：“要翻案呢，不然少了贺龙不好呢。杨、余、傅也要翻案呢，都是林彪搞的。我是听了林彪的一面之词，所以我犯了错误。小平讲，在上海的时候，对罗瑞卿搞突然袭击，他不满意，我赞成他。也是听了林彪的话，整了罗瑞卿同志呢。”

说到这，毛泽东停顿了一下，语气更加诚恳：“有几次听一面之词，就是不好呢，向同志们做点自我批评呢。Self - criticism 自我批评。”

爷爷那天回到家里，把毛泽东接见时对他讲的话，和奶奶说了一遍，奶奶迅速地将这些话传达给了全家，奶奶还说，爷爷讲的时候“心情激动，眼圈都有点红了”。

奶奶曾回忆说：“你爷爷与毛主席的关系一直很好，对毛主席很尊重。

有时意见不一致，争得面红耳赤，但过后就过去了。有时开会开得很晚，常常开到天亮，往往是毛泽东、周恩来精神很好，一直说个不停，其他人都是听着。可你爷爷到时就要睡觉，后来大家让他到十二点就回去。”

1973 年 12 月 26 日，是毛泽东 80 周岁生日。爷爷想着老战友的生辰吉日，头一天就亲自动笔写了一封贺信，祝贺毛泽东 80 岁诞辰。

早在 60 多年前，美国作家埃德加·斯诺在《西行漫记》中，曾这样评价爷爷和毛泽东的关系：

> 中国共产主义运动的历史进程，如果没有它的两个孪生天才“朱、毛”，是无法想象的，许多中国人实际上都把他们看作是一个人。毛泽东是这一斗争的冷静的政治头脑，朱德是它的热烈的心，以行动赋予了它的生命。共产党所以能够对红军保持严密的控制，朱德对“文职”领导的忠诚和服从，是原因之一……朱、毛的联合不是互相竞争的，而是相辅相成的。朱德没有任何政治野心，他能接受命令，因此也能发布命令——这是革命军队领导的一个很有价值的因素。

聂荣臻元帅在纪念爷爷百年诞辰时曾著文说：“自从朱德同志投身革命以后，在任何困难的时候，他总是和全党全军在一起，和毛泽东同志在一起，始终鼓舞全党全军树立必胜的信念，带领我们前进。‘朱毛’成为我军战胜国内外反动派的胜利的旗帜。”

阴霾还没有散去

> 奶奶参加“批林批孔”动员大会回来，感到紧张，就把开会的内容和爷爷讲了。爷爷听了，半晌，才稳稳当当地说：你不要着急，军队的大多数是好的，地方干部大多数是好的，群众也是好的，是不会跟他们跑的。江青的本事有多大，你不知道吗？

林彪反党集团败露后，有两年多的时间，爷爷的心情比较好。1973 年 8 月中共十大召开，爷爷重新当选了中央政治局常委。他的地位逐渐恢复，特别是开始履行一部分人大常委会委员长和国家元首的职责，能在一定程度上对党和国家的事务发生作用了。

党的十大后，开始酝酿召开第四届全国人大。

全国人大从 1964 年 12 月开第三届，已经过去十来年了，按五年一届的规定，是很不正常的。本来 1969 年党的九大后，已开始筹备开第四届人大，由于林彪集团和江青集团发生矛盾，想“抢班夺权”，甚至发展到企图武装叛乱，四届人大的筹备不得不拖下来。

江青在同林彪集团矛盾激化和斗争激烈的时候，她“文革”开始后那几年对老同志的嚣张气焰有所收敛。她对爷爷的态度也明显好转。

记得爷爷 1971 年夏天去北戴河度暑期时，江青也在北戴河，她主动给爷爷打电话问好，说她那里有内部放映的电影片，要给爷爷送过来看。以后几年，不论是在北戴河还是在北京，江青时常给爷爷、奶奶打电话，说最近又审了什么新片，要送过来看看。有些刚从西方国家进口的影片，还没有译制，就让外文翻译跟过来，边放边译。我记得，有一次在北戴河，就是王海容和唐闻生在放电影的同时给做翻译讲解的。

江青送的影片有《鸽子号》《山本五十六》《飘》《简·爱》等，这些片子都是当时社会上根本看不到的。江青标榜自己是“文化革命旗手”，却对西方电影总是兴趣浓厚，听说她看了《鸽子号》，大为赞赏，说自己如果也是20岁的女孩子，也会像影片中的女主角一样激动得跳下大海的。顺便说一句，叶剑英在党的十大后，是中共中央副主席，也有权力时常看些“内部”影片，看了之后，也送到爷爷这里放一遍。爷爷奶奶年纪大了，对这些片子不见得都感兴趣，爷爷的一些部下、一些老同志听说爷爷这里有电影，都愿意陪爷爷奶奶一起看看。

我这里想说的是，江青对爷爷奶奶，还有另外的一面。其实在延安或西柏坡的时候，她对爷爷也是很尊重很亲近的，把爷爷看作忠厚长者，知道奶奶也是十分朴实的人，她有什么心事，愿意跑到爷爷奶奶这里说说，特别是和主席有了什么不和谐需要调解的时候，常跑来找爷爷奶奶，确实爷爷奶奶能起到其他人起不了的作用。

但人是变化的。江青的争强好胜，心胸狭隘乃至偏执，发展成在政治上要“偶尔露峥嵘”。

而今又酝酿筹备第四届全国人大，曾同林彪集团争夺权力的江青集团不肯错过时机，又蠢蠢欲动。

为了赶在四届人大召开前作好夺取国家权力的准备，江青集团发起“批林批孔”运动。1974年1月下旬，江青在首都体育馆连续两天召开在京部队单位和中直机关、国家机关的“批林批孔”动员大会，叫嚷“反复辟、反回潮”，“斗则进，不斗则退，不斗则垮，不斗则修”，含沙射影地攻击周恩来、叶剑英等中央领导人。

奶奶参加大会回来，感到紧张，就把开会的内容和爷爷讲了。奶奶说：江青在会上讲话，耀武扬威地点郭沫若的名，迫使郭沫若在大会上站起来，还把矛头指向周总理，另一个突出印象就是她把手伸到军队里去了，给军队又是写信又是寄书。

爷爷听了奶奶的话，半晌，才稳稳当当地说：

“你不要着急，军队的大多数是好的，地方干部大多数是好的，群众也是好的。‘文化大革命’以来，军队里虽然出了几个败类，但从整个军队来说，他们是拉不走的。干部中有少数人被拉了过去，但广大干部是不会跟他们跑的。江青的本事有多大，你不知道吗？你去问问工人、农民，你再去问问知识分子，谁愿意把共产党搞垮，把人民军队搞垮，再回到旧社会去？他们一定都不会赞成的。”

有一天，爷爷的秘书送来一封给爷爷的信，打开一看，是反映江青问题的。江青在1972年8月下旬曾接见一位美国女学者维特克，谈了一个星期，吹嘘自己。于是，就有了根据维特克这次采访出版的书《红都女皇》，在世界上影响很不好。

爷爷看了信，感到问题性质严重，江青胡乱说话，影响竟然跑到国外去了。因为她是主席夫人，颐指气使，谁也不敢惹她，所以才把问题反映到这里来。爷爷觉得不能把问题压下来，就画了圈，写了：此事重大，须慎重处理，并报送主席。

据说，毛泽东看了《红都女皇》，气愤难抑，写了对江青的批示：“分道扬镳，撵出政治局……”

1974年，我还见过刚刚在十大当上党中央副主席的王洪文常来看望爷爷，他在爷爷面前显得很谦虚、稳重、机敏，一口一个“前辈”、“老总”地称爷爷。

有一次，他走了，我问爷爷：“他是新选的接班人吗？”

爷爷说：“是不是接班人要看能不能经受住历史的考验。”

后来才知道，这时王洪文已是“四人帮”的重要成员。他按照江青旨意，想夺取全国人大常委会的权力。1974 年十一二月间，江青要王海容、唐闻生去长沙见毛泽东，转达她的意见，由王洪文任副委员长，排在爷爷、董必武之后。不曾想，毛泽东立即识破其奸计，一针见血地指出：“江青有野心。她是想叫王洪文做委员长，她自己做党的主席。”

由于毛泽东对江青的多次严厉批评，使“四人帮”妄图利用四届人大“组阁”的图谋，未能得逞。但是，爷爷奶奶知道，江青一伙不会善罢甘休，“文革”的阴霾还没有散去，爷爷奶奶仍然在为党和国家的命运担忧。

爷爷在丧子悲痛中

有人说，人间的至悲至痛是“暮年丧子，白发人送黑发人”。1974年6月10日，我的父亲朱琦去世，对于88岁高龄的爷爷来说，无疑是一件非常悲痛的事情。

因为爷爷，我父亲在“文革”中也受到了很大的牵连。因为爷爷一直都还是中央政治局委员，又有周恩来总理、毛泽东主席不时地保护，当时造反派不敢对爷爷太放肆。他们整不着爷爷，就拿我父亲撒气，批斗、抄家便成了他们的家常便饭。爷爷给我父母和我们的许多信件，都是在那个时候被抄走了。现在有幸存留下来的，也就不过是那么寥寥几封了。

1969年6月，我父亲被送到山西榆次“五七干校”学习。当年年底，他从山西回来后，又被下放到天津附近一个叫汉沟的小车站改造，在那儿当仓库保管员，一直干到1972年，才给重新安排了工作。先是到天津铁路局车辆段革委会任副主任，后来又任北京铁路局天津地区党委书记。也是在这个时候，单位才给我们家分了房子。

爷爷对我父亲一直是要求很严格的，同时也很信任他。记得有这样一件事：

1957年6月28日，《人民日报》第四版刊登了题为《人民生活比过去如何？农村是不是万事大吉？天上地上还有问题》，副题为“一个知识分子写信给朱副主席（我爷爷），报告川北仪陇县马鞍山琳琅村的情况”的文章，作者署名为熊志彬。在该文中，作者根据自己的亲身调查，反映了川北地区农民贫困的生活现状。文章发表后，立即在社会上引起了强烈的反响，也引起了爷爷的关注。

不久，爷爷派我父亲专程去仪陇就这篇文章反映的问题做一次社会调查。

1958 年 5 月 18 日，我父亲带着自己经调查研究后写出的一份一万多字、十分翔实的调查报告和仪陇县委、县政府的几份材料回到北京。爷爷看了报告，对我父亲从正反两个方面对家乡经济建设的分析给予了肯定。因为这件事发生在庐山会议的前夕，为爷爷深入了解和掌握农村的实际情况提供了重要的依据。

1973 年，父亲、母亲与爷爷在北京万寿路

我父亲在战争年代负过伤，身体状况不是很好。恢复工作后，由于劳累，也由于“文革”这几年的折磨，患了心脏病。那是 1973 年 8 月，我在部队突然接到通知，说我父亲病重，让我速回。当我赶到天津时，奶奶

已经带着爷爷的保健医生和从北京请的几个专家正在抢救父亲。

此后，由于身体的原因，我父亲就一直在家休养。

1974 年 6 月 10 日，我母亲和往常一样上班去了，家里只有我父亲和他们单位的一位老同志在谈话。

根据那位老同志后来回忆说：正谈话间，他就说：我累，要休息！然后就躺在床上休息了。

等我母亲下班回来的时候，父亲已经去了……

一开始，对我父亲去世的消息，我们对爷爷是保密的，当时只给爷爷说，我父亲又犯病了。但是对奶奶，我们说了实话。

奶奶听到噩耗，十分悲伤。但考虑到爷爷的年龄和身体状况，她还是没有将实情告诉爷爷，只是又带了爷爷的保健医生胡伟勤同志来到天津。奶奶知道，这个时候，带不带保健医生其实都没有什么必要了，但为了不引起爷爷的怀疑，也只能把“假戏”当作“真戏”来唱了。

和父亲的遗体告别完之后，奶奶马上就赶回了北京，因为爷爷也需要有人照顾。

奶奶临走时对我们说：“我先回去，你们先不要到北京来，如果爷爷问起了，我就说你父亲这次病得比较重，还在抢救，先得给他一个心理上缓冲的余地……”

父亲的追悼会是在天津水上公园举行的，天津市很多部门都来人了，光花圈就有好几百个，有些群众是把对爷爷等老一辈革命家的崇敬爱戴之情转移到了我父亲的这一代，很多老百姓都自发地前来给父亲送行……

6 月 20 日，也就是父亲去世后的第十天，我们回北京去见爷爷。这时，奶奶已经把我父亲去世的事给爷爷说了。

考虑到爷爷年纪这么大了，不能再受刺激的原因，所以在去见爷爷之前，母亲嘱咐我们都要坚强些，不要哭。

那天，爷爷显得很虚弱。看到爷爷拄着拐杖步履艰难地来到客厅，我母亲忍不住地就哭出了声，我们也忍不住流出了眼泪。

爷爷看着我母亲，喉结动了几下，好像要说什么，但一时没有说出声。这时，坐在我母亲旁边的奶奶，轻轻地拍了拍我母亲，示意别再哭了。

等我们止住了眼泪，爷爷把我们一个一个细细地看了一遍。我看到，他的眼睛也湿润了，说话的声音也有些异样：

“你们刚开始不告诉我，这是不对的。人总是要死的，这是自然规律，是不可抗拒的。当然，对我来讲，就这么一个儿子，还年轻，就去世了，是有些惋惜。但是人已经死了，就不要搞那么多不必要的手续了，后事要节俭，要符合党的政策，给后代留下好的影响。”

说着，爷爷慈祥地望着我母亲，缓缓地说：

“力平（我母亲）是一个好同志，好党员，好干部，好媳妇，在这个问题上要坚强，还有那么多孩子，要把这个家当好！”

“要把自己的工作搞好，照顾好自己的身体。要教育好这几个孩子，别让他们出事情。朱琦还年轻就死了，太可惜了。他当年受过高级党校教育，经过党的培养，他才50多岁，应该为党做更多的工作。病了，死了，谁也没办法，希望孩子们要继承你爸爸的事业，他没有完成的你们要替他去完成。”

说完这些，爷爷停了好长时间后又对我母亲说：“你要坚强，不要因为去世了一个人，自己也倒下去了。这样不是共产党员。但是一定要把家管好。只要我在，有什么困难我会帮助的。”

我母亲说：“我没有什么困难，比起一般群众的生活，我们还是好多了。孩子都在部队，有部队管，我这也有单位，请爹爹放心吧！”

这次，我和母亲在北京待了一个多星期。临走时，爷爷对我说：“你要在部队好好干，不要老想着我这个家，我这个家没有什么好想的，没有任何财产。家里的东西都是国家的。房子是国家的，家具呀、桌子椅子都是配的，也不是我拿钱买的，你们也没有权利拿这些东西。但是，我这有一些书，有马列、毛主席的著作，经济、政治的书都有，假如我不在了，这书你们可以拿去看。这书有的是我买的，有的是公家发的。这可以用，学习嘛！”

爷爷讲这话时说得很慢，特别严肃，停顿了好一会儿，接着又说：“我们都这么大年纪了，革命了一辈子，经历了辛亥革命、北伐战争、反‘围剿’、长征、抗日战争、解放战争。我们经历的事情，是任何一代人都没有经历的，在我们这50多年时间里，中国发生了巨大的变化，比过去几百年变化都要大。我们的思想也是在变化中不断前进的。现在我们的岁数大了，唯一的希望就是你们能走我们走的路。如果说一个革命的家庭连自己的后代都管不好，那怎么能教育广大人民群众呢？”

“我在工作之余常常想起你们，你们是我的后代，但能不能走我的路，就不好说了。我对你们并没有什么过高的要求，我不需要你们养活我，照顾我，天天陪着我。你们正在青年时期，二三十岁正是努力学习、努力工作的时候，不要像社会上有些年轻人那样，成天谈恋爱、搞对象。这个不用着急，别浪费那么多的精力。”

回到部队，我就把爷爷这一次的谈话写在了我的日记里。多少年过去了，每次我翻看爷爷给我说的这些话，都禁不住泪眼模糊，这里包含着多么深刻的亲情和期望，体现出一位无产阶级革命家多么博大的胸怀！

1971年，父亲、母亲在北京万寿路

“要靠你们自己去生活”

> “我们的家庭是一个革命家庭，可还有许多东西没有摆脱资产阶级特权的那一套，为什么我们孩子和工农子弟不一样……不知道艰苦奋斗是什么味道，不知道创业是何等艰难。这是很危险的！”

我父亲去世后，天津市的领导考虑到爷爷奶奶年纪大了，孙子们也都不在身边，要把我母亲安排到北京工作。我母亲单位的一个领导也对她说：“朱琦同志也不在了，你一个人在天津有很多不方便的地方，还是调北京去比较好，一是可以照顾两位老人，二是两位老人对你来说也是个依靠。”

我母亲每次调动工作都要向两位老人汇报的。她从部队转业之后，1955年调到天津市委财务部工作了一段时间之后，又被调到天津银行工作。1958年中央号召全国支援文教，一大批人都调到文教系统去了。我母亲也就是在这个时候进入天津市中心妇产医院工作的。在到新单位报到之前，我母亲请假到北京看望爷爷奶奶，当听说我母亲工作有变动时，爷爷鼓励母亲说：“共产党员嘛，就得服从组织分配。党需要你到哪去你就要到哪里去，不要提任何要求。”

我母亲当时真实的想法是不愿意去，因为她从来没有在医院工作过，医院的高级知识分子多，工作环境也很复杂，我母亲说：“我不是学医的，对医院的工作也不熟悉。”

爷爷说：“不会可以学嘛！做任何事情都需要从头学起。医院干的是人命关天的事，你要把医院工作领导好，更好地为病人服务，就是为人民服务。”

爷爷进一步说：“既然组织决定了，你就要愉快地服从，把工作做好。那是一个知识分子很多的地方，你要做好知识分子的工作，也要做好统战工作，要发挥你的专长，更好地团结他们。”

经爷爷奶奶这么一说，我母亲的信心也坚定了，她说：“好吧，我一定去好好工作，不熟悉的从头学起。”

我母亲到医院之后，每天学针灸，学看片子，每星期六到医学院听中医课。一有时间就深入病房，向大夫学习。

这样，她在医院一干就是17年。母亲每次来北京，爷爷奶奶都要问问她的工作情况，都要嘱咐她：对知识分子的工作，就是要团结他们，充分发挥他们的积极性，发挥他们的一技之长，真正让他们对待病人像对待自己的亲人一样。但不能用共产党员的标准要求非党知识分子，对知识分子要尊重，要宽容。

由于工作方法得当，我母亲深得单位同志的信赖，医务人员大到工作小到夫妻关系事事都愿对她讲。17年的工作使我母亲体会到，作为一个领导，你要关心群众，要了解群众的心理，才能带领群众前进。

这次，我母亲把调到北京的意思给爷爷奶奶说了以后，两位老人商量一下，觉得她还是在天津工作比较好。

爷爷说：“你在天津那么多年了，工作上大家对你也很满意，有群众基础，现在北京这么乱，你到这来也没有基础，还不如在天津。”

我母亲完全能够理解两位老人的想法，当时“四人帮”正在搞“批林批孔”运动，还很厉害，爷爷是他们的“眼中钉”，有时候他们还想整爷爷。爷爷奶奶是怕我母亲来北京以后再受“四人帮”的迫害。

那年夏天，爷爷在北戴河休养时见到我，对我说：

“你妈妈不要来北京了，在天津20多年了，有群众基础，上下关系都打开了局面，市里的领导反映也很好，我相信，她在天津还是能很好工作下去的，我们不能光从生活的角度出发考虑问题，要考虑政治。”

奶奶也劝慰我母亲说：

“去工作吧，孩子，不要因为失去一位亲人就倒下去，我们要坚强，工作起来就会减少心里的悲伤和痛苦的。”

我父亲去世的那年冬天，海军的首长考虑到爷爷年纪大了，身边有个亲人更好些，就把在海军某部当兵的弟弟调到了海军机关，以便能经常回家照顾爷爷奶奶。

可他刚一进门，爷爷就问：

“你怎么回来了，是出差，还是开会？”

我弟弟也知道爷爷对孩子们的要求严，没敢把实情告诉他，只说是到海军某部帮助工作。

两个月后，因我弟弟常去看望爷爷奶奶，爷爷就把他叫到自己房间，严肃地问：

“你在海军帮忙，要多长时间，是不是调到北京来了？”

弟弟见瞒不住了，就说了实话。

爷爷又把海军首长请来，对他们说：“朱琦去世了，我有组织上照顾，用不着他。一个战士，现在把他放到大机关能干什么？你们还是把他放到基层锻炼去吧。”

爷爷还语重心长地对海军首长说：“谢谢你们对我的关心，但是我不要孝子贤孙，我要的是革命的接班人……”

我弟弟虽然觉得爷爷说得对，但还是有些为难，他说：

“回原部队不好说，是我没干好，还是犯了错误？”

后来，还是海军方面想了一个办法，安排我弟弟先去院校学习，说是等毕业后，再分配工作。

接到通知的那一天，已经是腊月二十九了，我弟弟想过了春节再去报到，但爷爷郑重地对他说：

“这不行！你是一个战士，必须坚决服从命令听指挥，严格执行纪律，大年三十也得走。”

于是，我弟弟就在大年三十的晚上登上了离开北京的列车……

也许是这两件事给爷爷留下印象太深，后来，一提到这些事他还说：

“我们的家庭是一个革命家庭，可还有许多东西没有摆脱资产阶级特权的那一套，为什么我们的孩子和工农子弟不一样。主要是因为生活太舒适了，想要什么就买什么，想吃什么就做什么，不知道艰苦奋斗是什么味道，不知道创业是何等艰难。这是很危险的！你们应该有志气，不要靠我，要靠你们自己去生活，去工作，去创造自己的未来。”

六 陪伴爷爷的最后日子

写下“革命到底”以铭志

> “你们是革命的后代，要热爱老一辈的事业，不应该关注老一辈的财产，你们是我们事业的继承人，而不应该是我的财产的继承人，我没有财产，我这里的一切包括我的整个生命都是属于党和人民的，没有党便没有我的一切，便没有你的一切。”

1975 年 1 月 13 日至 17 日，第四届全国人民代表大会第一次会议在北京举行，爷爷主持了开幕式。周恩来总理带着重病在会上作了《政府工作报告》，重申发展我国国民经济的两步走设想，即第一步在 1980 年以前，建立一个独立的比较完整的工业体系和国民经济体系；第二步在本世纪内，全面实现国民经济走在世界前列。

从三届人大到四届人大，中间相隔十年，又重新提出实现四个现代化的宏伟目标，并决定以周恩来、邓小平为核心的国务院领导人选，使经受了多年“文化大革命”磨难的人民心中又燃起了新的希望之火。

爷爷从 1959 年第二届全国人大开始担任人大常委会委员长，1964 年又连任第三届全国人大常委会委员长。“文化大革命”开始后，我们国家实际上已经没有了国家主席，特别是林彪事件后，委员长一直对外承担着国家元首的职责。

在这次大会上，爷爷又继续当选为人大常委会委员长，对外正式兼任了国家元首的职责。

这年，爷爷已经是89岁的老人了。

当时，按照爷爷的本意，他应该退出领导岗位、颐养天年了。但是当时正处在“文革”的特殊时期，国家政治体制的改革，领导干部任期制的改革，都还没有提上日程，爷爷就只好服从党的安排，服从大局，接受了这一任职。

林彪事件之后，特别是党的“十大”之后，“四人帮”的反党势力逐渐形成，他们在把矛头直接指向周恩来、邓小平等在一线主持工作的领导同志的同时，越发加快了“篡党夺权”的步伐。爷爷对这一伙人的所作所为看得非常清楚，虽然已是89岁高龄的老人了，但他仍然努力学习，勤奋工作，他常常对我们讲：“主席和总理的身体都不太好，我虽然年纪大了，但身体还好，要尽量多承担一些工作。”

1975年3月6日，爷爷在家里他的书房练习书法。只见他略有所思地停了一会儿后，酣然挥笔，在那三尺见方的宣纸上写下了“革命到底”四个大字。

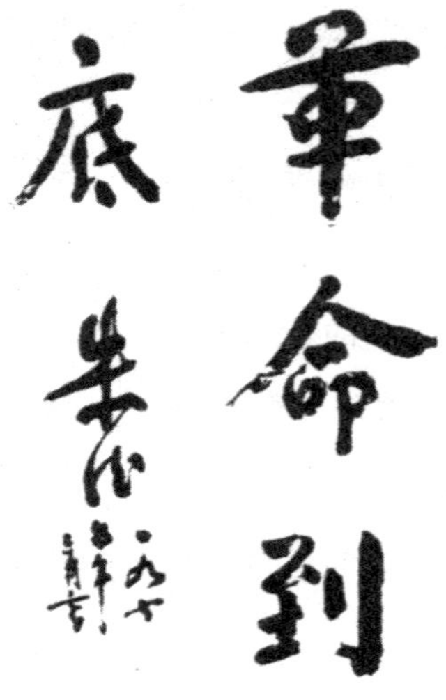

1975年3月6日，爷爷手书“革命到底”

奶奶说：“你爷爷的这四个大字，既是对他自己为了中国人民的革命事业鞠躬尽瘁、死而后已的一生的总结，同时也是对我们全家的期望。”

爷爷的字刚写好不久，恰好他的一个侄孙女婿到家里来看望爷爷，奶奶就让他把这幅字拿出去裱成条幅，挂在了爷爷的办公室。

后来，爷爷去世，奶奶就把这幅字挂在了她的办公室。

随着他们两位老人家相继离开了我们，这幅字就传到了我的手里。

如今，我一直将这幅字挂在我家的客厅里，每当看见它的时候，就有一种奋进的激流在我的心中奔涌，鼓励着我不断进步……

从四届人大到爷爷逝世这一年半的时间里，爷爷承担了大量外事活动，频繁地会见外国国家元首、政府首脑、议会领导人以及友好代表团，单单是出席接受国书的仪式就多达40余次。

1975年6月26日，爷爷在百忙之余，又专门找我谈话。

爷爷问我：

“你最近在部队里干些什么？都学了哪些东西？”

我想了一下，给爷爷汇报说：

“我们最近和全国人民一样，都在学习毛主席关于理论问题的指示。”

爷爷又问：“讲了近代史没有？”

我说：“讲了，一共讲了四课，并不系统，主要讲了几次大的历史事件，如鸦片战争、太平天国、义和团运动等。”

爷爷又问：“讲了党史没有？”

我说讲了一些，爷爷就问了我几个问题，我的回答他都不是很满意。

我就对爷爷说：

“我答不上，您干脆给我讲了吧！”

但是爷爷没有给我讲，他想了想，说：

“现在应该研究一下，为什么我们党内出了这么多次路线斗争，有些认识上的差异，意见上的不同，或工作上的矛盾算不算路线斗争？这个问题我在几年前就开始想了。中国是一个国情复杂的国家，革命的对象、任务、办法、规律，不是一下子就能搞明白的。特别是刚开始革命，有些人就是凭朴素的感情参加，有些人是从书本上学的马列主义，学的俄国革命模式，实际上，他们根本不懂马列主义，不懂中国的现实，不懂首先应该解决的是红军生存和发展的问题。红军当时弱小，没有枪，没饭吃，没衣服穿，不像现在的军队。但是“左”的领导缺乏积蓄革命力量的耐心，急于求成，主张打大城市，主张搞城市武装暴动，这就犯了教条主义、主观主义错误。延安整风，就是要解决这种理论脱离实际的主观主义，要求把革命理论和客观实际结合起来。但这种结合不是一次完成的。这个问题结合好了，不等于那个问题就能结合好。这个时期结合好了，不等于再不犯错误。所以要谦虚谨慎，不断从实际情况出发，不断结合。”

爷爷问我：

“现在军队里的连长拿多少钱?”

我算了一下：

爷爷在大会堂工作

“一般是60元左右。”

爷爷说：

“现在队伍不少，国家负担重，应该实行精兵简政的方针。将来战争不能只靠正规军，还要靠民兵……当然军队要搞训练、搞教育，任务很重，但不能完全靠国家，还要自力更生，还要发扬艰苦奋斗精神。”

“我在新中国成立初期接见外国人，他们对中国军队不理解，感到中国的战斗力不好计算。他们不明白，中国军队和资本主义国家的军队最大的区别就是我们的军队是既打军事仗，也打政治仗。‘不战而屈人之兵’，这是孙子说的，我们共产党的特点就是为人民服务，军队的任务也是为人民服务。中国是一个历史悠久的国家，具有自己独特的文化、风俗和习惯，在军队工作也不能完全按外国的老路子走。”

“你生长在一个军人的家庭里，在古代，就是标准的‘将门子弟’，要热爱军队，关心军队的建设，党组织让你在部队服役，你就应该安心干，军队也需要年轻人，也需要有人来接班。”

谈着谈着，不觉已经很晚，这时医生过来催爷爷早点休息。

爷爷说：“今天就给你谈到这里，明天再给你谈。”

第二天（1975年6月27日），爷爷会见了加蓬共和国总统桑戈。回家后，接着又找我谈话。

我还没有坐下，爷爷就告诉我：

“今天来的外宾是加蓬共和国总统。”

“这个国家在非洲的西部，面积90多万平方公里，人口300多万。这个总统年轻，很有意思，去年他来了一次，学习了一些东西，回国搞了一些，搞不通，这一次又要求来中国，要再学习学习。他带了70多人，还有娃娃……”

我把爷爷扶到沙发上坐下后，他接着说：

“桑戈非常佩服中国，见了我们就说中国如此伟大，说毛主席办法多，能把中国这样一个贫穷落后的国家建设得这么好，把中国8亿人民团结得这么紧密，不容易。他过去听了外国对中国的报道，总觉得不大可能，非要来中国看一看。其实他并不了解中国，他也不完全明白中国伟大在什么地方。我对他讲：世界上的国家有150多个，什么样的都有，各种各样的方法来管理。中国的方法就是搞马列主义，坚持自力更生，我们从来不迷信洋人，我们有8亿人口，外国能搞出来的东西我们为什么不能搞出来呢！加蓬共和国很有钱，就是不知道该怎样花，现在许多第三世界国家都是这种情况，自己国家有丰富的自然资源，但是自己不会开采，让外国人开采，结果经济被人家控制着。一个国家在经济上的独立是十分重要的。我们国家贫穷落后，生产力赶不上苏美，但是我们在经济是独立的，我们有自己独立的工业体系，虽然从现在看来，还有许多不完善的地方，但从长远的角度看，我们的经济发展还是很有潜力的。我国有8亿人口，有960万平方公里的土地，有丰富的自然资源，我们只要组织起来，充分调动广大人民群众的积极性，中国的经济建设是能搞好的。”

爷爷看我听得很认真，接着又给我介绍了他接见外宾时的情况：

“所以，我对桑戈总统说：‘你们想搞好本国的经济，这并不是特别困难的事，非洲国家有很丰富的自然资源。关键是你们要控制住本国的资源，这是搞好本国建设的基础。再有还是相信人民，依靠人民，爱护人民。’”

我问爷爷：

“这个国家是什么社会制度呢？”

爷爷说：

“他们是第三世界国家，在国际上反对两霸，反对帝国主义和殖民主义政策，在国内反对外国买办资本主义势力。但是他们不是社会主义国家，他们还是属于资产阶级共和制国家，他们不信马列主义，所以他们要学我们中国不是简单的事情，起码他们在发动群众上就会遇到许多困难。

他们的官和我们的官不一样。我们共产党的干部平易近人，不脱离群众，埋头苦干，有牺牲精神；而他们搞世袭制，他们的官还没有脱离资产阶级贵族的圈子。”

“所以，我对他讲，中国是相信马列主义的，是共产党领导的，是坚持社会主义制度的。在中国，在我们这些人前头，有许多革命家、爱国者，他们也想把中国搞好，但实际上搞不好，只有毛主席用马列主义和中国革命相结合，制定我们党正确的路线政策，才使我们发展到了今天，你们学习中国，应该注意这一点。我们不把我们的政策强加于人，但是我希望你能全面地、深刻地了解中国。”

这时医生过来，向我示意，爷爷今天很累，要让他早点休息。这样，我就只好劝爷爷早点休息，退出了爷爷的房间。

第二天，爷爷再次把我找去，这次他先问了我一个问题：“别光听我讲，你也说说，我们国家，现在需要解决哪些问题?”

我想了想，把我平时想的毫无顾忌地对爷爷讲了起来：“我觉得我们国家的发展速度还不快，还不能适应国际形势，特别是钢铁、造船、电子等方面。要解决这些问题要从哪入手呢？要搞好教育，要培养大批政治上坚定、有科学知识、技术熟练的人员……”

我记得我一口气儿说了很多，爷爷看着我，不时地点点头。等我说完了，他才说：“这个问题有道理。现在和红军时代不同了，那时候经济技术都是非常落后的，而且共产党的主要任务是夺取政权，现在不同了，主要是搞经济建设。我们共产党主要是为人民谋利益，为了让人民生活得更加美满。不然的话，搞共产主义干什么。但是要搞好这些并不是一件容易的事，一个国家的经济建设和这个国家所有制形式有关，而且也和文化教育密切相连。日本的教育普及到了大学，而我们只普及到了小学，有些地方像大城市普及到了中学，我们 8 亿人口，5500 万工人，每年只有十几万大学毕业生，这是很不够用的。而且现在学校教育质量也存在着许多问题，把希望寄托在你们这一代人身上，希望你们这一代能多出这方面的人才。”

爷爷沉思片刻，又说：

“你们是革命的后代，要热爱老一辈的事业，不应该关注老一辈的财产，你们是我们事业的继承人，而不应该是我的财产的继承人，我没有财产，我这里的一切包括我的整个生命都是属于党和人民的，没有党便没有我的一切，便没有你的一切。”

支持邓小平抓整顿

> “看来经过整顿，生产上是大有起色。由小平同志主持中央的日常工作，很好。要抢班是不行的，林彪不是垮台了嘛！他们要打倒我，这不是我个人的事，我是党树起来的，要打倒我，就得先打倒共产党。现在虽然有人还在捣乱，但是，他们是得不逞的……”

四届全国人大闭幕后，“四人帮”一伙反党篡权的阴谋活动变本加厉了。

爷爷感到，情况越来越复杂了。1975 年，“四人帮”篡改毛主席的指示，鼓吹“经验主义是当前主要危险”，恶毒攻击中央领导同志，并阴谋把民兵改造为“第二武装”。当时爷爷就明确指出，这样搞法是别有用心的。“四人帮”围剿优秀影片《海霞》，爷爷亲自调看了这部影片后，予以肯定和支持。

爷爷和邓小平在北京明十三陵

1975 年 9 月 7 日，王平（炮兵政委，后任武汉军区政委）和王炳南（对外友协会长）带着家属子女来我们家看望爷爷奶奶。

王平一进门就向爷爷问好：

“总司令好！我们现在还叫您总司令，您是我们的红司令。”

王炳南也说：

“全国人民看见总司令身体健康、精力充沛都很高兴，特别是我们这些老干部，更是感到高兴，我们衷心希望总司令能健康长寿。”

爷爷高兴地招呼大家坐下，然后说：

“你们在运动中都是经过斗争的，现在出来工作，还敢不敢管事情？”

王炳南坚定地说：

“敢！这有什么不敢的，我们都是革命几十年的人了，还有什么可怕的，大不了再打倒一次嘛。”

王平接着说：

“我也不怕，在部队里我什么都敢讲，这几年林彪把部队搞得不像样子了。什么山头主义、宗派主义、享乐主义都出来了，过去井冈山时期的许多光荣传统都丢掉了。这次中央调我到武汉和杨得志同志合作，我一定按主席的指示办事，把军队建设搞上去，请总司令放心。”

爷爷说：

“好！这样子就好嘛！我们作为党的老干部，跟着毛主席战斗了几十年了，应该有这种精神，要为无产阶级掌握好兵权，不能让军队成为野心家的工具，要继续革命，要抓整顿，不要搞派性，要搞五湖四海，搞好安定团结。”

说完了这些话，爷爷问他们：

“我们都是上了年纪的人了，你们年纪多大了？”

王平做着手势说：“68 了。”

王炳南说：

“67 了。我们在总司令面前还是中午的太阳，我们还正当年，还能为革命干它几十年。”

爷爷说：

“主席今年 82 了，总理今年 77 了，我们还能干几年？现在主要要靠年轻人，特别是20来岁的年轻人，这是我们中国的希望。”

爷爷指着我们这些在座的孩子继续说：

“你们是中国的未来，我们老一辈打下了一个红色的政权，这天下能不能红到共产主义，就看你们的了。你们年轻人，精力充沛，朝气蓬勃，正是刻苦学习、努力工作的好时候，要抓紧时间锻炼自己，首先要学好马列主义、毛泽东思想，利用业余时间，一年时间读他几本书不成问题嘛。现在条件好，书到处都有卖的，随便学习，不像我们当年，学习马列主义还要偷偷摸摸的，让反动派看到可不得了，要杀头。这是真的，他们可以证明（指二王）。要下定决心，年轻人不能怕苦，要有点奋斗精神。”

王平接着爷爷的话，冲着我们说：

“总司令对你们多关心啊！回去之后，你们要把这些话记下来，将来作为你们工作、学习的方向。”

王炳南向爷爷简要地汇报了我国的外交关系后说：

“许多来访问的非洲国家代表团，都赞扬我国独立自主、自力更生的方针，非洲一个国家的代表团说：‘苏联援助我们，只卖母鸡，不卖公鸡，结果虽然能够吃上鸡肉，但不能繁殖小鸡，肉吃完了，还得买。可是中国，不仅卖给我们公鸡，还帮我们修建养鸡场，让我们发展养鸡业，还是中国好。’还有的国家靠近沿海，吃鱼靠进口，我们就帮他们建立自己的捕鱼业，卖给他们钓鱼竿和网子，非洲国家非常欢迎。”

爷爷听后点点头，说：

“自力更生也是我们通过自己的教训总结出来的。我们过去靠苏联，结果苏联一取消合同，闹得我们好几年翻不过身。所以要自力更生，这几年我们的方针还是自力更生，我们要争取四五年的时间把生产搞上去，把国防搞上去。你们在军队的，要争取时间把部队整顿好，特别是老干部，争取几年时间也是很不容易的。”

临走的时候，王平说：

“请总司令放心，我们一定尽自己的最大努力，把军队建设搞上去。”

爷爷送他们到门口时还说：

“祝你们工作顺利！”

1975年10月，党中央批准开展长征胜利四十周年的纪念活动，却遭到了“四人帮”的公然反对，攻击“宣传长征胜利”是“为老家伙评功摆好”，不准演出《万水千山》等革命传统戏剧。11月17日，爷爷为了表示对纪念长征活动的支持，观看了总政话剧团演出的《万水千山》，演出后，又接见了全体演员并合影留念，他还给剧组写下了“万水千山”的题词。

1975年12月8日，爷爷和我又进行了一次很长时间的谈话，谈话的内容也很广泛，他说：

“什么是权力？权力就是工作。不要总是认为解放干部，就是恢复他们的名誉、地位和权力。解放就是出来工作嘛！

“你现在也是一名干部了，也领导了一些士兵，但都是在党的领导下工作，这就是党和人民给的权力，怎样才能使用好这个权呢？这就要求你在实践中学习，总结经验。不要以为官大就权力大。职务再高也不能一人说了算，还要有党委的统一领导。”

“我职务高，但我并没有什么权力，我最大权力就是在党的领导下努力学习和工作。其他事都由党中央、政治局作决定。我还有一个权力，就是要管理好我的子女，管好你们。我也是农民出身，你们也应该跟贫下中农的后代一样。如果要说特殊，应该在政治上、学习上、专业技术上有所特殊，标准高些，因为你们接受的教育多，应该比别人好一些。

“我还要说，你现在是一个军官了，作为一个军队的干部，你应该知道军队建设是一个长期的任务，不是一朝一夕能完成的，只要有帝国主义存在，就要作好战争的准备，你们搞军队工作的，要学传统、传传统。装备要变、编制要变，但传统不能变，作战的基本原则不能变，勇敢顽强的战斗作风不能变。”

那年年底，原辽宁省委书记周桓来探望爷爷。周桓在抗日战争初期曾任八路军总部秘书长，朝夕跟随爷爷转战于太行前线。1955 年被授予上将军衔。周桓谈了辽宁省这一年整顿的情况，爷爷听得很仔细，然后说：“现在形势很好，组织上顺过来了，但思想上还没有顺过来。看来经过整顿，生产上是大有起色。由小平同志主持中央的日常工作，很好。要抢班是不行的，林彪不是垮台了嘛！他们要打倒我，这不是我个人的事，我是党树起来的，要打倒我，就得先打倒共产党。现在虽然有人还在捣乱，但是，他们是得不逞的，我们的事业一定是要胜利的！”

爷爷这番话，是有所指的。他知道，这年邓小平主持的全面整顿，一直就受到江青一伙“左派”的阻挠和干扰，他们提出“宁要社会主义的草，不要资本主义的苗”，要防止“卫星上天，红旗落地”等谬论。他们还常在毛泽东面前告邓小平的黑状。由于毛泽东不能容忍邓小平系统地纠正“文化大革命”的错误，这年年底，正酝酿发动一场“批邓、反击右倾翻案风”运动。他们在报刊上叫喊“走资派还在走”“资产阶级就在党内”，爷爷感到，局势越来越复杂了。

1975 年 12 月下旬，爷爷在忧虑中得了感冒，住进了北京医院。

爷爷和毛泽东的最后唱和

> 读了毛泽东元旦发表的两首诗，爷爷诗意蓬然，拖着病躯，以顽强的意志，苦心孤诣地日夜构思，反复推敲，用了一个多星期的时间，写就了《喜读主席词二首》。

1976年元旦前夕，奶奶带我们把爷爷从医院接回家中。

元旦这天，收音机里传出中央人民广播电台高亢、雄浑的声音，原来，是正在播送毛泽东新发表的两首词。第一首是《水调歌头·重上井冈山》

久有凌云志，重上井冈山，千里来寻故地，旧貌变新颜。到处莺歌燕舞，更有潺潺流水，高路入云端。过了黄洋界，险处不须看。

风雷动，旌旗奋，是人寰。三十八年过去，弹指一挥间。可上九天揽月，可下五洋捉鳖，谈笑凯歌还。世上无难事，只要肯登攀。

第二首是《念奴娇·鸟儿问答》

鲲鹏展翅，九万里，翻动扶摇羊角。背负青天朝下看，都是人间城郭。炮火连天，弹痕遍地，吓倒蓬间雀。怎么得了，哎呀我要飞跃。

借问君去何方？雀儿答道：有仙山琼阁。不见前年秋月朗，订了三家条约。土豆烧熟了，再加牛肉。不须放屁，试看天地翻覆。

身体仍未完全康复的爷爷，听到这两首词的播音，顿时精神起来，不禁赞叹道："毛主席的词写得真好啊！"

爷爷听了一遍又一遍，精神是那么专注，那么兴奋，仿佛回到了井冈山，回到了那战斗的岁月……

这时，工作人员送来当天的《人民日报》，上面刊登了毛泽东的这两首词，爷爷戴上老花镜，倚在沙发上仔细阅读，边读边品味。

爷爷告诉我们，主席这两首词，头一首是他1965年5月到井冈山视察时写的，这是他1929年1月离开井冈山后第一次回去，距1927年率秋收起义部队上井冈山，已是38年了，故有"三十八年过去，弹指一挥间"句。第二首也是写于1965年，是同苏联赫鲁晓夫大论战时写的诗，讽刺赫鲁晓夫代表的"修正主义"是"蓬间雀"，被炮火连天的人民革命吓坏了。这两首词作，早几年爷爷就见过传抄稿。

那几天，爷爷一有空，就给我们讲解这两首词的内容，介绍有关井冈山的情况。有时，又叫工作人员反复朗读。毛泽东的词，激发了他的无限感慨，他竟也诗意勃发，要抒发出来。那时候，爷爷的身体已经很虚弱，但他仍以顽强的意志，克服体力上的困难，苦心孤诣地日夜构思，反复推敲，用了一个多星期的时间，写就了《喜读主席词二首》。

其中一首这样写道：

昔上井冈山，革命得摇篮。

千流归大海，奔腾涌巨澜。

罗霄大旗举，红透半边天。
路线成众志，工农有政权。
无产者必胜，领袖砥柱坚。
几度危难急，赖之转为安。
布下星星火，南北东西燃。
而今势更大，能不忆当年。
风雷兴未艾，快马再加鞭。
全党团结紧，险峰敢登攀。

这是爷爷生前的最后诗作，也是他和毛泽东最后一次诗词酬唱。

爷爷为这两首诗作小引说：“毛主席词二首发表，聆、读再三，欣然不寐。吟咏有感，草成二首。《诗刊》索句，因以付之。”

这两首诗，像毛泽东的两首词一样，意境高远，气势磅礴，热情歌颂了改天换地的人民大革命，表达了坚定的革命信念，同时，凝结着爷爷对他的战友毛泽东的深厚感情和无比信赖，也给后人理解“朱毛关系”写下最后的精彩乐章。

在20世纪的中国历史上，“朱毛”井冈山会师，是一个辉煌夺目的历史亮点。在这里，两位历史巨人实现了历史性的会见。这在中国共产党的历史上，特别是在中国军队的发展史上，是一件值得大书特书的事，也是爷爷人生历程中的一个重要里程碑。1962年，爷爷重返井冈故地，回忆起那历史性的时刻，欣然命笔，赋诗写道：“革命雄师会井冈，集中力量更坚强。红军领导提高后，五破围攻固战场。”从此，两支最有影响的共产党人领导的武装力量合为一体，成为一股牵动中国革命向前发展的决定力量；从此，两位坚定的马克思主义者开始了并肩战斗和密切合作，并以各自伟大的贡献和人格魅力成为在中国革命史上的伟人和中华民族的英雄。

爷爷和周恩来的最后告别

> 哀乐声中，爷爷缓步走进灵堂。他双眼凝视着静卧在鲜花和翠柏丛中的周恩来的遗容，颤巍巍地抬起右手，庄重地向这位共同奋斗了50多年的老战友致以军礼，久久地不愿离去。

爷爷在1976年元旦前后休养期间，组织上没有告诉他周恩来病重的消息。1月8日上午9时57分，周恩来病逝于解放军三〇五医院，组织上怕爷爷悲伤过度，也没有马上告诉他。那天下午，爷爷还去接见外宾，接受比利时新任驻华特命全权大使舒马克递交国书。

回来后，奶奶想让爷爷对总理逝世有个思想准备，便说："总理的病情最近又有恶化。"

爷爷听了后，沉默了一会儿，说："不会吧，他的手术做得很成功，怎么会这么快就恶化了呢?"

"反正情况不是很好。"

爷爷还没有听懂奶奶的意思，想不到总理已经去世了。他认为："有那么多的好大夫给总理治病，病情不会发展得那么快!"

可他的心情还是十分沉重，他在想，总理的病恶化到了什么程度，难道就治不好了吗?

到了晚上8点，收音机中播出周恩来逝世的讣告，爷爷惊呆了。尽管他已经知道总理病情恶化了，但他还是无法接受总理逝世的事实。听着收音机里不断传出的哀乐，看到家人个个泪流满面的样子，他才肯定这是真的了。眼泪从他那饱经风霜的脸上流了下来，滴落在衣襟上，他坐在沙发里，沉默了很久……

1950 年 6 月，爷爷和周恩来（左一）在全国政协一届二次会议上

早年我家还住在中南海时，我们就和周恩来总理非常亲近，隔三岔五地就能见上他一面，他还经常对我们说："你们这些小鬼现在不好好学习，将来可是不行的哟！""文化大革命"开始后，我就很少见到他了。中南海的造反派们冲击我家那次见过他一面后，1974 年四届人大召开前夕的一天，我在北京饭店的理发室里，再一次和他相遇。

那天，我陪爷爷一起去北京饭店理发，恰好周恩来总理也在那里（爷爷和周恩来总理的理发师都是北京饭店的朱殿华师傅）。一见面，周恩来总理就劝爷爷说："老总呀，你要多保重身体，注意休息，少接待一些外宾……"

爷爷说："我的身体还好，我还能做的事情，就应该去做，这样一来，就可以为毛主席分担一些工作，也好让年轻的同志腾出手来做我做不了的事情。”

爷爷接着又对周总理说：“总理您的工作量比我大得多，您也要注意保重身体啊！”

之后，两位革命知己的双手紧紧地握在了一起，脸上露出了会心的微笑。

1975 年 7 月 11 日，爷爷曾去三〇五医院看望周恩来。那时，总理做完第三次大手术已有三个多月，正在接受电疗，身体尚在恢复中。那天早晨，总理和每天一样在病房里活动了一会儿，做了几节“八段锦”，感到精神和体力尚可，便想到要见见爷爷。于是，要卫士长高振普安排了这次会见。

高振普后来回忆说：

他（周恩来）边运动边对我说：“你去打电话，问一下朱老总的身体怎么样？他现在有没有时间？前些日子他想来看我，因为我当时身体不太好，没能请他来，今天可以了，看朱老总能不能来。”我答应马上去打电话。总理接着说：“现在是四点多钟，如果老总可以来，五点钟可以到这里，大约谈上半个小时，五点半可以离开，六点钟他可以回到家吃饭。按时吃饭是朱老总多年的习惯。他有糖尿病，年岁又大，不要影响他吃饭。如果今天不能来，过几天他要去北戴河了，最好在此之前来一趟。”

周总理住院后，朱老总几次想来看望，只是怕影响总理的正常治疗。周总理也不愿让年近九旬的朱老总看到他在病榻上的样子，所以一直没有让来。今天，总理约朱老总来，是想到朱老总过几天去北戴河，需两个多月才能回来，总理担心到那时自己的身体条件不会比现在好，所以，请朱老总在去北戴河之前先来见见。

我把朱老总可以来的消息报告了总理，同时转达了康大姐的问候。总理在病房里来回走了几趟，对我说："换上衣服，到客厅里去见老总，不要让他看到我穿着病号衣服。"

五时五十分，朱老总到了，迈着稳健的步子走向客厅，周总理起身迎向老总，两人同时伸出双手，朱老总用颤抖的声音问总理："你好吗？"总理回答说："还好，咱们坐下来谈吧。"朱老总已八十九高龄，动作有些迟缓，我们扶他坐在沙发上。总理关切地问老总："要不要换一个高一点的椅子？"老总说："这个可以。"总理示意关上客厅的门，我们都退了出来，客厅里开始了两位老战友的谈话。

六时十五分，谈话结束了，总理送老总走出客厅，紧紧地握手告别，警卫员搀扶着老总上了车，总理目送着汽车开走，才转身回到病房。谁能想到，这次相见竟是两位几十年出生入死的老战友的最后相见！

爷爷与周恩来下棋

后来几个月，爷爷经常询问总理的恢复情况，知道总理病情到 9 月以后又十分严重，但是，他怎么也无法相信这位同他共事半个多世纪、比他小 12 岁的战友竟会先他匆匆离去……

当爷爷听到总理临终遗言中说，要把骨灰撒在祖国的大地和江河里时，这才喃喃说道：“过去人们死后要用棺木埋在地里，后来进步了，死后火化，这是一次革命。总理为党、为国家、为人民鞠躬尽瘁，死而后已，是一个真正的彻底的革命家。”

爷爷一边说，一边流泪，还问我们：“你们知道总理的革命历史吗？”

我们点点头，说：“知道一点，看了一些别人的回忆。”

“你们应该了解总理的革命历史！”爷爷说话时的声音是那样深沉，又是那样悲切，言语中包含着他对亲密战友那深切的思念。

爷爷和周恩来第一次见面，是 1922 年 10 月在德国柏林。美国作家史沫特莱曾生动地描述了爷爷和孙炳文找到周恩来时的情景：

周恩来的房门打开时，他们看到的是一个身材瘦长、比普通人略高一点的人，他两眼闪着光辉，面貌很引人注意，称得上清秀。可是，那是个男子汉的面庞，严肃而聪颖，朱德看他大概是二十五六岁的年龄。

周恩来举止优雅，待人体贴，在招呼他们坐下，询问有何见教的时候，甚至还有些腼腆。

朱德顾不得拉过来的椅子，端端正正地站在这个比他年轻十岁的青年面前，用平稳的语调，说明自己的身份和经历：他怎样逃出云南，怎样会见孙中山，怎样在上海被陈独秀拒绝，怎样为了寻求自己的新的生活方式和中国的新的革命道路而来到欧洲。他要求加入中国共产党在柏林的党组织，他一定会努力学习和工作，只要不再回到旧的生活里去——它已经在他的脚底下化为尘埃了，派他做什么工作都行。

他娓娓而谈，周恩来就站在他面前，习惯地侧着头，一直听到朱德把话说完，才提出问题。

两位来客把经历说完后，周恩来微笑着说，他可以帮他们找到住的地方，替他们办理加入党在柏林的支部的手续。在入党申请书寄往中国而尚未批准之前，暂作候补党员。

那次见面不久，爷爷经张申府、周恩来介绍，加入了中国共产党。从此，他成为中国无产阶级先锋队中一名坚定、勇敢的战士，开始了新的革命征程。爷爷说过："从那以后，党就是生命，一切依附于党。"

爷爷和周恩来第一次合作，是组织发动1927年的八一南昌起义。起义前夕，周恩来秘密来到爷爷在南昌市花园角2号的寓所，听爷爷介绍南昌敌人驻防情况和我方当地的准备情况，他们在灯下共谋起义……就是那次起义，打响了中国共产党武装反抗国民党反动派的第一枪，诞生了人民的军队。

爷爷和周恩来第一次并肩指挥的战役，是1933年春在中央苏区的第四次反"围剿"。当时，毛泽东被"左"倾错误排挤出红军领导岗位，爷爷与周恩来一起，运用大兵团伏击战，在黄陂、草台岗两战两捷，歼灭国民党精锐主力陈诚部三个师，缴枪一万多支，粉碎了40万国民党军的"围剿"。这是红军战史上最辉煌的胜利之一。

在红军长征中，爷爷和周恩来又一致在遵义会议上支持毛泽东，使党和红军摆脱了"左"倾错误的统治，又一起率领红军，战胜了国民党军的围追堵截。

1937年卢沟桥事变爆发后，爷爷和周恩来一起到南京与国民党商讨合作抗日问题、红军改编问题、战略战术问题，然后又一起奔赴山西抗日前线，部署开辟敌后战场……

半个世纪漫长的岁月，爷爷和周恩来一起经历了多少风雨、多少苦难、多少欢乐，是笔墨难以描述的，就其共事的时间之长、成就之大、影响之深远来说，在古今中外都是无与伦比的。

爷爷和毛泽东都是周恩来治丧委员会成员，治丧委员会特意派人来看望爷爷，汇报治丧活动的安排。因为考虑到爷爷年事已高，身体又不好，劝他不要外出活动，注意节哀，并建议他只参加一次总理的吊唁仪式。可是，爷爷说什么也要参加全部吊唁活动。

两天后，周恩来遗体告别仪式在北京医院举行。那天，爷爷在家人的陪同下，冒着刺骨的寒风赶到医院。

哀乐声中，爷爷缓步走进灵堂。他双眼凝视着静卧在鲜花和翠柏丛中的周恩来的遗容，颤巍巍地抬起右手，庄重地向这位共同奋斗了50多年的老战友致以军礼，久久地不愿离去。

爷爷回到家中，仍长久地陷在悲痛之中，不思茶饭。

周恩来的追悼会就要举行时，秘书见爷爷悲痛过度，连续几天彻夜不眠，身体特别虚弱，怕他撑不住，就征求他的意见："去不去参加?"

"去，当然去!"爷爷根本没有考虑自己的身体状况，马上做出了肯定的回答。

可是，就在要上车出发的时候，爷爷两腿软得厉害，怎么也站不起来了。这使爷爷非常不安，坐在沙发里难过地叹气："唉，去不成了！这怎么对得起恩来?"

猛然，爷爷像是想起了什么似的，连忙吩咐说："快把电视机打开！就是坐在家里，我也要参加这个追悼会。"

电视机打开了，爷爷怀着对老战友的哀思，随着低回的哀乐，眼含泪花，送走了那系着黑纱的灵车……

警惕党内还有野心家

> 清明节前后，发生了天安门事件。广播里说“邓小平是天安门事件的总指挥、黑后台”，爷爷对此不屑一闻，他轻声地问奶奶：“你知道邓小平同志住哪里吗?”又愤愤地说：“现在，他连自由都没有，他出得来吗？说他是天安门事件的总指挥，碰到鬼了!”

1976年1月15日，邓小平在周恩来追悼会上代表中共中央致悼词之后，便从报纸上消失了。这时，“批邓、反击右倾翻案风”运动在全国紧锣密鼓地展开。

春节前，江西省委常委刘俊秀来看望爷爷，谈到正在开展的运动，爷爷针对江青一伙人鼓吹“宁要社会主义的草，不要资本主义的苗”，愤慨地说：“别听他们‘革命’口号喊得比谁都响，实际上就是他们在破坏革命，破坏生产。不讲劳动，不搞生产，能行吗？粮食不会从天上掉下来。没有粮食，让他们去喝西北风!”

进入1976年后，爷爷的身体明显不如从前了。

一年前，爷爷每天都要在万寿路的大院里转三大圈，吃完早饭围着院子转一大圈，吃完中午饭转一大圈，吃完晚饭再转一大圈，然后才休息。除了这种散步活动，还有爷爷几十年来自己“发明”的一套健身操，从头到脚都可以活动开，最后还要双手叉腰地吹上几声口哨。这套健身操，爷爷每天都做，几乎是风雨无阻。但是到了1976年后，这健身操爷爷渐渐地做不动了，散步也渐渐地由三大圈变成了三小圈，后来又变成了一小圈。直到最后除了那口哨之外，其他的一切都大大地简化了。

我回家时看到爷爷身体更加衰弱，心里非常着急，就和奶奶商量说："如果可能的话，我就多在家里待一段时间，陪陪爷爷吧！"

奶奶说："总理去世后，你爷爷的身体已明显不如从前了，北戴河离北京也不远，如果有时间和部队允许，抽空多回家看看。我也和有关的领导打个招呼！"

所以，那个时候，我每个月都回家几次，在爷爷奶奶身边的时间就相对多了一些。

1960年，爷爷在玉泉山做自编的健身操

3月9日下午，吃完晚饭后，爷爷把我叫到他的房间，指着床头上的三本书说：

"这里的三本书，你们是不是有呀？"

我拿起桌上的书看了一下，是新出版的关于《辩证唯物主义》《自然辩证法》和《政治经济学》的三本辅导读物。我看了后，冲爷爷摇摇头说没看过。

爷爷示意我坐下。他说："这几本书解释了马列主义的基本理论，很好懂。你可以拿去看看。但是你要明白，马列主义不是只在书本里，只懂书本里的马列主义，不算真懂，只能算是教条地懂。真正地懂，就是要应用马列主义的原理，解决实际问题。"

"现在的问题是我们的国家大，但落后，科学、技术、生产、国防都跟不上形势的发展要求。中国是一个大国，是人口众多的国家，全世界的国家都很注意我们，第三世界更注意我们，他们不仅希望我们在政治上支持他们，而且也希望能在经济上支持他们。把生产搞上去，把国民经济搞上去，这是毛主席的思想，是总理报告中讲的，没有问题，这么大个国家，生产搞不好，怎么支援世界革命，怎么提高人民生活水平，怎么达到共产主义目标呢？说抓生产是偏离政治方向，这样的提法不对头啊！8亿人民要吃饭呀，要穿衣呀，要提高人民生活水平呀，不抓怎么行呢！"

爷爷说到这里，想了一下后说：

"我年纪大了，身体也不好！我是1922年加入我们党的，到现在50多年了。我们党是伟大的，我对党是有深厚感情的，没有党和主席的领导，就不会有今天。但现在我们党的情况不好，主席身体也不好，我们党内还有野心家，还有王、关、戚一类，他们很阴险呀！不要把斗争看得很简单，这些人不是真心搞马列的，他们和林彪一样，对别人是马列主义，对自己搞的却是阴谋诡计……"

也许是谈的时间长，累了，也许是爷爷忧之太切，谈到这里，他把头仰靠在沙发上闭上了眼睛。

可当我想扶他去休息时，他的手微微地摇了一下，示意我在他的旁边坐下，又接着说：

"50 年的革命了，我相信中国人民是有觉悟的，搞两面派的人是不会有好下场的。你不要到处说，这是我的意见，相信历史能够做出正确的回答的。你们要努力为党工作，做人民的勤务员。一辈子要光明正大……"

听爷爷这么一说，我的心里忽然有了一种不祥的预感。

我强忍着眼泪说：

"爷爷，我扶您去休息吧！"

爷爷看看我，点了点头。

我的本子还记着这年 3 月 31 日至 4 月 6 日，爷爷和我其他几次谈话，从这些谈话中，可以了解爷爷当时的内心世界。他说：

"'文化大革命'，涉及很多人，也涉及了我，这些你都很清楚。这里面有林彪一伙搞的，也有其他原因。老干部进城了，薪水高了，房子住得好，这些比人家特殊，人家不满意，说我们做官当老爷，说对嘛。我不是经常和你们讲，你们属于贵族子弟吗？论生活，论条件，都比一般工人农民优越嘛！不能认为这些是合理的，是正常现象。这些东西对你们并没有什么好处！"

谈到这，爷爷有些激动，他说：

"当前的斗争还是一个权力的问题。这是问题的实质。他们制造舆论说老同志思想跟不上了，要换掉，通过斗争换掉，是为他们夺取最高权力扫清道路。民主革命有同路人，社会主义革命也有同路人嘛！王、关、戚，蒯大富、聂元梓不就是同路人！他们投机革命，是想当官，想搞特权，要看透他们！"

爷爷注视了我一会儿，嘱咐说：

"你回部队后要学习报纸和马克思主义的书，这里情况不要讲出去，中央有指示，有文件，我和你说的，是家庭谈话，也可以说是一般同志谈话，要记住：只有真正把马列主义学到手，才能认清方向，搞好工作。"

清明节前后，发生了天安门事件，外面谣言四起，传说纷纭。广播里说"邓小平是天安门事件的总指挥、黑后台"，爷爷对此不屑一顾，他轻声地问奶奶："你知道邓小平同志住哪里吗？"

奶奶说："不知道。"

爷爷愤愤地说："现在，他连自由都没有，他出得来吗？说他是天安门事件的总指挥，碰到鬼了！"

1976 年 4 月 7 日，中央召开了政治局会议，据当年参加了这次会议的吴德回忆说：

> 毛远新先是传达了毛主席的意见，说朱老总、叶帅、李先念、苏振华不必参加会议了，但其间，毛远新出去了一趟，回来又通知，除了苏振华，其他人都到会……于是，政治局会议直到朱老总、叶帅、李先念都到了之后才正式召开。会议传达了毛主席的两项提议：一是华国锋任中共中央第一副主席、国务院总理；二是撤销邓小平党内外一切职务，保留党籍，以观后效。
>
> 对于毛主席的两项提议，参加政治局会议的同志谁都不说话，政治局当即拟定了文字稿。我还记得，朱老总戴上老花镜，拿起文稿看了一下，心情很沉重，一言未发。

1976 年 6 月，也就是爷爷住院的前几天，我母亲从天津来看望他。当时正值"四人帮"加紧篡党夺权的步伐，政治形势十分紧张。在谈话中，爷爷进一步流露出对党和国家命运的担忧，他说：

"有的人就是有野心，想当皇上，这些人搞的不是社会主义，他们要把国家搞乱，想夺取中央的权，你们一定要坚信，只要毛主席和老一辈都健在，权是不会让他们夺走的。"

他还讲道："你们这一代，经过党几十年的培养锻炼，都是有些实践经验的人，懂得为什么要革命。共产党员一定要坚持真理，不管是在什么复杂的情况下，都要对革命有坚定的信心。"

读了《共产党宣言》新译本

爷爷称赞成仿吾做了一件很有意义的工作，指出："弄通马克思主义很重要，为了弄通，就要有好译本。这个新译本很好，没有倒装句，好懂。"

在我的记忆里，爷爷是极少到别人家走动的，大多数情况下是别人来家里看他。但有一次例外，是爷爷去世前不久，他驱车十几里到中央党校去看望成仿吾，原因是爷爷看了成仿吾的《共产党宣言》新译本。

1975 年年初，中央决定开始对马恩著作的中文译本进行校正。中央党校校长成仿吾根据中央的指示，对他自己 1938 年从德文译出的《共产党宣言》重新校正。经过一年努力，在各方面的帮助下，《共产党宣言》的新译本终于完成了。

1976 年 5 月 19 日，爷爷收到成仿吾送来的《共产党宣言》新译本后，十分高兴，用了一天时间，认真地对照旧译本，重新读了一遍。第二天，爷爷一起床就交代秘书，说是要去看望成仿吾。

"您老人家这么大年纪了，还是把他接来谈谈吧。"秘书建议。

"为什么要让人家来看我呢？他的年纪和我差不多，还是我去看他吧！"爷爷坚持着自己的意见。

成仿吾接到爷爷的秘书打去的电话，赶紧说："朱老总年岁大了，行动不方便，还是我去吧。"爷爷的秘书说："朱老总坚持要去，请你在家等候吧!”

爷爷上午9点准时到达中央党校成仿吾的宿舍。成仿吾见了多年未见的总司令，急忙上前搀扶，说：“老总啊，应该是我去看望你啊！怎么让你亲自来了!”

寒暄过后，话题一下就转到《共产党宣言》新译本上来。

爷爷说：“你送给我的书，我已经看过了。大字号本我可以自己看，小字号就让秘书念给我听。”

爷爷一边说一边翻开成仿吾送给他的那本大字号本的《共产党宣言》，上面画了不少红杠杠。

成仿吾说：“水平有限，译出来的文字不知朱总能否读懂?”

“好懂，很好。若是不好懂，我是不会一口气读下来的。”

爷爷称赞成仿吾做了一件很有意义的工作，指出：“弄通马克思主义很重要，为了弄通，就要有好译本。这个新译本很好，没有倒装句，好懂。”

爷爷还说：“这是根本性的工作，做好这一工作有世界意义。因为这部经典著作讲的都是一些根本问题，如阶级斗争问题、民族与国家问题、家庭与妇女问题等，都讲得很清楚。现在许多问题讲来讲去，总是要请教马克思、恩格斯，总得看《共产党宣言》是如何讲的……”

爷爷还详细了解了成仿吾翻译工作的有关情况，问成仿吾有多少个助手，这个新译本花了多长时间。他还说，我们队伍中的老同志不多了，要多培养几个接班人，这个工作很重要。他还说要把成仿吾这里当个“点”，以后时常来看看。

“这是去年初，中央批准我们搞的。原译本是我于1938年根据德文本译的，后来曾经有人根据俄文本修改过。这次我和我的几名助手根据1848年出版的德文原本重新进行了比较严格的校正。”成仿吾扼要地介绍了《共产党宣言》新译本的工作情况后，考虑到爷爷的身体情况，就连忙岔开了话题：“您老的身体还硬朗？”

爷爷笑着说：“消化情况不错，每天还坚持在凉水里泡一泡！”

说完两人都大笑了起来。

临别前，爷爷请成仿吾保重身体。成仿吾还陪爷爷坐车环绕校园看了一遍。

爷爷临终的嘱咐

> 7月初，爷爷的病已报病危，但神志还比较清醒。一天，国务院副总理李先念来看他，爷爷本来是闭着眼睛，听说先念来了，立即睁开，轻声缓缓地说："生产为什么不能抓？哪有社会主义不抓生产的道理？要抓好！"

"天安门事件"之后，"四人帮"借机大肆镇压革命群众，使国家局势变得很乱，国民经济遭到更严重的破坏。爷爷看在眼里，急在心上，他不顾身体虚弱，带病坚持工作，每天早起晚睡，自己给自己加大了工作量。奶奶也多次劝他注意身体，但他每次都说："毛主席身体不好，周总理也不在了，现在，我要尽最大努力支持华国锋维持住局面。"

这年6月份，我从部队回家。

我记得清清楚楚，那是1976年6月21日，这也是爷爷最后一次会见外宾。早晨，爷爷一起床就觉得身体不舒服。我们都觉得爷爷既然病了，就不要去参加外事活动了，应该好好休息。但是爷爷不顾我们的劝阻，坚持要去，他说："这是国家大事，我怎么能因为身体不舒服，就随便不去了呢？"

爷爷这次会见的外宾是澳大利亚联邦总理马尔科姆·弗雷泽。这是弗雷泽1975年竞选获胜出任总理后重要的一次出访。爷爷按安排的时间提前到达人民大会堂，在开放着冷气的休息室等待客人。会见的时间到了，客人还没有来，不知是什么原因，也没有外交部人员来说明情况，爷爷只好耐心等下去，他感到浑身发冷。过了好一会儿，爷爷才被告知，会见的时间推迟了。

1976年6月21日，爷爷会见澳大利亚总理马尔科姆·弗雷泽。这是他最后一次见外宾

爷爷带着病体，坚持到会见活动结束。回到家中，越发感到不舒服。经过医生诊断，是患了感冒。到了25日晚上，又出现了腹泻。

根据日程安排，26日爷爷还有会见外宾的活动，他还想去，但在奶奶和我们以及医生的劝说下，爷爷只好住进了北京医院。

爷爷住院后，尹庆民秘书就和我们商量，想利用这个机会把爷爷的浴室给改一下。

“新六所”的房子是50年代修建的。多年过去了，这房子不但显得过时，而且年久失修，已经很破旧了。当初设计时，这些领袖们都还在盛年，所有的主卧室都设计在二楼。而现在，他们的年岁都大了，特别是爷爷，都快90岁了，上上下下很容易出问题。所以，我们1970年入住5号楼之后，爷爷便住在了一层。刚来时，因为爷爷的卧室里没有卫生间，进进出出地非常不方便，中办和“新六所”的领导知道后，便想把这里改造一下。但当时任中办管理局副局长的李维信同志向爷爷汇报了这一想法后，被爷爷一口回绝了。他说：“我们一进城，盖了些高大的楼房。但现在好多老百姓都还没有房子住，人口发展比房子发展快得多。像我这样的干部，你们不能光说照顾我年岁大了不方便，还要看到我岁数大了做不了多少事了。这样的房子对我来说就不错了，我们国家还很穷，为我，就不要花过多的钱了！”

1976 年，爷爷住院后改造后的浴室

李维信五六十年代曾在中央警卫局专门负责首长们的警卫工作，后来调入中办管理局负责首长的生活服务，他对我们家非常熟悉，也很善于做首长的“工作”。他见爷爷不同意，就反复解释说这只是一次正常的维修，不是改造，如果不及时维修，将来坏了，损失可就大了……

听李维信这么一说，爷爷这才勉强同意。

于是，利用爷爷夏天去北戴河的机会，中办管理局将 5 号楼给彻底“维修”了一下，将爷爷的办公室改成了卫生间与卧室连成一体。又将餐厅改成了爷爷的办公室，并在院子里扩建了一个新餐厅和一个理发室。

1974 年，在北京医院（后排左起第一人为我）

那年爷爷从北戴河一回家，看到自己的“生活”彻底变了样，非常生气，反复批评秘书和工作人员：“这是改建么！你们这是跟我搞策略，这是非常不好的做法！”

爷爷生气归生气，但看到木已成舟，在奶奶和我们大家的劝说下，勉强住了下来。

但这次维修留下的唯一遗憾就是卫生间的澡盆是按当时市场的标准尺寸做成的，盆的边沿比较高，而且地面的瓷砖特别滑，没有考虑到一个老人使用它的实际情况。以至于在以后的几年中，爷爷每天的洗澡便成了一件非常危险的事，他必须在两三个人的帮助下，才能顺利地完成洗浴……

这一次爷爷住院了，尹秘书抓住这个时机，赶紧和中办管理局协商加班加点地将浴室进行了改造。可谁也没想到，爷爷会这么快就走了……

澡盆改装完工后，我归队的时间也到了。我本想在家多住几天，守在爷爷身边，服侍他老人家。可我知道爷爷的脾气，他从来不允许我们任何一个人超一天假。想来想去，我还是决定按时归队。因为这样，爷爷才会满意。

临走的那天，我去跟爷爷告别，他虽然已住进了医院，但仍然以顽强的毅力学习和工作着。

看我来了，爷爷很高兴，又听说我要按时归队，他就更高兴了，他说：

“军人嘛！就得这样才行！”

我坐在爷爷身边，对他说：

“爷爷您年纪大了，身体又不好，应该多注意休息。”

这话爷爷有点不大乐意听，接着说：

“身体不好不能成为不工作的理由，和平，我年纪大了，为党工作的机会不多了，要抓紧时间。我的生活组织上会照顾好，你回去以后，要把全部精力用在学习和工作上！”

我知道他老人家此时此刻的心情，轻轻地点了点头。

于是我告别爷爷，回到部队。

我万万没有想到，我刚刚回到部队，就接到了家里的电话，让我马上回去，说爷爷病情加重了！

等我赶到爷爷身边时，爷爷已经不能说话了。

当时中央专门为爷爷成立了医疗组，组长是中央军委副秘书长苏振华，副组长李素文。成员有姚连蔚、吴桂贤、刘湘屏等。刘湘屏是当时的卫生部部长，谢富治的老婆，同江青关系密切。她在三楼住，每天都要来看爷爷一次，奶奶说：“她的态度和神情，都使我感到她对朱老总缺少真诚的关心。有一次，我听见她问负责朱老总医疗的主管医生：‘还能拖多久？’”

7 月初，爷爷已报病危，但神志还比较清醒。一天，国务院副总理李先念来看他，爷爷本来是闭着眼睛的，听说先念来了，立即睁开，两人紧紧地握手，爷爷轻声缓缓地说："生产为什么不能抓？哪有社会主义不抓生产的道理？要抓好！"

7月5日这天，李先念、聂荣臻、王震、邓颖超、蔡畅等来医院看望爷爷，奶奶贴着爷爷耳边告诉他，他吃力地睁开双眼，看着这些几十年风雨同舟的老同志，嘴唇翕动着，想和他们说话，但张了张嘴却没有发出声音，想和他们握手，但胳膊微微动了一下，却没有抬起来……

看着当年驰骋疆场、威震敌胆的总司令被病魔折磨得如此虚弱，在场的人都流下了眼泪，我也哭了。

此后，爷爷一直处于昏迷状态……

1976年7月6日下午3时1分，爷爷那颗为真理、为国家独立、为民族解放、为社会主义事业跳动了90年的心，永远地停止了跳动……

那一刻，巨大的悲痛向我袭来，我情不自禁地哭喊着：

"爷爷，你怎么这么快就走了……"

为敬爱的爷爷送行

> 爷爷去世后，奶奶让我给爷爷换衣服。可我们在家里找来找去，竟没有找到一件像样一点的。直到最后实在是找不着了，我们这才想起来，爷爷根本就没有新衣服。

爷爷去世后，奶奶让我和爷爷的秘书尹庆民、警卫员李廷良、徐宏、刘炳文以及护士盛菊花给爷爷换衣服。可我们在家里找来找去，竟没有找到一件像样一点的。直到最后实在是找不着了，我们这才想起来，爷爷根本就没有新衣服。

我们知道，爷爷一生对衣着没有什么特别的要求。他有一身较好的衣服，平时怎么也舍不得穿，只是在接见外宾或外出时才穿，一回到家里，马上就换下来。他的内衣就更破了，领口、袖口、肘部磨破了，就请工作人员补一补，继续穿。他的一件浴衣，穿了近 20 年没有换过。一条棉被，盖了 20 多年，补了多次，临终前还用着它。他说："衣服被子只要干净就好，补补能穿能盖，何必买新的？给国家节约一寸布也是好的。这比战争年代好多了，那时一件衣服得穿好多年！"

爷爷身边的一位工作人员说："朱德同志的美德之一是崇尚简朴。他一生和旧势力、旧观念做斗争，为受剥削、受压迫的人民大众谋解放，一生中过的都是普普通通的百姓生活。我第一次见总司令时，他贴身穿的是一套浅蓝色丝绸面的棉衣，补丁挨着补丁，不知穿了多少年，一直舍不得丢弃。这件棉衣外边罩一套制服，照样年年穿它过冬。一直到 1960 年以后，这套棉衣实在无法再补了，才换了一套新的。”

1956 年的一天，爷爷向警卫员要他那一套灰色哔叽料子的中山装。警卫员说：“那套衣服两只袖子已经磨得破烂不堪，不能再穿了。”

爷爷坚持说：“补一补，还可以再穿嘛。”

衣服补好后，爷爷高兴地说：“衣服不怕它破，破了可以补上，洗得干净，这样穿起来有什么不好？中国人、外国人看了都好嘛：我们共产党员就是要带头艰苦朴素，做出榜样。”

1976 年 6 月 13 日，我母亲来北京看望爷爷。

1976 年，为爷爷送行

一进门，就看见工作人员正在给爷爷补被子。

他们见我母亲来了，高兴地说：“老赵，快来帮个忙吧！”

我母亲走上前一看，就说：“这不是爹爹的那床被子嘛！被里、被面都缝过好几次了。”

工作人员说：“这床被子你补过好多次了，这次碰上了，还是由你来补吧！”

我母亲拿着这床补丁加补丁的被子仔细看了一番，说：“被面没办法缝了，我给买套新的吧。”

警卫员说：“首长不让买新的，说缝补一下还可以用。”

大家都知道，爷爷不让买，谁拿他也没办法，只能照办。

于是，大家一齐缝了起来。

一边缝，一边议论说：委员长为人民操劳了一辈子，功劳那么大，也该享受享受。可他想的不是个人的享受，生活这样简朴，老百姓不是亲眼见到，还很难相信呢！

爷爷有一把椅子，靠背有些矮，头靠不上。工作人员见他的年龄大了，怕他坐着不舒服，就征求他的意见，想给他换一换。

他说：“买个椅子还得花钱，现在国家困难，就别买了，找一块木板把靠背接高一点就行了。”

工作人员就按他的意思，把椅子的靠背接高了一块，让他继续用。

工作人员见我们家的饭桌用了好多年了，桌子面上坑坑洼洼的也提出要给换换。

爷爷就问：“买一个桌子要多少钱？”

工作人员回答说：“就十几块。”

他说：“我给你们提个建议，把桌面平平，油油就行了，不用换了。”

想着这一件件往事，看着为人民奉献了一生的爷爷，走后竟没有给自己留下一件像样的衣服，我泪如泉涌，我说：

“爷爷辛劳了一生，一定得让他穿身新衣服！”

首都各界在劳动人民文化宫沉痛悼念爷爷

1976 年 7 月 8 日，首都各界群众含泪向爷爷遗体告别

于是我们临时在红都服装店给爷爷做了一身内衣，外衣中山装仍是他穿了多年的那件。

1975 年 9 月，有一次，奶奶见爷爷的衣服实在太破了，尤其是在春天换了棉衣之后，就没有什么可穿的了，便想着给他做件新衣。

爷爷知道了这件事后，就说："把旧衣服补补，还可以穿嘛！"

工作人员在一旁为奶奶帮腔说："您老人家的衣服太破了，不能再补了！"

爷爷说："不能再补？两件拼一件嘛！"

奶奶见说服不了他，就把王府井百货大楼的裁缝陆师傅请到家里来，好让"生米煮成熟饭"。爷爷见陆师傅来了，就讲起了勤俭新中国成立、勤俭持家的道理，并对陆师傅说，用不着给他做新衣服，让人家回去。直弄得陆师傅左右为难，不知该听谁的好。最后工作人员一起上阵劝说，他这才勉强答应做了件衣服，这也是爷爷生前做的最后的一件新衣服。

1976 年，我手捧爷爷的骨灰盒为他送行

爷爷的这件新衣服虽然很好，但却是件冬装，不太适合夏天穿，所以奶奶还是决定让爷爷穿上他穿了多年的那件中山装。

手捧着爷爷的这件中山装，奶奶泣不成声："老总啊，你一生俭朴，这件中山装你穿了多年，你就穿着它走吧！"

为爷爷送葬的那天，中山公园的工人们怀着对他老人家崇敬和怀念的心情，用自己培养的鲜花，献上了一片片敬意。他们精选了郁郁葱葱的龙柏、米针柏，象征爷爷的精神似苍松翠柏，永存于世；他们还用爷爷生前送给他们的四盆兰花和许多的君子兰，表达他们对爷爷君子之风的崇敬；以洁白的东洋菊、色彩缤纷的绣球花、洋蝴蝶、扶桑等，环绕在遗体与遗像的四周，表示爷爷永存在群众之中。

当时，奶奶特意安排，让我负责抱着爷爷的骨灰盒。当我抱起爷爷的骨灰盒的那一刻，我不相信那里面能放下伟岸高大的爷爷，我希望能从这里再次听到爷爷教诲的声音……

参加完追悼大会，从大会堂出来后，我手捧爷爷的骨灰盒，走在送丧队伍的最前面。

当时"四人帮"还是很猖狂，他们控制着舆论工具，在宣传上尽量地降低规格。但是广大人民群众仍然充满着对爷爷深深的怀念和敬意，在大会堂通往八宝山的十里长街上，数以万计的人民群众和军政各界人士含着热泪，自发地赶来为爷爷送行……

完成爷爷的遗愿

奶奶遵照爷爷的遗愿，把他新中国成立后实行工薪制以来省吃俭用节省下来的2万多元，全部作为党费交给了党组织。爷爷没有给儿女子孙留下什么财产，但他给我们留下了比什么都宝贵的精神财富，这就是对党对祖国对人民的无限忠诚，就是艰苦奋斗、勤俭节约的精神和作风。

开完追悼会后，奶奶召集我们全家开了一个家庭会。会上，奶奶说，爷爷生前曾说，他还有两万多块钱存款，想把这笔钱当作他的最后一次党费，全部交给组织。

爷爷去世后不久的1976年10月，祸国殃民的“四人帮”被粉碎了，我也有机会回北京上了大学。在这期间，我协助奶奶整理了爷爷的遗物，按奶奶的意见，帮助她起草了给中央办公厅的一封信，信是这样写的：

汪（东兴）主任：

朱德同志逝世已经七个月了，承蒙组织照顾由他身边工作人员清理了他的文件和遗物。这一工作现已告一段落，那几位同志也已相继离开了这里。此外还有几件事向您汇报一下。

一、遵照朱德同志生前嘱咐，现将他自发工资以来存放于中办特别会计室的存款（20306.16）全部上交党组织，另外他一件比较珍贵的白虎皮大衣也一并交上。

二、组织上为了照顾朱德同志为他特制的一张新床和一辆手推车，现均退还给组织。

原来朱德同志坐的红旗轿车，仍存放在六所，如何处理请组织安排。

三、朱德同志生前所发的文件资料等曾由尹庆民秘书整理，其中重要的文件和讲话、报告等资料均已上交中办。另外文字材料中，尚有朱德同志自1939年至1976年所作诗词除六十五首出版过，还有六百余首尚未出版。这些底稿现均存放在我这里。诗刊编辑部和一些老同志对朱德同志的诗词汇集表示关心。我考虑这部分遗物尚需找位比较熟悉情况的同志协助整理一下。如果中央决定出版，即可提供。据我了解，朱德同志的大部分诗词是经原秘书沈毓珂同志经手的，他比较了解，是否可请沈毓珂同志协助整理朱德同志的这部分诗词。（沈毓珂同志现为湖北十堰二汽党委书记）

以上意见，请您审处。（东西上交何处，请批示）

康克清

一九七七年元月十五日

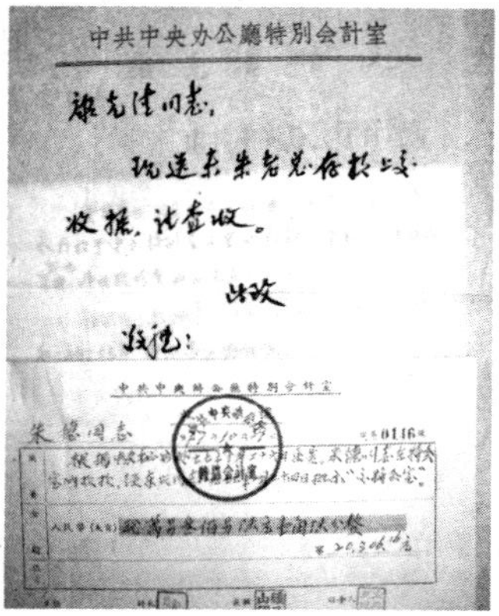
中共中央办公廳特別会計室

康克清同志：

现送来朱老总存款上交收据，请查收。

此致

敬礼！

中央办公厅收到奶奶上交爷爷存款后的收据

中央办公厅特别会计室不久给奶奶寄来收据说：“康克清同志：现送来朱老总存款上交收据，请查收。”

就这样，奶奶完成了爷爷的遗愿，把他新中国成立后实行工薪制以来省吃俭用节省下来的2万多元钱，全部作为党费交给了党组织。爷爷没有给儿女子孙留下什么财产，但他给我们留下了比什么都宝贵的精神财富，这就是对党对祖国对人民的无限忠诚，就是艰苦奋斗、勤俭节约的精神和作风。

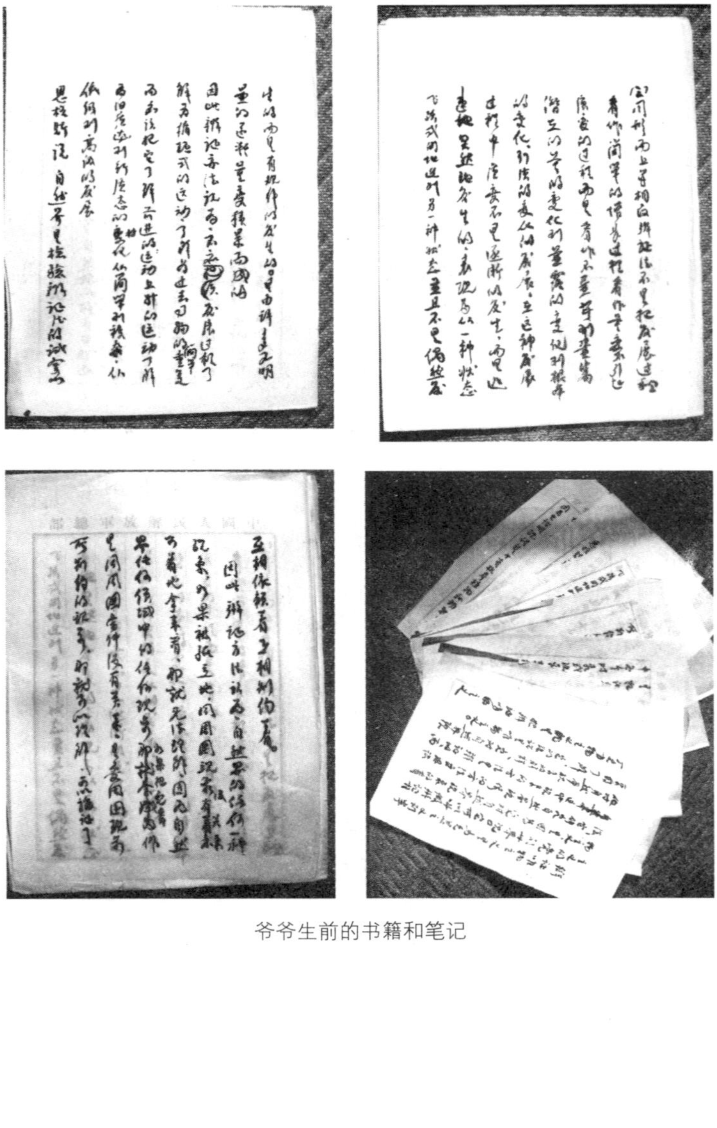

爷爷生前的书籍和笔记

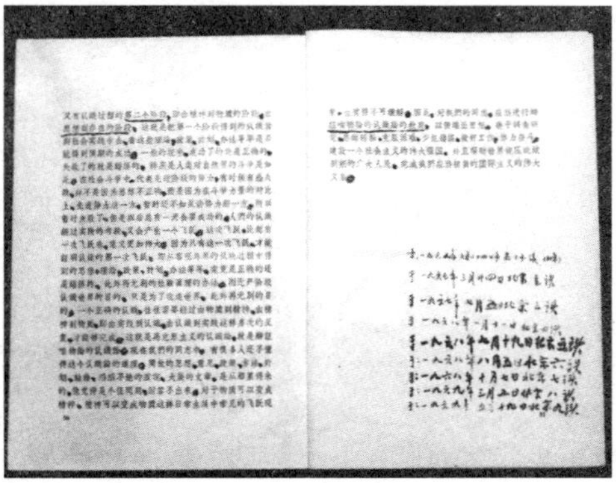

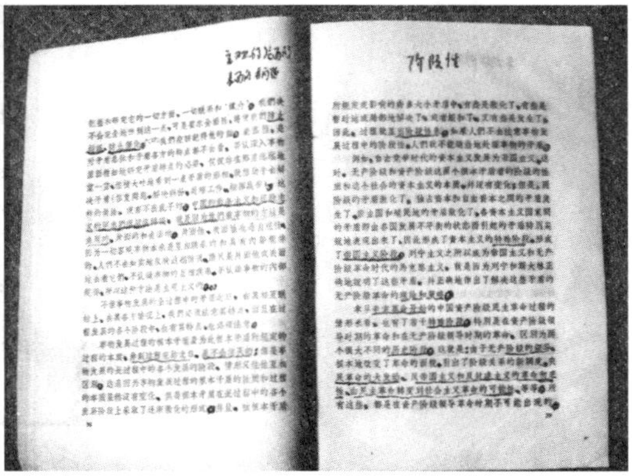

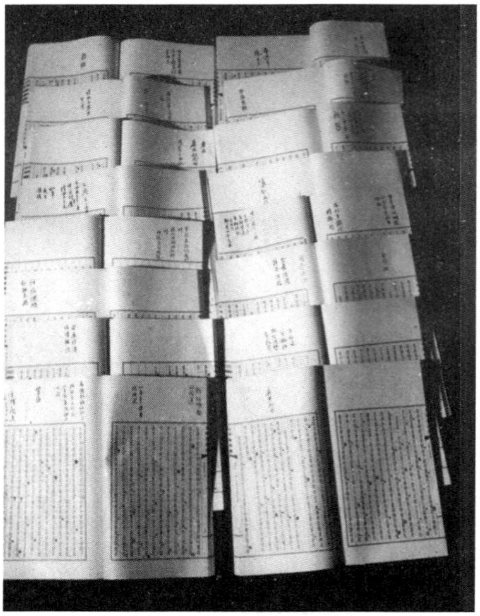

爷爷批注过的书籍

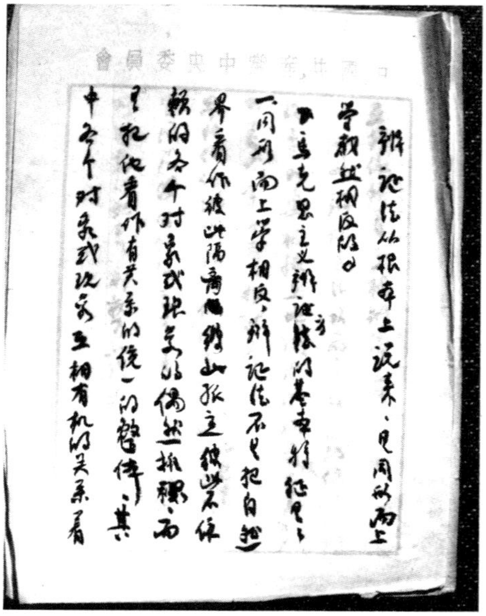
中國共產黨中央委員會

辩证法从根本上说来，是同形而上学截然相反的。

马克思主义辩证法的基本特征是：

一、同形而上学相反，辩证法不是把自然界看作彼此隔离、彼此孤立、彼此不依赖的各个对象或现象的偶然堆积，而是把它看作有关系的统一的整体，其中各个对象或现象互相有机的关系着

爷爷写的读书笔记

爷爷生前的茶杯

爷爷生前的床

爷爷生前的牙具

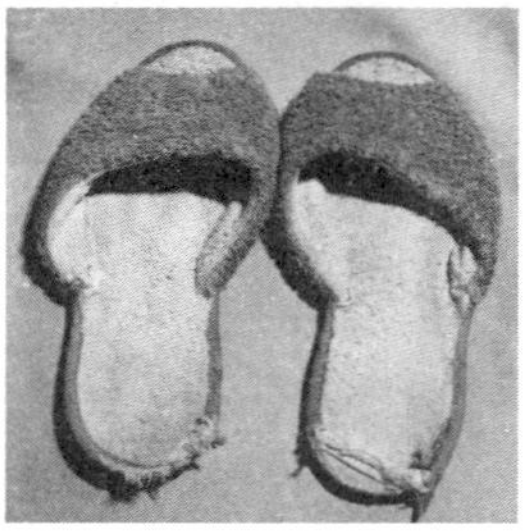

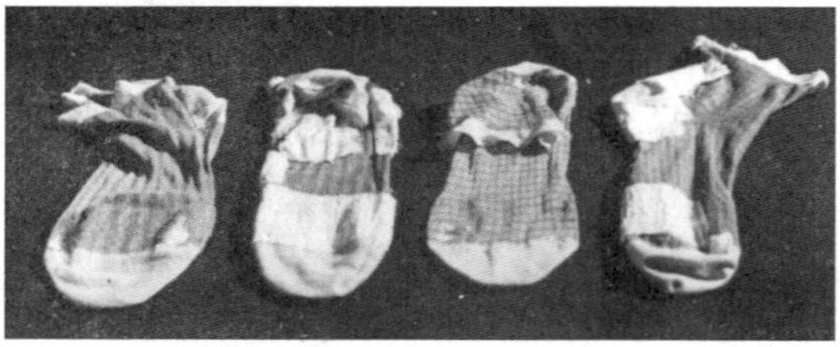

爷爷生前穿过的袜子

爷爷生前的鞋

七 延续的血脉和亲情

奶奶对爷爷的深切怀念

奶奶在忆文中说：阳光洒进卧室，放在书桌上的朱总瓷盘遗像泛起光彩。他抿着嘴正在静静地思考着，微笑着，似乎正要同我交谈什么……这一历久而弥新的神态，对我来说真是太熟悉、太熟悉了。我凝神他的遗像，往事历历，宛若昨日……

爷爷去世后，每当爷爷的诞辰（12 月 1 日）、祭日（7 月 6 日）或是清明，无论刮风下雨还是飘雪结冰，奶奶都要带领我们全家到八宝山革命公墓爷爷的灵位前，凭吊和悼念，献上爷爷平生最喜欢的兰花。即使是奶奶在外地，也要赶回来。

1991 年春天，身患重病的奶奶去广东疗养，那一年她在广东身体恢复得挺好，我从北京给她打电话，告诉她北京的气候不太好，希望她在广东多待些日子。清明节快要到的时候，我们精心地准备好了要献给爷爷的花篮和一些扫墓的用品，但是奶奶还是赶回来了，并且带着我们全家，亲手把鲜花献给了敬爱的爷爷。

那年是爷爷诞辰 105 周年。奶奶写了一篇回忆爷爷的文章，有一万多字。文章开头说：

阳光洒进卧室，放在书桌左端的朱总瓷盘遗像泛起光彩。他抿着嘴正在静静地思考着，微笑着，似乎正要同我交谈什么……

这一历久而弥新的神态，对我来说真是太熟悉、太熟悉了。

今年十二月一日是朱老总诞辰一百〇五周年。我凝神他的遗像，往事历历，宛若昨日。

延安时期，爷爷与孩子们在一起

奶奶回忆了她1928年秋天跟随红军上井冈山，第一次见到爷爷的情景：

在向井冈山进军途中，有一天，我们的队伍停在遂川附近，听到同志们兴高采烈地互相传话："朱军长来了。"以前，我还幼稚地以为"朱毛"是一个人呢，后来才知道是两个人。他们被传说得非常神，现在有机会亲眼见到他们，内心充满了好奇和敬仰。我挤在队伍中，顺着别人指的方向望去，只见一位中等个头，体格健壮，忠厚长者模样的人，正向我们走来。走近了，才看清楚他身穿灰里透白的军服，脚穿草鞋，一身风尘，面带微笑，威武中透露着慈祥。朱军长给我的第一个印象，是他很平易，平易得像一个地地道道的农民。一个普通的红军战士和威名远扬的军长之间的距离，瞬间就缩短了。当时我并不理解，这正是他的特点，他的气质，他的伟大所在。更没有想到后来我俩会结成终身伴侣。

奶奶在爷爷题写的“革命到底”的条幅前

奶奶在回忆中还说：

以后，在战争的岁月里，在行军途中，我常常听到战士们说：“我们红军战士的生活和战斗很艰苦，可是朱军长和我们一样，还有什么可说的……”每每部队一宿营，朱军长就去和老乡聊家常，帮他们扫地、干农活，就像是自家人。他的行动无形中影响了广大指战员，体现了军民鱼水情。在向赣南、闽西挺进，以及后来在苏区的那几年，我们经历了无数次的战斗，每次作战，朱老总总是先了解敌情，察看地形，研究兵力的部署，作战斗动员，认真细致地对待每项工作。即使碰到了挫折，他也镇定如常，告诉大家要相信我们的事业是正义的，前途是光明的。人所共知，第一、二、三、四次反“围剿”都是以敌人的失败、我们的胜利而告终。在战斗的间隙，他和战士们有时一起下棋，有时一起打篮球，总是精神抖擞，非常认真。朱老总爱护战士是有名的，战士们也同样爱戴他。

1955 年秋，爷爷、奶奶在北京县农村与农民叙家常

1956 年，爷爷、奶奶与李富春、蔡畅夫妇（左二、左三）及聂荣臻（左一）在北戴河

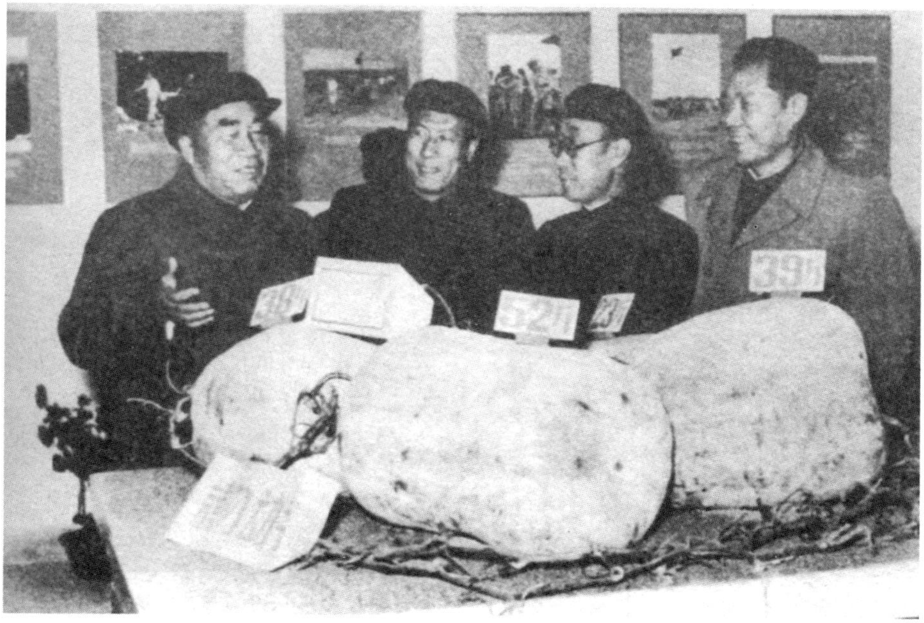

1958年，爷爷在中直机关事务工作展览会上向参观者介绍自己的劳动成果。一株冬瓜秧结了四个大冬瓜，共重152斤

爷爷擅长棋艺。1958年，他在北京十三陵与彭德怀对弈，邓小平在旁边观棋

1960 年 8 月 14 日，爷爷与著名英雄黄继光的母亲邓芳芝跳舞

奶奶还回忆了她和爷爷在长征途中同张国焘斗争的经历、抗日战争时期在太行山的战斗岁月及 1940 年 5 月回延安的情况。

文章最后还回顾了她陪伴爷爷度过最后十年的“史无前例”的岁月。说：“文化大革命”一开始，我常常看到他一人独坐默想，很少说话。可以看得出来，他的心情十分苦闷。对于那场历史性灾难的突然降临，当时身为中共中央政治局常委、全国人大常委会委员长的他，也难以理解。有一次他突然问我：“戚本禹怎么成了中央‘文革’小组的成员？”我只能摇头。还有一次，他参加中央会议回来，将林彪那个大谈“政变经”的讲话材料交给秘书，转身就走。以往，对中央的文件、领导人的讲话，他交给秘书时，强调如何学习、怎样理解等，这次不屑一提的神态，正反映了他当时的心境。

“朱老总怀着深深的遗憾和不安离开了人世，因为他未能看到祸国殃民的‘四人帮’被粉碎，因为他未及看到第五个五年计划的实现。”

当我坐在他最后十年生活和工作的房间里，缅怀这些往事时，每每感到朱老总依然在世。他每天用的砚台和毛笔仍在书桌上摆着，继续为我使用；他读过的马列著作、毛主席著作、《资治通鉴》和《二十四史》等，都留下了他阅读时的记号和眉批；还有那把用布沿了边的芭蕉扇……每件他使用过的物品，似乎都散发着他的气质和精神，当我目睹或接触到它们时，总是如见其人，如闻其声，感到无限的亲切和充实。尤其当我抬头凝眸端详挂在左侧墙上的条幅——“革命到底”时，真是思绪万千。那是朱老总一九七五年三月六日书写的，四个苍劲、浑厚的大字，显示了他的坚强意志，倾注了他对我及后来人的希望。他的真诚、善良、坚毅、博大、宽容等一切美好的思想情操，仿佛都融在字中，跃然纸上，令人回思无穷，令人感奋不已。

平时，奶奶也和我们回忆爷爷。她说：爷爷是总司令，一生戎马生涯，转战南北。他性格刚强、坚毅，在任何艰苦的情况下，都对胜利充满信心，让敌人胆战。同时，他谦虚、和善，使自己的战友和部队能感到温暖。和爷爷在一起，随时都能感受到一种强大的力量，他能使我坚定信心，克服困难，不断进步。

奶奶要我来管家

我刚“上任”几个月，我家的伙食费便连连超支。看到这种情况后，奶奶几次批评我不会过日子，我就找一些借口说：现在东西涨价了，也说明人民的生活水平提高了。但奶奶还是不依，一定要我做到勤俭持家，不要超支。

奶奶长期担任党和国家的领导职务，是我国妇女界的著名领袖之一。但在我们孩子们心中，她是一位伟大的母亲，她受到我们全家及许多老一辈革命者的后代的衷心爱戴。

奶奶爱学习，到了晚年还坚持读书，对《红楼梦》《三国演义》《水浒传》《悲惨世界》《基度山恩仇记》《红与黑》等中外名著都十分喜欢。有的读了不止一遍两遍。对有的篇章、情节、人物她十分熟悉，津津乐道。她在不断地追求美好精神生活的同时，保持着中华民族艰苦朴素的传统和作风。

奶奶吃饭很简单，平时只要有个炒青菜、炒辣椒就行了，最多也就是四菜一汤。家里有点什么好吃的，她总是要留给我们，或者留着招待亲戚朋友和来访的客人。她风趣地说：“这叫作有福同享。”

在我们家里，剩菜剩饭，奶奶一律不准倒掉，让下顿热热再吃。如果她发现有谁倒了剩饭，她是非批评不可的。

在我们去仪陇参加爷爷铜像揭幕典礼的途中，奶奶在火车上吃了一顿晚餐，当她发现餐车服务员在收拾餐桌时把剩下的几个馒头和面包倒掉了，非常心疼，对身边的徐秘书说："这么好的伙食都倒掉了，多可惜！"

列车服务员知道了这件事后，非常感动，马上过来给奶奶认了错，还说：

"真没想到您老这样爱惜粮食，今后一定向您学习！"

奶奶在家里常穿的衣服，无论内衣还是外衣，总是补了穿，穿了补，缝缝补补不知穿了多少年。洗衣服时不敢用劲搓，更不敢放在洗衣机里搅。

提起奶奶的俭朴，我母亲说："从进了朱家的门开始，我为你爷爷奶奶补了40年的衣服。每逢节假日，我都要从天津回来住一两天，给她老人家缝补浆洗。有时，我实在看不过去了，说要她做件新的，你奶奶却说，扔了太可惜，补一补还能穿。"

1985年，为奶奶过生日

爷爷去世后，我们家的生活管理一直由奶奶亲自负责，每一笔开支她都亲自过问。

1988 年夏天，有一天，奶奶把我叫到她跟前，郑重其事地说：

“我现在年纪大了，没有精力管这么多家务了，你一直在我身边长大，也应该学会当家理财了，现在我把这个‘印把子’交给你，就由你来管这个家吧！”

直到这时，我才接触到我们家的账本。这里面记录了爷爷奶奶几十年来的工资收入和我们家里的每一笔开支情况，我随意翻开一页：

1964 年 11 月的收支记录

应收十一月份工资	404.8 元
财务科扣月租费（房）	59.66 元
财务科扣澡费	2.0 元
和平在大灶吃饭扣炊事费	1.0 元
总司令交党费	10 元
总司令理四次发用币（包括康部长两次）	4.8 元
买肥皂五条	2.85 元
买煤三吨用币	90 元
买柚子 10 个用币	3.5 元
买鞋油两盒用币	0.6 元
朱小兰十一月份伙食费和零用钱	23 元
朱和、朱春元十一月份伙食费和零钱一共	38 元
朱和看病用药费	1.62 元
朱和又一次看病用钱	1.7 元
朱和平大灶吃饭买饭票	4 元
首长、康部长陪凯塔去上海广东等用伙食费	1.8 元

陪凯塔外出在上海广东买东西用钱	91.78 元
供应站买米面菜水果等用币	161.40 元
服务科洗衣费	1.77 元
付西楼灶面包费	5.85 元
……	
本月总共支出	505.33 元
用本月开支亏	100.53 元

本月超支原因：1. 陪凯塔总统外出买东西支出 91.78 元。

2. 本月买煤 3 吨用钱 90 元。

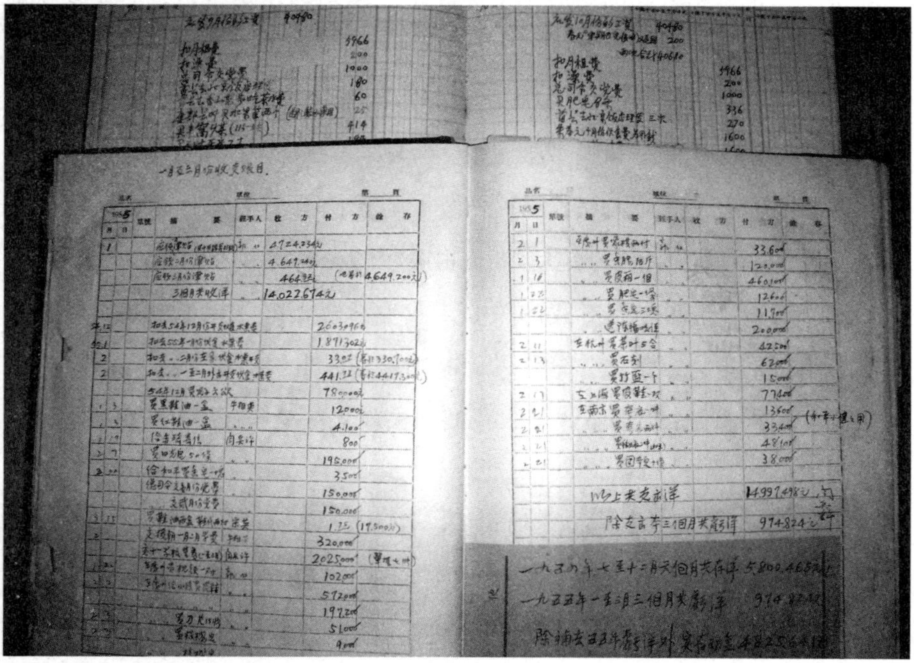

这是我们家的老账本

翻看这个账本，从中我还发现，爷爷的工资不是越来越多，而是越来越少。1955 年 10 月，爷爷的工资是 649.6 元，而到了 1957 年 1 月，却变成了 579.5 元，1959 年 4 月，又成了 460 元，1960 年 10 月至 1966 年 7 月，爷爷的工资一直是404.80元。

看到了这个细节，我就问奶奶：爷爷的工资为什么不升反降呢？

奶奶说："当时，爷爷说国家还不富裕，一般干部和群众普遍是低工资，这工资是他自己降的。"

接了这个"印把子"后，我才真正理解了"不当家不知柴米贵"这句俗话。

我一直在部队工作，哪懂什么管理家务，特别是伙食管理方面更是稀里糊涂，刚"上任"几个月，家里的伙食费便连连超支。看到这种情况后，奶奶就着急了，几次批评我不会过日子，我就找一些借口说：现在东西涨价了，也说明人民的生活水平提高了。但奶奶还是不依，一定要我做到勤俭持家，不要超支。

1991年年初，奶奶在广东从化休养，南海县妇联的同志去看望她时，给她带了两条毛毯和一床鸭绒被，说：

"康大姐您为中国革命辛苦了一辈子，我们帮不上您什么忙，送给您两条毛毯和一床鸭绒被。希望您老盖得暖暖的，睡得好好的。"

奶奶说："谢谢你们对我的关心，我生活得很好。毛毯、鸭绒被质量很好，请你们把它拿回去，这样的商品国家可以出口换汇。"

妇联的同志说："您不收下，我们回去就无法交代了。"但奶奶还是坚持不收。

见奶奶的态度坚决，妇联的同志也不强求，说了一会儿话就走了。而等奶奶回到北京时，却发现这两样东西随行李一起悄悄地托运回了北京。

这事后来就成了奶奶的一块心病，动不动就说这件事没处理好。后来华东地区遭水灾，奶奶就托全国妇联把那两条毛毯和鸭绒被捐给了灾区的群众。

她说："人民的东西，理应还给人民才对！"

奶奶还经常跟我说："你爷爷说过：'从俭入奢易，从奢入俭难，勤俭新中国成立家，永久是真言。'我们都是普通人，就应该过普通人的生活。"

奶奶对又一辈人的关爱

> 奶奶说："我喜欢男孩，男孩子有力量！当然，女孩也很好，但我还是希望有个重孙子！""我合计着就叫朱辰吧。辰就是龙，也就是龙子龙孙、龙的传人！"1987年11月18日，我们的孩子出生了。

我的儿子朱辰27岁了，从出生到他的老奶奶去世，他只在老人的身边生活了五年。但正是这短短的五年，给老人的晚年生活带来无限的乐趣，也给朱辰幼小的心灵留下了难忘的印象。

1987年，当奶奶知道我爱人郭晓敏怀孕了，非常高兴，她非常盼望能早日见到自己的重孙。当时我妻子妊娠反应很大，吃不好，睡不好。奶奶看在眼里，急在心上，时不时地就给我们交代一定要加强营养，吃不下去也要想办法吃，不然会影响孩子的生长和发育。

奶奶还多次对我爱人交代，要多吃青菜，多吃水果，这对将来孩子的皮肤好。

随着我爱人临产期一天天地接近，奶奶的心事也越来越多，总想准备这准备那的。

10月份的一天，奶奶工作之余，专门带上服务员徐晓亭一起上街给还未出生的重孙子买东西。

售货员问奶奶："您买东西是给男孩还是给女孩呀？"

奶奶说：“男孩！你帮我参谋参谋，买什么颜色的好啊？”

售货员说：“黄颜色的好，皇（黄）子皇（黄）孙嘛！”

奶奶一听就乐了，她说：“那好，就买黄颜色的吧！”

就这样，奶奶给朱辰买的小被子、小衣服都是黄颜色的。

回家后，工作人员都和奶奶开玩笑，说：

“康大姐，您是全国妇联主席，现在可是男女平等，生男生女都一样嘛，何必一定要认准是男孩呢？”

奶奶也笑着说：“我喜欢男孩，男孩子有力量！当然，女孩也很好，但我还是希望有个重孙子！”

接着，奶奶又要给孩子起名。奶奶说：

“我合计着就叫朱辰吧。辰就是龙，也就是龙子龙孙、龙的传人！”

1987 年 11 月 18 日，我们的孩子出生了。

1988 年，奶奶与我全家

奶奶知道是个男孩后，高兴地说：“看看，我没猜错吧，真是个男孩！”

她还说："女人生孩子是件大事，一定要注意把身体补养好，鲫鱼汤催奶，孩子最好要吃母亲的奶，将来身体好。"

于是，她每天交代炊事员小邱买了老母鸡和鲫鱼煮汤，并让我每天往医院里送。

孩子接回家里后，奶奶捧着孩子看来看去，笑着说："这孩子的鼻子、眼睛，一看就是咱们朱家的后代。"

奶奶还从如何给孩子换尿布、洗澡等这些小事讲起，仔细地教我们怎样带孩子，晚上睡觉前还叮嘱我们："天气凉了，要注意给孩子盖好，不要感冒了。"

平时，只要奶奶有空，就让我们把朱辰抱到她的身边，虽然她抱不动了，但看着我们逗弄着孩子，她时不时地就露出开心的微笑……

1989 年，奶奶与孙媳郭晓敏、重孙朱辰

朱辰满月的时候，我们全家搞了一个会餐，奶奶和家里的工作人员都参加了。奶奶抱着小辰辰照了好几张照片，并在我们专门买的一个相册上亲笔写下

了“辰辰满月念存”几个字，她说：“以后孩子长大了，给他留个纪念!”

我们从奶奶的一言一行中，能够体会到老人对又一辈人的浓浓的关爱和期望。

朱辰学会走路后，奶奶每天散步总要带上他。看到孩子在院子里蹦蹦跳跳，老人家特别高兴，常用自己的拐杖为重孙子量身高，仿佛是盼着孩子能快些长大。

朱辰喜欢画画。每天晚上看电视时，朱辰就坐在奶奶身边的桌子上画画，一般到 8 点半左右，奶奶要休息了，他的画也就画完了，还要把自己的画拿给老奶奶看，请老奶奶评论评论。有时，朱辰画得很认真，超过了时间，我们就催快点画，不要影响老奶奶休息。而奶奶总是说：“不急，不急，再等一会儿，让孩子画完。”

朱辰三岁半后开始学钢琴，每天晚上新闻联播后，奶奶就听朱辰练钢琴。奶奶 80 岁生日的时候，朱辰专门给老奶奶弹了一首“生日快乐”，奶奶听完后，高兴地连声说：“弹得好，弹得好!”

1990 年，奶奶与王光美家人

1991 年，奶奶给重孙朱辰过生日

1990 年，朱辰开始上幼儿园了。

刚开始，孩子哭着闹着不愿意去，我们也有些舍不得。奶奶就对我们讲："孩子一定要上幼儿园，和小朋友们一起过集体生活，对孩子的一生都有好处。"

我们家离幼儿园有 7 里地，我和我爱人每天都要骑自行车接送孩子，很是辛苦。有时，赶上刮风下雨，我就想用奶奶的车接送一下，奶奶却说："接送一下倒也没什么，但影响不好，还会给孩子养成特权思想！"

1991 年夏天，身患重病的奶奶去北戴河疗养，特别叮嘱我们一定要带孩子一起去，奶奶说："北戴河这个地方很好，让孩子去，可以在大风大浪里锻炼锻炼。"

朱辰第一次见到大海，玩得很开心，但就是不敢下去，顶多是到沙滩上湿湿脚，浪一来马上就往回跑。奶奶每天吃饭都要询问："朱辰下海了吗？"当听到一连好几天都没有下去时，奶奶就讲："和平，你想你小时候是怎样下的海，你爷爷抱你下海的时候，你不也是又哭又闹吗？过了这一关就好了，人总是要过几个关口的嘛……"

1992年奶奶和朱辰

奶奶还对朱辰讲："辰辰要勇敢点儿，像个男子汉，我最喜欢勇敢的孩子。"

第二天，老奶奶坐上轮椅，由我们把她推到海边，亲自坐镇看朱辰"过关"。可能是慑于老奶奶的威严，也可能是感受到了老奶奶的鼓励，朱辰不再哭闹，顺顺当当就跟着我们下了海……

奶奶那一天特别高兴，一直坐在岸边看着朱辰在水中嬉戏。

为了纪念这个日子，我们专门带了录像机，拍下了这感人的场面……

奶奶看着渐渐长大、渐渐懂了一点事的重孙子，希望他能知道他的老爷爷是谁，他是谁的后代。那时，当电视台播放一些反映抗日战争时期的专题文献片或电视剧时，奶奶总要带着朱辰一起看，每当画面中出现了爷爷的形象时，奶奶就问朱辰："辰辰，告诉老奶奶，这是谁呀?"

当朱辰能准确地说出"是老爷爷!"时，奶奶就欣喜地说："这孩子长大了，也懂事了……”

那时，全家人每逢爷爷的生日或忌日到八宝山革命公墓凭吊和悼念时，奶奶总要我们带上朱辰一起去。

1991 年去四川仪陇参加为爷爷的铜像揭幕典礼时，朱辰病了，正在出水痘，当我们告诉奶奶小朱辰去不了时，奶奶显得有些遗憾，她说：“这可是对我们全家最好的一次教育机会，将来一定要为孩子补上这一课！”

参加完纪念活动，我们在重庆休息了一天，奶奶考虑到自己的身体不好，不便于在外地久留，要马上返回北京。可我们准备在四川再待几天，看一看爷爷生活和工作过的地方。奶奶说，我们从北京出发时家里没有人了，朱辰在家，我不放心呀！

说完，奶奶马上拿起电话，就问起朱辰的情况，还和重孙子在电话里讲了话，告诉小朱辰：你太爷爷的铜像在四川老家高高地站立起来了，好高哟！

1992 年，陪奶奶到北京八宝山给爷爷扫墓

挥泪在爷爷的铜像前

> “你爷爷不仅仅是我的亲人，他更是一位伟大的无产阶级革命家，是我们军队的缔造者和领导者。所以，作为我，也不能只是站在亲人的角度上考虑，我更要站在作为他的一名战士，作为一名共和国的公民的角度上来作这篇铭文。”接受了奶奶的委托后，我就饱含深情地投入到铭文的写作中……

1991年年初，奶奶得知中央军委决定要在四川仪陇为爷爷竖立铜像的消息后，把我们都叫回去，开了一个家庭会，动员大家为爷爷铜像捐款。

奶奶说：“这对世世代代纪念爷爷，对让后来人了解和缅怀老一辈革命家的丰功伟绩，继承他们开创的伟大事业，是很有意义的。但是，现在国家还不富裕，家乡人民还不富裕，我们作为亲属也应尽最大努力，以减轻国家和人民群众的负担，你们根据自己的经济情况，有多大力就出多大力吧。”

奶奶说完，当场就让秘书把自己多年积攒的9200元存款从银行取出来，又让秘书找出家里存放的800元，凑了一万元。奶奶带了头，我们全家和奶奶身边的工作人员一起又凑了一万元。

当奶奶把这两万元交到来北京汇报修建爷爷铜像有关事宜的仪陇县领导那里时，人家坚决不要，但奶奶再三坚持，仪陇县的领导们接下后，激动地说：“这钱有价，康大姐您的情义无价啊……”

矗立在仪陇县“朱德纪念园”的爷爷铜像

把我们的捐款交走之后，奶奶最挂心的就是撰写爷爷铜像后面的铭文。虽然有人写过几稿，她都觉得不满意，最后，奶奶把我叫去，说：

“你爷爷不仅仅是我的亲人，他更是一位伟大的无产阶级革命家，是我们军队的缔造者和领导者。所以，作为我，也不能只是站在亲人的角度上考虑，我更要站在作为他的一名战士，作为一名共和国的公民的角度上来作这篇铭文。”

奶奶对我说：

“你在我们身边生活的时间最长了，你应该最了解爷爷，也最了解奶奶的心思，这个稿子就由你来写吧！”

接受奶奶的委托后，我就投入到铭文的写作中……

几天里，我吃不好睡不好，爷爷的形象，奶奶对爷爷的深情，一直在我的脑海里闪耀、升华，经过反复地和奶奶商讨后，我写道：

共和国永远不会忘记
——你以坚强的意志，
无私地为她奉献了一切，你的名字
将永垂青史。
党和人民永远不会忘记
——你以满腔的热情，
全身心地为人民操劳，建立的
震烁古今的功勋。
战友们永远不会忘记
——你以博大的胸怀，
坚决维护党的团结，
度量大如海、意志坚如钢。
人民子弟兵永远不会忘记

——你以无畏的气概，

英勇地同敌人做斗争，既是

总司令，又是普通一兵。

我和子孙后代不会忘记

——在我们风雨同舟

的岁月里，我与你同甘共苦，

休戚与共，

你的革命到底的苍劲题词，

将永远镂刻在我们心中。

看了这段文字后，奶奶高兴地笑了，说：“好，好！这样写就对了。还是你懂奶奶的心思。”

然后，奶奶又让我把这篇文字寄给赵朴初老人，请他修改。

不久，赵朴初老就将修改后的稿子寄来了，并附信说：“康大姐：题词稿我看了，略改一些字句，仍请您斟酌。”

这个铭文，最后由赵朴初老书写并经奶奶签名后，镌刻在了爷爷铜像基座的背面。

为爷爷的铜像揭幕典礼前，中央办公厅的负责同志考虑到路途遥远，奶奶年事已高、行动不太方便等诸多因素，劝她不要去四川仪陇了，家里人也都劝她不要去了，但奶奶没有表态。

我当时正因公出差，不在家，家里人催我快点回家共同做奶奶的工作。我回家后，就按照中办和秘书商量好的口径和奶奶谈了一次话。

我说：“仪陇县您已回过多次了，现在正值冬季，您老人家的身体状况也不好，一路上会给当地政府带来很多麻烦。这次您可以准备一个书面发言，把您想说的话都写上，由我们代您表达，您看这样安排行吗?”

奶奶用慈祥的眼光看了我半天，像是心事重重，一言不发。

看到了这个情形，我又对奶奶说：“这次杨（尚昆）主席代表中央去，他和咱们家有几十年的友情，您还不放心吗?”

见我这么说了，奶奶才终于说出了心里话。她说：

“你们的意思我心里都清楚，但你们看看，我现在这样的身体状况，也许，这是最后一次回四川了……党中央、中央军委对这件事这么关心重视，家乡人民为了老总的铜像昼夜施工，我又与老总一起生活了47年，你说说，我不去行不行?”

尽管我们多方劝说，奶奶还是不顾自己的身体状况，和我们一起千里迢迢地赶到了仪陇……

1991年11月22日，爷爷铜像揭幕典礼在“朱德纪念园”如期举行。

“朱德纪念园”位于仪陇县县城中心，占地7000平方米，呈南低北高台阶状，分四个台面。第一层为爷爷生平简介。第二层为功勋坊，坊顶托着中国人民解放军军徽。第三层为爷爷铜像广场，为纪念园的主体，雪松、翠柏伫列其侧。4米高的爷爷铜像屹立在黛色花岗岩石基座上，基座正面刻着江泽民同志题写的“朱德元帅”四个大字。背面为奶奶撰写的铭文。

铜像广场的左右有两道名人题词墙，上面有毛泽东、周恩来、刘少奇、宋庆龄、陈云、杨尚昆、李鹏、徐向前、彭真、邓颖超、王震、郭沫若等党和国家领导人赞誉爷爷的题词，以及著名书画家赵朴初、舒同、吴作人、刘海粟等颂扬爷爷的墨迹。

第四层是陈列室。陈列着爷爷投身革命活动的珍贵文物、文献和照片，生动地再现了爷爷为中国人民革命事业立下的丰功伟绩。

那天，会场上人山人海，全是从四面八方自发赶来的群众。当我们正要把轮椅中的奶奶搀上台阶献花时，已经一年多没有离开轮椅的奶奶竟然颤巍巍地用双手撑着轮椅的扶手站了起来……

秘书、工作人员和我们都被这场面惊呆了，赶忙上前将她扶好。就这样，在大家的搀扶下，奶奶一步一步地向爷爷的铜像走去……

当奶奶弯腰向爷爷的铜像深深地三鞠躬并献上一个用艳丽的鲜花编成的花篮后，奶奶哭了，哭声是那么悲恸……

听到奶奶的哭声，我们哭了，拍电视的哭了，所有在场的群众也都哭了……

懿德长存天地间

> 走完了她坚定、质朴而又善良的人生之路，永远地离开了我们。我们流着泪水，在家中为将一生都献给了革命事业和我们一家的奶奶设立了一个简朴的灵堂……

奶奶最后一次接受采访的时间是1992年2月3日。

那天，当我把《解放军报》的乔林生和乔天富两位记者带到家里的时候，奶奶热情地连声说："请坐下，请坐下。"

两位记者坐定后，问奶奶："您老刚去参加朱老总的铜像揭幕仪式回来，身体还好吗？"

奶奶说："好，心里高兴身体就好。这次经过四川，看到变化很大，从前那些穷山区，老百姓就挂一些叶子遮羞，现在穿得干干净净，而且吃的也不错。共产党就是为人民办事的，人民生活好了，我们心里就高兴。"

谈到这里，奶奶高兴的心情溢于言表。

这时候记者说："朱老总答外国记者时曾评价自己是一个合格的老兵，您已经80岁了，您怎样评价自己的一生呢？"

奶奶从衣襟里掏出手绢擦了一下嘴角，想了一会儿说："我历来看自己是一个普通人，做普通事。一生观旁人，取长处。没想到自己有什么优越，优越就是工作。"

奶奶说到这里，停了一停，侧身看了一眼墙上爷爷的照片，说："走过来就是评价，跟上这个时代就是合格的共产党员，跟不上就是掉队了，对不起人民。我看他（指爷爷）那么大岁数，和老百姓一样，为老百姓做事，为老百姓工作，总把自己当普通一兵，就应该向他学习。”

奶奶还应两位记者的要求，讲起她和爷爷的婚姻生活。她说：“我们的婚姻是美满的，要说有什么不足，那就是我对他的帮助少了一些。我们没有吵过嘴，他总是让着我。遇到困难，两个人相互理解，相互帮助，他希望我为人民多做一些事，只准做好，不准做坏。”

采访就像拉家常一样进行着。两位记者也慢慢地没有了开始时的拘束，他们笑着问奶奶：“您年轻时也很漂亮，是什么原因促使您和朱老总结为夫妻的呢？他大您 24 岁。”

奶奶听到这话，也笑了，笑得率真而开心。

1992 年，奶奶同秘书、家人在一起

看到记者要拍照，奶奶对站在旁边的我爱人郭晓敏说：“把你婆婆叫来一起照。”

奶奶又向记者介绍我爱人说：“这是和平的媳妇。”

我妈妈出来后，奶奶又介绍说："这是和平的妈妈，她正帮我拆洗衣服。"

这次记者们还采访了我们家属和工作人员。我们给记者们谈了一些奶奶的轶事——

奶奶和爷爷一样，非常敬重科学家，在科学家中，奶奶又非常佩服钱学森。钱学森在会议上发言，她都仔细听；有关钱学森的文章、报道，她都要工作人员念给她听。有一次，钱学森也在三〇一医院检查身体，奶奶天天问他的情况，一直到得知钱学森身体没有问题时，她这才放心。

著名歌唱家郭兰英是奶奶的老相识。郭兰英去广东办学后，奶奶一直惦记着她，说了好几次要找郭兰英。1991 年冬天，奶奶去广东疗养，第二天郭兰英就找到奶奶，一见面，就激动地一把将奶奶抱住。奶奶也很激动，反复地叮嘱郭兰英要把学校办好，为国家培养更多的艺术人才。回到北京后，奶奶还为那所学校题写了"育才楼"三个字，并让我代她寄给了郭兰英。

对这次记者采访，奶奶很有兴致，还把她 1962 年 12 月 1 日，即爷爷 76 岁寿辰时她写的一首，拿给记者看。诗中写道：

雄图壮志依然在，任重致远永不歇。
学书学诗学理论，忧国忧民忧建设。
海量宽宏唯忘我，平易近人众人说。
奋斗一生服从党，高龄犹勉共产业。

当时爷爷看了奶奶的诗，说："这是对我一生的真实写照。"

采访结束时，乔林生请奶奶题字，奶奶愉快地答应了。她想了想，就在乔林生的采访本上写下这样八个字："写好文章，做正派人。"

1992 年 2 月 28 日，81 岁的奶奶因感冒、发烧住进了三〇一医院。谁也没曾料到这一住就再也没能回来。

住院期间，她仍惦记着工作，惦记着我们。在她住院的半个多月里，每天都让秘书给她带来新文件。下午2时至5时“听”文件，几乎成了她每天固定的日程。

邓小平在南方考察时的讲话，她先后听了三遍。她说：“这个讲话好，改革开放好！”各地学习邓小平讲话的情况反映，她都逐一听取，还特别问起广东、福建等沿海开放地区的学习情况。

全国政协常委会向政协七届五次会议提交的报告的草稿，她听了多次，每次都长达40分钟。

3月初，党和国家的领导人前来看望她时，都劝她静心养病，可她说，我不能每天生活在我自己一个人的圈子之中……

奶奶病重住院的消息传开后，听说许多人都想来看她，她就对秘书说：“我是个闲人，不要耽误别人的时间。”

奶奶起初的病情并不十分严重，正好朱辰也有点感冒，我们怕他们相互传染，便没有带朱辰去医院。而奶奶总是关心地询问朱辰的情况，我们问奶奶是不是想朱辰了，奶奶点了点头。朱辰的病稍好了一些后，我们马上就把孩子带到了奶奶的病床前。

当时奶奶的病情开始恶化，连续几天吃不好、睡不好。朱辰来了后，奶奶突然精神起来，她紧紧地拉着朱辰的手不放，并把朱辰揽在怀里不住地亲吻……

为了能让老奶奶多吃点东西，朱辰就和老奶奶比赛着吃饭，你一口我一口，比着看谁吃得多……

这一天奶奶吃了不少东西，大家都非常高兴。

但是病魔无情地折磨着奶奶。4月8日，奶奶的病情加重，医生下了病危通知。

4月10日中午，奶奶突然呼吸困难，双唇颤动，血压下降，医生立即进行抢救。等她的病情稍稍稳定时，我贴着她的耳朵问：“奶奶，我们是不是把您的骨灰和爷爷的放在一起？”

奶奶听明白了，点了点头。

“其他事由组织安排，是吗?”

她又点了点头。

1992年4月22日，奶奶走完了她坚定、质朴而又善良的人生之路，永远地离开了我们。

我们流着泪水，在家中为将一生都献给了革命事业和我们一家的奶奶设立了一个简朴的灵堂……

灵堂上，摆满了党和国家领导人以及各大单位送来的花圈。其中，有一个用洁白的鲜花编成的特殊的花圈，白色的缎带上，密密麻麻地写满了几十个人的名字——这些人都是烈士的子女或党与国家领导人的后代。几十年来，他们都先后得到过爷爷奶奶的抚养和照顾。现在，他们大都已是共和国的部级以上领导或军队中的高级将领。由此我更加知道，奶奶不仅恩惠于我们这些子孙，而且也曾对这么多共和国的栋梁的成长浇灌过汗水、付出过爱……

1992年，为奶奶送行

我在奶奶的身边生活了40年，却从来没有听她提起过这些事，没有见她以此表白、夸耀过自己，更没有见她让这些人为自己办过一件私事……奶奶啊，您默默地劳作，默默地奉献，不求任何回报就默默地走了，为什么不给我们一次报答您的机会呢？

哀乐缓缓地播放，前来吊唁的人们络绎不绝……

而此时，朱辰正在他姥姥的家里，每天练习一支曲子，准备弹给老奶奶听……

每天都画一幅画，准备拿给老奶奶看……

1992年，我们为奶奶送行

好长时间，我们都不敢把奶奶逝世的消息告诉孩子……

敬爱的奶奶虽然离开了我们，但是在朱辰那幼小的心灵中，她老人家仍健在……

在奶奶逝世后很长的一段日子里，朱辰每天吃饭时，还坐在原来的位子上，给老奶奶摆上碗筷……

每次在他过生日的时候，他还专门切下一块蛋糕，说是要留给老奶奶……

办完了奶奶的后事，我母亲和奶奶的秘书徐维沛又三下河南，在河南省委和河南省妇联、洛阳市妇联的支持帮助下，在盛产梅花玉石的洛阳汝县选订了一块带有松、竹、梅三友图案的大理石骨灰盒罩，细心地将奶奶的骨灰盒罩盖起来……

蜡像馆里重相逢

> 转眼间，爷爷和奶奶先后辞世二十多年、十几年了。但是，时间没有磨平我们对爷爷奶奶的记忆，岁月带不走我们对爷爷的感情……

爷爷和奶奶，间隔不到16年，先后离开了我们，离开了他们热爱的人民和军队，离开了他们热爱的祖国和事业。转眼间，他们先后辞世四十多年、二十几年了。但是，时间没有磨平我们对爷爷奶奶的记忆，岁月带不走我们对爷爷奶奶的感情……

2002年8月11日下午，接到中国革命历史博物馆的邀请，我和我的母亲赵力平、妹妹新华、爱人郭晓敏带着儿子朱辰，来到中国革命历史博物馆二楼的蜡像馆，将手里的花篮轻轻地放在了爷爷蜡像的面前……

在爷爷和毛泽东、刘少奇、周恩来于北戴河海滨共商国是的蜡像前，我母亲冲着爷爷的蜡像凝望了许久后，感慨万分地说道："太逼真了！就像爸爸在世时一样！"说完，她又率领我们全家与爷爷的蜡像合影。在合影时，她一边用手抚摸着朱辰的头，一边还不时地念叨着："你能和你老爷爷一起合张影，真不容易啊！"

走出了展厅后，应蜡像馆杨燕主任的要求，我们分别在蜡像馆的留言簿上写下了我们的心里话。

我和我的妻子郭晓敏在留言簿上写道："我们怀着无比激动的心情来

2002 年，我们全家在蜡像馆

到了伟人蜡像馆，见到了我们日夜想念的爷爷——朱德元帅。看到他老人家和战友们谈笑风生的情景，就仿佛回到了几十年前与爷爷一起生活的日子里。感谢蜡像馆和艺术家们为我们提供了一次这样‘特殊意义’的见面。”

我的儿子朱辰也在留言簿上写道：“亲爱的老爷爷：今天我来看您来了，虽然我没有见过您，但我是听着您的故事、看着您的相片长大的，现在，我已从一名不懂事的孩子成长为一名优秀的中学生了，请您放心吧！虽然您和老奶奶都已离我而去，但你们永远活在我的心中，你们的美德，将激励我的一生！”

1993 年，中共中央在爷爷诞辰 107 周年纪念座谈会上指出：

在 20 世纪中国人民可歌可泣的奋斗史中，朱德的名字是不朽的。他为中华民族战胜外敌入侵和中国人民翻身解放立下了丰功伟绩，受到全党全军全国人民的衷心爱戴。但是，他从不居功，永远那样谦虚，把一切功劳归于群众，归于党……他一生光明磊落，襟怀坦荡，顾全大局，严守纪律，这种高尚的人格和革命作风，将永远留在人民心中。

作为爷爷奶奶的孙子，我既衷心地爱戴他们，又深切地怀念他们。他们高尚的思想、伟大的人格、亲切难忘的印象都融注在了对我们的爱护和教育、鼓励和批评中，这对我是一笔十分宝贵的精神财富，并已经定格为我的人生观，指导着我怎样做人、怎样做事……